As almal ver is

Suid-Afrikaners skryf huis toe

Saamgestel deur Danie Marais

Kersfees 2010

Anton & Eugenie

Net ietsie om te sê ons mis julle! Geniet 'n baie geseënde Kersfees daar ver!

Liefde

Ryno, Mari, Amelia & Ruben.

TAFELBERG

Tafelberg
'n druknaam van NB-Uitgewers, Heerengracht 40, Kaapstad
www.tafelberg.com

Bandontwerp: Michiel Botha
Omslagfoto deur Marinka van Holten
Boekontwerp: Nazli Jacobs
Redigering: Francois Smith
Vertaling: Charl-Pierre Naudé
Geset in Anro Pro
Gedruk en gebind deur Paarl Print,
Oosterlandstraat, Paarl, Suid-Afrika
Eerste uitgawe 2009

ISBN: 978-0-624-04801-5

Inhoud

4 Twee wêrelde: 'n Volksie in Melville en 'n fiets in Amsterdam

5 Vir altyd weg

6 Met 'n ompad huis toe

*Skets of strokiesprent

Liefde, groete – *Danie Marais*

Ek hoor dadelik
my suster is nie lekker nie.

Sy praat soos iemand wat slegte nuus
ongelowig oordra –
die huil sit vlak in haar keel.

Daar's moontlik 'n werkaanbod vir my swaer
in Australië.

Sy wil nie gaan nie,
maar haar oudste seun se beste kleuterskoolmaatjie se ma'le,
gewapende roof
helder oordag.

Sy wil nie gaan nie,
maar die mense skuins oorkant –
gewapende roof,
nou die dag.

Sy wil nie gaan nie,
maar sy's 'n fisioterapeut
en die hospitale –
selfs die privates –
die skietwonde en die nuwe jong dokters
wat nie weet watter beentjies in jou gebreekte voet sit nie.

Sy wil regtig nie gaan nie,
maar goeie vriende van hulle
se ouers is by die huis oorval.

En wat van Ma en Pa
sy weet nie hoe sy ooit
sonder . . .

Sy wil nie,
maar wat van haar twee seuntjies
en Die Toekoms?
Wanneer gaan 'n wit jong man weer . . .

Dit maak haar so briesend –
die Eerste Wêreld kom net en vat ons mense
sonder om eers mooi te vra,
ons moet kastig maar net te dankbaar wees.

As sy gaan, was alles verniet?
Al die hoop op die nuwe,
al die Afrikaanse kinderboekies,
net sodat haar kinders in daai aaklige aksente
met haar Engels kan praat?

Haar hele wese steek vas,
maar sê nou sy bly –
en iets gebeur?

Al sê haar man niks,
sal sy weet wat hy dink,
sal sy verantwoordelik voel
want hulle het nou 'n kans . . .

Sy moet seker . . .

Ek luister net,
want ek was nog nooit in Australië
en is nog nie in my huis oorval nie,
maar ek het al probeer waai en ek weet hoe dit voel
die dag voor jy lughawe toe moet gaan –
jy weet jy gaan jou been breek môre,
maar jy pak nogtans die nuwe Valiant Swart in jou koffer
al weet jy dis te erg om anderkant daarna te luister.

Ek weet hoe dit aan jou vat
om Ma en Pa oor en oor vir oulaas te groet –
die knop in Pa se keel,
die raad oor praktiese ditjies en datjies,
die verbete blymoedige geselsies voor check-in;
Ma se stilte en die skewe glimlag
wat lyk na alles wat agterbly.

Ek ken die naar kol as die aarde onder jou voete
onder die vliegtuig verdwyn.

Ek het geleer om maande lank
in my oggendkoffie te versuip
en tussen die kombuis en die badkamer te verdwaal.

Ek onthou hoe onthou jy onthou jy,
onthou jy?

Ek weet hoe dinge lyk as al troos
die lae moordsyfer in jou nuwe tuiste is.

Liewe Retha,
wat as niks gebeur,
vir jare aaneen
in 'n land waar net die verlooptes verstaan
en mense beleef deur jou kyk
terwyl hulle sukkel met die sê van jou naam?

Wat as verlatenheid jou daagliks soos 'n rower oorval
en jou seuns hulle eendag skaam
vir Ma en Pa se verraderlike aksent
en die g-klank in hul naam?

Uit: *Al is die maan 'n misverstand* (Tafelberg, 2009)

Voorwoord

Die aand waarop Erika Oosthuysen, 'n redakteur van Tafelberg-Uitgewers, my op die Aardklop-kunstefees in Potchefstroom gevra het of ek nie lus is om 'n bloemlesing oor Suid-Afrikaners se ervarings in die buiteland saam te stel nie, het ek pas die voorafgaande gedig in Corina van der Spoel se Boeke-oase voorgelees.

Om verskeie redes is my suster en haar gesin toe nie (of dalk nog nie) soos ek in die gedig geskryf het Australië toe nie en ek is reeds sewe jaar terug uit Duitsland, waar ek byna nege jaar gebly het. Die eindelose kontinentale verstrooiing gaan egter onverpoosd voort, en dit is beslis nie net die Afrikaner wat deel van hierdie wêreldwye ontwortelings- en hervestigingsproses is nie. Groot dele van die mensdom vloei soos bloed tussen die hart en die kop heen en weer tussen 'n herkoms en 'n heenkome.

Op die aand dat ek en Erika entoesiasties oor dié boek begin praat het, was ek dus redelik seker dat dit uiteraard om al die dinge gaan draai wat in my gedig aangeroer word. Maar boeke het altyd 'n lewe en 'n agenda van hulle eie. Neko Case, 'n Amerikaanse sangeres met 'n vurige bos rooi hare en 'n hipnotiese stem, sê wanneer sy aan 'n nuwe album begin werk, benader sy die projek soos 'n speurder wat 'n reeksmoordenaar probeer vastrek: Sy skryf drie of vier liedjies in die hoop dat 'n patroon ontstaan. En dit werk eintlik elke keer.

En so was dit ook met *As almal ver is* – toe ek met mense begin praat en die eerste bydraes ontvang, was dit vinnig duidelik dat die redes hoekom baie mense en gesinne hulle goed wil vat, eintlik alombekend en voor die hand liggend is. Ek het gou besef die laaste ding wat dié boek moet of wil wees, 'n verlengstuk is van die deurtrapte bly-of-gly-debat wat al jare lank in dagblaaie en tydskrifte woed, of dalk liewer voortploeter. In verskeie stukke klink die verslae woede, pyn en frustrasie oor die wrede hede en verlede wel op, maar uiteindelik is die redes vir Suid-Afrikaners se misnoeë nie so boeiend en enigmaties nie as die maniere waarop hulle terugverlang. Wat verstom, is die irrasionele verknogtheid aan "die grond wat jou voortgebring het", soos Sindiwe Magona dit stel in haar essay "Weg van die huis": "Daardie plek waar jy vir die eerste keer asemgehaal het," sê sy, "is 'n plek – geheimsinnig en mities – waaraan jy vir ewig verbonde sal wees." Soos die Eagles gesing het van die "Hotel California": "You can check out anytime you like, but you can never leave".

Wat my veral opgeval het met die herlees van die manuskrip, is hoe ons ons herkoms en verwysingsraamwerk soos 'n leesbril oral met ons saamdra. Mense kan nie sin kry uit die onbekende en hul verwildering sonder om dit in 'n bekende konteks te vertaal nie. Só sien Charl-Pierre Naudé Alexandrië as 'n Afrika-suster van Kaapstad; Albert van Zyl wonder hoekom hy so tuis voel in Beiroet; Andries Bezuidenhout kyk deur 'n motorruit na die Hunter-vallei in Australië en moet effe teleurgesteld vasstel dit kon netsowel Suid-Afrika gewees het – miskien iewers tussen Middelburg en Belfast in Mpumalanga; Joan Hambidge voel daar is 'n band tussen die Suid-Amerikaanse berg Machu Picchu en Tafelberg; en Liezl Dick word deur die koue in Nijmegen herinner aan die winterjagseisoen in Namibië, want dis die koudste wat sy nog gekry het voor sy Holland toe is.

Dié boek, wat ek aanvanklik gedink het sou handel oor mense tussen die duiwel van angs en die diep blou see van heimwee, het uiteindelik ook baie te sê oor dit wat die Duitsers "Fernweh" noem – die verlange na, letterlik die seer vir, dit wat ver is. Dit wil sê die keersy van "Heimweh", "wanderlust" op Engels. Want verlange is altyd 'n tweerigtingstraat. Die digter Galway Kinnell verwoord dit treffend in die slotstrofe van "Sheffield Ghazal 4: Driving West":

A girl puts her head on a boy's shoulder; they are driving west.
The windshield wipers wipe, homesickness one way, wanderlust the other, back and forth.
This happened to your father and to you, Galway – sick to stay, longing to come up against the ends of the earth,
and climb over.

In dieselfde trant verduidelik Erns Grundling sy impulsiewe besluit om Kilimandjaro te gaan klim: "Ek wou iewers, so ver as moontlik van hier, iets gaan bereik. Iets vóél. 'n Vlag gaan plant . . ."

As almal ver is gaan dus ook oor die bepalende rol van elders. Nes die "ek" net gedefinieer kan word in vergelyking en konflik met "die ander", word ons perspektief op die huis, wie ons is en waar ons hoort, dikwels ingrypend verander deur 'n konfrontasie met die vreemde. Chris Barnard sê dit raak in sy essay oor 'n verblyf in Parys, "In die straat van die kat wat visvang":

> *Parys is 'n stad, sal ons maar sê, by gebrek aan 'n beter woord. Maar dis 'n stad soos 'n spieël waarin jy die wêreld sien weerkaats – en hoe langer hoe duideliker ook jouself herken, tussen alles deur; iets van jouself wat jy nêrens anders te sien sou kry nie.*

En net só was die boek 'n groter ontdekkingstog as wat ek met daardie eerste gesprek in Potch kon raai. Dit sou aanvanklik net niefiksie insluit, maar uiteindelik het twee kortverhale ook hul pad na die bundel gevind. Toe ek vir Achmat Dangor vra om 'n bydrae sê hy maar hy het die ideale kortverhaal – wil ek nie kyk nie? En toe boul sy "Poppie van 42nd Street" my so skoon dat ek eenvoudig die reëls moes buig.

Nie lank daarna nie laat Eben Venter my weet dat die stuk wat hy spesiaal vir die bloemlesing gekryf het, ook 'n kortverhaal geword het – "Die twee lewens van Johannes Jakobus (Japie) Leonard". En ook sý kortverhaal spreek boekdele oor die tema van *As almal ver is*. Maar hoe regverdig ek dit in my voorwoord? vra ek vir Eben. En kort daarna volg sy oortuigende antwoord:

> *My storie noem ek gefiksionaliseerde biografie en ek het 'n sydelingse of laterale invalshoek gebruik om die onderwerp van migrasie op vele maniere te belig. Nog 'n voorbeeld van so 'n sydelingse invalshoek tot 'n onderwerp is J.M. Coetzee se Nobelprys vir Letterkunde-toespraak.*

Hoe 'n biblioteek die grafiese bydraes in die boek, wat bestaan uit strippe (comics), reisjoernale, poskaarte en sketsboekwerk, sou klassifiseer, weet ek nie.

Maar ek was van die begin af vasbeslote om sulke werk op te neem. Enigiemand wat al die vurige comic-joernalistiek van Joe Sacco (byvoorbeeld *Palestine*) onder oë gehad het, en in die Amerikaanse stripkunstenaar Craig Thompson (van *Blankets*-faam) se sketsboek-reisjoernaal, *Carnet de Voyage*, weggeraak het, of dromerig gesug het oor een van die vele gepubliseerde reis-sketsboeke van die Franse stripkunstenaar Loustal, sal dadelik verstaan hoekom. En is dit nie juis die avonture van Kuifie wat die reislus in miljoene kinders reg oor die wêreld wakker gemaak het nie?

Tekeninge vang 'n ander onmiddellikheid vas as die gedrukte woord, en plaas ver plekke in fyn detail reg onder jou neus. Iemand wat met die oë van 'n vreemdeling kyk, sien én skets dinge anders. Selfs 'n vlugtige blik na die bydraes van Anton Kannemeyer, Francois Jordaan, Heleen Schröder of Ina van Zyl verplaas jou dadelik na 'n Europese werklikheid wat nie op toeristiese poskaartfoto's verskyn nie.

Uiteindelik is ek trots om te sê hierdie bloemlesing is stilisties en inhoudelik so divers dat geen voorwoord dit na behore kan saamvat nie. Oor emigrasie, afstand, verlange en verlies, huis toe kom en allerlei bewussynsverruimende ekspedisies na die vreemde vind jy hier alles en nog wat – van Hunter Kenndy se verslag oor 'n Fokofpolisiekar-toer na Londen, en Mark Kannemeyer se absurde comic oor weghardloop vir die veiligheidspolisie na Berlyn tot Marita van der Vyver se stryd met die Franse burokrasie en Cecile Cilliers se teer stuk oor ouma- en ma-wees van kinders en kleinkinders op drie kontinente.

Ek hoop lesers sal net soveel genot soos ek put uit dié intieme, verwonderde wêreldreis.

DANIE MARAIS,
Kaapstad

Hoekom dan hier bly?

Repos Ailleurs

Andries Bezuidenhout

Ag, was ek maar net
in die vrolike trein,
ek sou tog o so gelukkig syn.

– TOTIUS

Hier is ek nou op O.R. Tambo Internasionale Lughawe. Ek vlieg Perth toe, antwoord ek.

Die veiligheidswag gee my die Veelseggende Kyk: O, so jy emigreer ook. Nóg een van Die Een Miljoen. Nóg een wat nie die hitte kan hanteer nie. Nóg een van dié wat hulle rug keer op die land wat alles aan hulle gegee het – goeie onderwys, van die beste mediese sorg in die wêreld, braaivleis, rugby, sonneskyn en Chevrolet. Daar pak hy sy tassies. Hy vlieg Perth toe, sê hy.

Ek gaan staan maar in die ry. Langs my staan 'n boer uit Zimbabwe. Hy sê hy is een van die min wit boere wat oor is. Dinge gaan swaar. Dis 'n land met wonderlike mense, sê hy. Maar nou is al die plase daarmee heen. Daar is nie meer besproeiingstelsels oor nie. Alles is vernietig. Ek vra of hy ook permanent Australië toe gaan. Nee, sê hy, jy moet miljoene hê om dit te doen. Dis ook nie meer so maklik deesdae nie. Hy het in 1957 in Rhodesië aangekom. Sy lewe is daar. 'n Mens sukkel om diesel te kry, maar hulle maak 'n plan op die plaas. Op die oomblik bly hy en sy vrou in Harare. Die kinders daar oorkant.

Ek kry die Veelseggende Kyk nog 'n paar keer. Die veiligheidswagte wat die tasse nagaan. Die immigrasiebeampte – of is dit nou 'n emigrasiebeampte?

Uiteindelik klim ons op die vliegtuig. Daar is baie jong mense. Dis jong mense met kinders. Daar is ook 'n paar joviale Australiërs. 'n Vlugkelner groet en een antwoord: "Not too bad, mate." Ek sukkel om Australiërs en Suid-Afrikaners uitmekaar te ken. Dis net as hulle praat. 'n Blonde dogtertjie kruip handeviervoet tussen die stoele deur. Sy speel sy is 'n hondjie. Haar pa roep haar in Afrikaans. 'n Vlugkelner glimlag vir haar. Al die vlugkelners is swart.

"Welcome aboard South African Airways flight 280 to Perth. Please take the time to listen to the following safety instructions . . . In case of a hijacking, do not remove your safety belt with a sudden jolt. Slide your thumb down the belt so the hijackers can see you're not going for your gun. Do not look at the assailant's face. Remember, he only wants your car . . ."

Nee, ek verbeel my. Hulle praat iets oor suurstofmaskers en nooduitgange. Nooduitgange. Soos vlug SA280 na Perth?

Die kos is lekker. Dis vis in 'n Marokkaanse sous met basmati-rys. Ek kies KWV se chardonnay. Ek gaan vir 'n ruk lank nie Suid-Afrikaanse wyn kan drink nie. Hulle sê Australiese wyn is baie lekker. Hoe dink 'n mens oor hierdie dinge as jy emigreer? Mag jy nog patrioties oor Suid-Afrikaanse wyn voel? Of is dit beter om net van die land te vergeet en deel te word van jou nuwe tuiste? Ek wonder of die ander mense op vlug SA280 ook hieroor wonder. Waaroor droom daardie man as sy oë verdof en sy ken teen sy bors knik?

Ek word wakker. Ons land in Perth. Dis 'n kort nag as jy oos vlieg. Hulle wys 'n video oor Australië se streng kwarantynmaatreëls. Dis 'n eiland. Op 'n kaartjie moet jy invul of jy die afgelope ses maande in Afrika of Suid-Amerika was. Hulle wil nie enige pes hier toelaat nie. Hulle het tot die 1970's net wit mense toegelaat om hierheen te emigreer, dink ek. Nou mag jy nie biltong of Afrika se grond aan jou voete inbring nie.

Die vliegtuig hou stil. Daar is 'n wrang klank in die hoofvlugkelner se stem as hy oor die luidspreker sê: "We wish you a proudly South African goodbye. Hambani kahle. Totsiens."

Ek wil vir die man skree: Ek is nie een van hulle nie! Ek kom weer terug! Ek is net hier vir 'n maand! Kyk, hier is my kaartjie! Dis vir vlug SA281 van Perth na Johannesburg!

Maar ek hou my bek en klim af. Australiese burgers aan die een kant. Al die ander aan die ander kant. Ons tou is aansienlik langer. In al die hande sien ek Suid-Afrikaanse paspoorte. Is dít dan hoe dit voel om te emigreer?

As 'n mens deur 'n ander land reis, kyk jy na jou eie land deur nuwe oë, sê hulle. Die vreemde ding van Australië is egter dat alles so bekend voel. Ek ry saam met my suster Hilda en haar Australiese man, Gavin, in hulle kar deur die Hunter-vallei. My ma het ook vir die verlore dogter kom kuier. Dan is daar Kai, Hilda en Gavin se tweejarige seun, wat heel moontlik stut of slot vir die opposisie gaan speel as hy eendag groter is. Vir eers is hy in sy stoel vasgegespe en dis nie drieë wat die bulletjie daar agter druk nie.

Ek draai die venster af en kyk na die landskap. Dit kon netsowel Suid-Afrika gewees het – miskien iewers tussen Middelburg en Belfast in Mpumalanga. Hier is vaalbruin grasvelde, heuwels en bloekombome. Elke nou en dan is daar 'n dam, of 'n droë rivierloop. Dan ry ons deur wingerde. Hier is egter nie Kaaps-Hollandse opstalle nie. Die mense wat ons toelaat om aan verskillende wyne te proe is ook nie so snobisties soos dié in Suid-Afrika nie. Hulle lag lekker saam as ek skerts oor die Suid-Afrikaanse wyntradisie wat van Frankryk af kom, nie van Duitsland af soos die Australiërs s'n nie.

Die atmosfeer word egter 'n paar grade kouer toe ek vra of die Australiërs hulle vonkelwyn op die ware Franse metode maak. Ek kry 'n hele lesing oor die Méthode Champagnoise. Hulle doen dit op die regte manier. Hulle noem dit slegs vonkelwyn omdat die Franse almal belet om vonkelwyn wat nie van Champagne af kom nie, sjampanje te noem. In Suid-Afrika noem ons dit nou maar Méthode Cap Classique – die klassieke Kaapse metode – om aan te dui dat dit nie bloot witwyn met borrels is nie.

Hilda praat Afrikaans met Kai. Voor sy geboorte het sy met 'n spraakterapeut daaroor gaan gesels. Dié het haar aangemoedig om dit te doen. Maar daar is niemand anders in hulle onmiddellike omgewing wat die taal kan praat nie. Kai verstaan alles, maar kan dit self nie praat nie.

Taal lê tog veel dieper as woorde. As Hilda vir hom die storie van *Brolloks en Bittergal* lees, weet hy hoe 'n paalkrans in die Karoo lyk? Weet hy hoe die woude by Knysna lyk? Ek dink aan die Franse Hugenote. Hulle moes ook hul taal aflê om by 'n nuwe land in te pas. Al wat oorbly, is vanne, ons wynkultuur en miskien die Bolandse bry.

Ek wonder wat die Suid-Afrikaners se nalatenskap vir Australië gaan wees.

"You're from South Africa."

Die woorde tref my onverwags, soos 'n vuishou in 'n boksgeveg tydens skoolpouse; een van daardie adolessente vuisgevegte sonder reëls of 'n skeidsregter. Daar is net ander skoolseuns wat die geveg op 'n veilige aftand aanpor.

Ek sukkel om hierdie een se ouderdom te skat. Ek het lanklaas met skoolkinders te doen gekry. In elk geval lyk dit vir my of die meerderheid Australiese kinders baie vroeër oorbelle, studs in hulle neuse, of punk-haarstyle as dié in Suid-Afrika kry. Hierdie spesifieke een het nou nie een van die vermelde nie, maar hy het so pas met sy skaatsplank omgedraai en voor my kom staan. Sy vriende is al 'n ent straataf.

Hy praat soos al die jong Australiërs. Die stemtoon gaan op aan die einde van die sin. Alles word gesê asof dit 'n vraag is. Sy woorde aan my kon dus bloot 'n stelling gewees het. Ek is egter heeltemal onverhoeds betrap en interpreteer dit toe maar as 'n vraag.

"Yes," antwoord ek en vra hoe de hel hy dit weet. "Your T-shirt," sê hy, asof dit nou alles in die wêreld sal verduidelik. Hy sê dit ook met die stem wat aan die einde van selfs hierdie verstommende kort sinsnede die lug in draal, asof dit 'n vraag is.

Ek kyk af na my T-hemp. Dit sê: Oppikoppi Easter Festival 2006. Dan is daar 'n strokiesprent van 'n man en 'n vrou wat lyk asof hulle uit 'n propagandaplakkaat van McCarthy (daardie Amerikaanse jagter van kommuniste uit die vyftigs) ontsnap het. Die man sê vir die vrou: "Haat my, want ek vreet my hasie."

Nou moet ek eers verduidelik. Die mense by Oppikoppi het 'n ietwat eiesoortige sin vir humor. Die temas van hulle musiekfeeste het gewoonlik obskure verwysings na die een of ander liriek. In hierdie geval het hulle Fokofpolisiekar se "Haat my, want ek vrees my nasie" so 'n bietjie verdraai. Die feit dat hierdie knaap op sy skaatsplank, in die middel van Perth se morge en morge saai voorstede, my as 'n Suid-Afrikaner kan eien, is dus ekstra merkwaardig.

Ek dink hy kon die verstomming op my gesig lees. "My parents are Afrikaans," verduidelik hy asof dit 'n vraag is, "came in ninety four."

Ek wil weet of hy dan nie Afrikaans praat nie. "No use," antwoord hy en draai op sy skaatsplank om. Sy vriende begin reeds na hom roep. Gggrrrrrr, verdwyn hy oor die teerpad. Robin Hood-straat, om presies te wees. Wat 'n vreemde naam vir 'n straat.

Ek stap terug stasie toe. Dis hoe ek nuwe stede leer ken. Ek kies enige bus of trein en ry in enige rigting in. Ek klim by enige stasie of busstop af en stap rond. Só vind jy dinge uit waarvan toeristebrosjures jou niks kan vertel nie.

Op pad terug na my tydelike hawe langs die Swanrivier dink ek oor hierdie land met die eindelose woestyne en bloekombome. Dis 'n land van immigrante. Op 'n manier vind almal hier 'n tuiste. Ironies is dit net die inheemse bevolking (op skool het ons van die "inboorlinge" geleer) wat nie tuis voel nie. Daar is ook derduisende Suid-Afrikaners wat hier 'n nuwe tuiste vind. Met hulle gebeur wat met die meeste immigrante hier gebeur. Hulle word Engelssprekende Australiërs.

Dis die prys wat mense betaal, dink ek. Dis die prys wat hulle betaal vir die feit dat hulle kinders veilig is, hulle nie bekommerd hoef te wees oor regstellende aksie nie, hulle nie skuldig hoef te voel oor die armoede van die inheemse bevolking nie. Die prys wat hulle betaal, is dat hulle kinders, of hulle kinders se kinders, hulle rug gaan keer op die taal van hulle moeders.

In hierdie kinders se mond gaan daardie soliede "g" en die tril van die "r" vervaag tot die klanke van die Engelse taal – slap, soos 'n Engelsman se handdruk. In hierdie mondjies gaan die verhemeltes sag word en die tonge lui word. Elkeen van hierdie emigrante gaan sien hoe sy of haar taal stadig doodgaan. Dis die hartseer waarheid.

Die dood van Afrikaans ry op 'n skaatsplank in Perth.

Dit was 'n lang vlug en ek is moeg. Ons het in Dakar geland vir brandstof en om nog 'n paar passasiers op te laai. En nou is ek hier. My hemp voel soos 'n weerbarstige seil in 'n sweterige moesonwind. Ek moes lank in 'n tou staan. Toe kom die stug interaksie met 'n bot immigrasiebeampte, wat my nietemin deurlaat.

Die lughawegebou se betonplafon is lank gelede geverf, maar nou dop dit in slierte af. Die polisiebeamptes lyk soos veiligheidswagte. As een jou voorkeer, sal jy die uniform moet bestudeer om te bepaal of daar 'n staatsmandaat agter die knuppel is.

Ek haal my tas van die vervoerband af, laveer tussen die mense deur op soek na 'n taxi. Die taxibestuurder se Engels trek swaar en ek sukkel om myself verstaanbaar te maak. Ons onderhandel oor die rigting en ek lê teen die agtersitplek terug.

Die teerstrate kraak en die sypaadjies is maar vuil. Arm mense met toiings en trollies skuifel doelloos langs die pad. Dis seker maar hoe dit in die Derde Wêreld lyk, dink ek. Selfs die geldeenheid lyk goedkoop, so asof jy dit sommer op 'n fotostaatmasjien sal kan vervals.

Al probleem is, dit is nie die Derde Wêreld hierdie nie. Dis die hart van die Empaaier – die Verenigde State van Amerika. Dis vreemd dat my eerste indrukke van die plek my aan samelewings op wankelrige bene laat dink. Maar dan weer, dalk ís hierdie samelewing op wankelrige bene. Toe hulle net hier anderkant in New York bloedneus geslaan is, het hulle net meer vyande gemaak deur Irak in te val. Nou het die olieprys die wêreldekonomie aan die strot beet.

Die orkaan wat New Orleans getref het, het ook gewys hoe pateties die land se pogings was om hulp aan slagoffers te verleen. Die meeste slagoffers was swart en arm, en hulle is dus seker onbelangrik vir iemand soos George W. Bush.

Dis een van die dinge van die VSA wat 'n mens tref – hierdie massiewe gaping tussen ryk en arm, asook die antagonisme tussen etniese groepe wat daarmee saamgaan. Dit laat 'n mens 'n bietjie aan Suid-Afrika dink. Nietemin voer die land verbruik – of konsumpsie – tot vlakke wat selfs 'n middelklas-Suid-Afrikaner laat duisel. Kyk, ek is nou nie 'n toonbeeld van slankheid nie, maar in die VSA voel ek soos 'n uitgeteerde model. Mense waggel by die deure van kitskosrestaurante in en uit.

Bestel 'n bord kos en hulle bring 'n porsie waaraan jy by die huis vir 'n week lank sal kan eet. By 'n winkel wat in oliebolle spesialiseer, is die kleinste porsie wat jy kan koop twee massiewe stukke diepgebraaide deeg. Op die TV word kitskos geadverteer – olierige gebaksels en drellerige stringe kaas.

Dan is daar die produkte wat jou weer maer maak – pille, skommels, apparate en masjiene wat vibreer sodat jy nie self hoef te oefen nie. O ja, moenie vergeet van die gevorderde tegnieke van plastiese chirurge om die ponde van logge lywe af te haal nie.

'n Vrou se stem vertel oor die radio hoe sleg sy in haar rok voel. 'n Man se stem snel haar te hulp: "Nou kan almal kosmetiese chirurgie bekostig . . ." 'n Mens hoor weer haar stem, vermoedelik nadat sy onder die dokter se lemme en vetsuiers deur is: "Nou voel ek weer goed oor myself . . ."

Waarskynlik het iemand haar sommer betaal om dit te sê. Die geld het sy straks vir nog 'n baksel pannekoeke met bloubessiestroop gebruik.

Die volgende advertensie oor die radio waarsku egter teen kosmetiese chirurge wat nie by die raad geregistreer is nie. Wat almal kan bekostig, is skynbaar nie altyd goed genoeg nie . . .

Is dít dan waarheen die mens evolueer? Is dít die baken van beskawing wat vir die res van die wêreld voorgehou word? 'n Vretende, verterende, verbruikende wese wat na 'n TV-skerm staar?

Ek ry met 'n bus van Boston af Montreal toe om vir nog een van my verlore vriende te gaan kuier. Hierdie is die oudste deel van koloniale Noord-Amerika. In sommige van die dorpies waardeur ons ry, is daar mooi ou geboue met pilare. Maar meestal sien ek net verval: wankelrige huise, stukkende sypaadjies, strip malls met goedere uit China se fabrieke.

Hoekom vaar ek so uit? Dalk maar oor suur druiwe. Dis tipies van Suid-Afrikaners om ander lande te kritiseer, waarskynlik om beter te kan voel oor ons eie gemors. Miskien is ek maar net ontsteld omdat ek soveel daarvan so bekend vind.

Moord was 'n aggressiewe rugbyspeler. Gelukkig is hy nou 'n bietjie rustiger. Toe hy sien sy buurman maak sy swembad vol – en dít met water uit sy wat Moord is se tuinkraan – wou hy maar net weet wie daarvoor gaan betaal. Die buurman verduidelik toe dat water in Kanada gratis is.

Sowaar, dinge werk anders hier. Mense speel eerder yshokkie as rugby. Dis ook 'n vinnige, aggressiewe sport. Soms vloei daar bloed. Die rooi lyk skel op die wit ys. Maar dis al bloed wat gewoonlik vloei. Kanada raak selde in oorloë betrokke. Hier is nie diefwering voor die vensters nie en mense parkeer hul motors op straat.

As jy jou werk verloor, sorg die regering vir jou.

In die dae toe my naam nog Roof was, was Moord die tromspeler van die Brixton Moord & Roof Orkes. Sy regte naam is Ockert Greeff. Hy is in Karasburg in die suide van Namibië (toe nog Suidwes-Afrika) gebore, maar het op Upington skoolgegaan en grootgeword.

Dis 'n dor, warm deel van die land.

Die lewe het hom Brixton toe geneem, daardie voorstad van Johannesburg in die skadu van een van die twee torings. Dis hiér waar die twee van ons tien jaar gelede die Brixton Moord & Roof Orkes begin het. Ons het gesing oor alledaagse kwessies soos oorlog, drank, misdaad en emigrasie. Ons het daarin geslaag om twee albums op te neem.

Toe, presies 'n jaar gelede, het Ockert die land verlaat om saam met sy Kanadese meisie, Elizabeth, of sommer Liz, hier in Montreal te kom woon. Hulle is 'n paar maande gelede getroud.

Ek het kom inloer, vir Ockert boeke gebring: Breyten Breytenbach se *Die windvanger*, die nuwe Etienne Leroux-biografie, my eie digbundel oor emigrasie en dies meer.

"Jy sal nie glo hoe diep die sneeu in die winter lê nie, ou maat!" sê Ockert. Die heining tussen sy en Liz se agtertuin en die buurman s'n (met die swembad) was tóé onder die sneeu. Jy moet aanhou grawe as jy van jou voordeur tot in die straat wil kom.

"Elke winter gly jy minstens een keer op die sypaadjie," sê hy. Hierdie winter het hy 'n ou tannie in die proses platgeduik. Gelukkig het sy bo-op hom beland en dit het darem gelyk asof sy Ockert se verskoning aanvaar het, al kon hy dit nie in Frans aanbied nie.

Montreal is 'n musiekstad. Mense klim op die metro met kitare op hul rûe. Orals in die stad – veral in die Plateau Mont-Royal – is daar kroeë, pubs en klubs waar mense optree. Leonard Cohen kom immers van hier af. Twee maande gelede het hy 'n gratis, twee uur lange vertoning gehou.

Dis my laaste aand in Montreal. Ons kuier in 'n klub in Rûe Saint Laurent, die Plateau se hoofstraat. Ockert slaan tromme in een van sy nuwe musikale projekte genaamd Light Bulb Alley. Ek skat 'n mens kan dit as alternatiewe country-rock beskryf.

Alistair, die voorbok, sanger en kitaarspeler, kom van 'n plek met die naam Yellowknife af. Dis in die noorde van Kanada. De Beers myn daar vir diamante. As hy die naam sê, klink dit iets soos "Yeawlknife".

Light Bulb Alley tree saam met twee ander bands op, een van Montreal en die ander van Chicago. Ek dreig om die mikrofoon te gryp en Ockert-hulle aan die gehoor voor te stel: "Ladies and gentlemen, from Karasburg and Yellowknife, the sensational Light Bulb Alley!"

Dis drie-uur in die oggend, die metro is gesluit. Ons vat 'n taxi huis toe. "As dit nie vir die musiek was nie, sou ek baie moeiliker aangepas het," sê Ockert.

Dit was ook maar die geval toe ek Johannesburg toe getrek het, dink ek. Ek het mense soos Ockert in die Abelarde Sanction in Brixton ontmoet – nuwe vriende in 'n vreemde stad.

Die strate is nou stil. 'n Erewag straatligte salueer ons met geboë hoofde. My kop draai. Dalk is Montreal tog nie soveel verder van Karasburg of Upington af as Johannesburg nie. Al is dit kouer. Al praat hulle nie Afrikaans nie.

Ek wonder oor of 'n welwitchia in sneeu kan wortelskiet.

"Welcome to O.R. Tambo International Airport. If you have a connecting flight . . ." Verdere instruksies volg, oor wanneer jy jou selfoon weer mag aanskakel, ensovoorts. Uit die lug kon ek my land se stedelike geografie sien, selfs in die nag. Die kolle wat die Apolloligte oor die townships gooi, die dowwe liggies van die plakkerskampe, die straatligte van die voorstede. Tussen die townships en die voorstede is fabrieke; buffersones, soos hulle destyds genoem is. En die mynhope.

Ek oorhandig my paspoort aan 'n stug staatsamptenaar en sleep my tas van die vervoerband af. Dan stap ek verby doeanebeamptes wat besig is om die een of ander stomme Wes-Afrikaan se bagasie om te dolwe.

Op die snelweg huis toe ruik ek 'n veldbrand. "The Highveld is a shit place to be in winter," het Toast Coetzer gesing. Maar tog laat die reuk my tuis voel. Dis mý land, mý gemors.

Ons sal dinge maar moet uitwerk, hier in die global village se onderdorp.

Andries Bezuidenhout is 'n sanger, digter, rubriekskrywer en akademikus. Sy debuutdigbundel, *Retoer*, het in 2007 verskyn. Tans skryf hy 'n tweeweeklikse rubriek vir *Rapport* en werk as senior navorser aan die Universiteit van die Witwatersrand. Hy staan ook bekend as Roof van die Brixton Moord & Roof Orkes. Die Orkes het twee CD's opgeneem, *Spergebied* (2002) en *Terug in skubbe* (2004). Hy het ook 'n solo-CD, *Insomniak se droomalmanak* (2003), uitgereik.

Sirkusboere

Sonja Loots

Die stomme ou man. Die arme ou sufferd. Wat het hy gemaak van hierdie vrolik getikte plek?

Ek loop met die plankpromenade by Coney Island langs en tuur uit oor die strand. Hy moes ook hier geloop het, in sy verslete velskoene en verweerde swart pak, terwyl hy gluur na die plesiersoekers, die springmielieverkopers, die baaiers. Honderd jaar gelede sou hierdie strook gekrioel het van die sonaanbidders – die mans in wolbaaikostuums en die vroue in daardie gek, groteske baairokke met die bolmoue en kurwe-verskansende pofbroeke tot onder die knieë.

Toe Piet Cronjé in 1905 as 'n geknakte en gebroke man hier aangeland het, was Coney Island reeds berug as 'n Sodom-by-die-see. Aan die suidelike tippie van die stadsbuurt Brooklyn en minder as tien myl van Manhattan was dit 'n rasende mekka van luukse hotelle, dance halls, konsertsalonne, teaters, orkesverhogies in die vorm van kammosselskulpe, resiesbane, badhuise, soewenierwinkeltjies en biertuine. Honderdduisende mense het daagliks na die pretparke gestroom, waar plesierritte soos die Hoopla en die Whirlpool mans en vroue saamgeklits en teen mekaar laat val het op maniere wat voorheen ongehoord was.

Die skare het gekom vir die roller-coaster en ander sensasionele wipritte, maar ook vir die side-shows, dobbelhoekies en cooch-dansers; om te swem in die see, myle ver op die promenade te stap, aan hotdogs te smul en hulle te vergaap aan die minarette en torinkies en koepels versier met stringe veelkleurige liggies, of om die weerkaatsings van die lig op die golwe te aanskou (want met die eeuwending was elektrisiteit nog 'n nuutjie).

Dit was die heerskappy van holderstebolder, waarin karnaval koning was; 'n skril, flikkerende wêreld wat Victoriaanse waardes verpletter het met al die guitige en gewaagde attraksies beskikbaar. En dis na hierdie honky-tonk-koninkryk met sy sakkerollers, prostitute en hul koppelaars dat die diepgelowige generaal gekom het toe hy 69 jaar oud was, platsak en met 'n gebroke hart.

Hy was eens 'n gerespekteerde Boereleier, as held vereer omdat hy Jameson en sy manne met die Jameson-inval aangekeer het, maar gedurende en ná die Boereoorlog is hy bitterlik geblameer vir die vernederende nederlaag by Paardeberg in Februarie 1900. Dit was die begin van die einde, het sy mense hom verwyt, want die oorgawe by Paardeberg het amper 'n kwart van al die Boeremagte in Britse hande geplaas. Cronjé het dit boonop op homself gehaal deur sy beterweterigheid en sy hardkoppigheid, is gemor. Had hy maar na sy militêre raadgewers geluister!

Dat daar 'n fotograaf teenwoordig was om die sonderlinge spektakel vas te lê – van 'n bevuilde Cronjé in verbleikte groen oorjas wat met geboë hoof voor die seëvierende lord Roberts staan – was uitermate krenkend.

Cronjé het die res van die oorlog in bannelingskap op St. Helena deurgebring, waar hy die bittere verwyte van sy manskappe en die hoon van sy Britse gevangenemers moes verduur. *Punch* het 'n spotprent gepubliseer van Cronjé wat die skaduwee van Napoleon salueer onder die opskrif: *Same enemy, sir. Same result.*

Ná die oorlog het ander Boeregeneraals hom soos die pes vermy; hy is nie genooi na vredesamesprekings of om deel te neem aan die na-oorlogse beleidsformulering nie. In 1904 het die sirkusman Frank Fillis Cronjé gewerf om saam met hom deur Amerika te reis as deel van die sogenaamde *Boer War Circus*. In die vertoning, wat deur sowat twee miljoen mense aanskou is by die Wêreldtentoonstelling van 1904 in St. Louis, het Cronjé gehelp om die beroemde slae van die Boereoorlog in stowwerige opelug-amfiteaters op te voer. Amerikaanse gehore kon hom drie maal 'n dag sy eie nederlaag by Paardeberg sien opvoer. Daar sou hy staan, met geboë hoof, voor 'n akteur wat die rol van sy nemesis vertolk.

Dit was 'n veragtelike afloop vir sy loopbaan. Teen die einde van die Wêreldtentoonstelling het hy die bynaam "die sirkusgeneraal" in Suid-Afrikaanse koerante gekry. In dié omstandighede wou hy nie terugkeer huis toe nie, en hy het eerder na Coney Island gekom om nog 'n kontrak met die impresario William A. Brady te beklink. Brady het in aller yl 'n arena laat oprig met 'n pawiljoen wat aan 20 000 mense sitplek bied en die skouspel begin adverteer: ". . . featuring Piet Cronjé with real Kaffirs, mounted lancers and artillery."

Die ou gryskopkryger sou handtekeninge uitdeel voor en ná vertonings, en die skares van Coney Island was in hul noppies. Nou kon hulle naas Dahoma die reus van Jacksonville, en Miss Nellie Walker die albinovrou, 'n seun sonder arms wat met sy tone kon skryf, en jou werklikwaar 'n noodlottig samegestelde mense-tweeling, ook nog 'n regte, egte Boer aanskou.

Honderd jaar later, in Junie 2004, besoek ek Coney Island om Cronjé se voetspore na te loop omdat ek iets van my tyd se Afrikaners in sy tragedie bespeur. Soos hy, probeer hulle op stoïsynse wyse verbysterende magsverskuiwings verwerk. Soms word met hulle die spot gedryf en word hulle gemarginaliseer, en heel dikwels ry hulle maar die sonsondergang op 'n galoppie tegemoet om 'n nuwe begin elders te soek. My vriende oorsee skrop toilette, vee oumense se agterente skoon of bestuur hyskrane. Hulle sal selfs by die sirkus aansluit as hulle moet.

Die treinrit van New York na Coney Island neem my sowat twintig minute. In onlangse jare het Coney Island se lokkrag as 'n vermaaklikheidsentrum afgeneem en wolkekrabbers en gesinshuise staan nou waar resiesbane en pretparke 'n eeu vroeër was. Maar die pretstrook self het nie heeltemal verdwyn nie. Die spoorlusse met hul wipwaentjies, die mallemeules en die worsbroodjiestalletjies staan alles nog. Tydens my besoek krioel die stapvlak en strandarea van bewonderaars van die musiekgroep Phish, wat ingestroom het vir 'n konsert; en opwinding en afwagting vul die lug. Die legende van Coney Island talm nog.

Saam met my is my broer wat geruime tyd gelede van Suid-Afrika na Amerika geëmigreer het. Ek sien hom vir die eerste keer in vier jaar. Hy bring vir my 'n Van Morrison-song oor Coney Island en vra waarom ek hierheen wou kom. Ek vertel hom die storie van Piet Cronjé.

"Daar is hierdie briljante toneel van sy oorgawe by Paardeberg in 'n Afrikaanse roman met die titel *Niggie,*" sê ek.

"Nooit van gehoor nie."

"Dit het vroeër vanjaar die Hertzogprys gekry," sê ek.

"Nooit van gehoor nie."

Ek moet hom daaraan herinner dat die Hertzogprys die oudste en mees gesogte literêre prys vir Afrikaanse skrywers is. Ek vertel hom watter grootse bewondering ek het vir die skrywer van *Niggie,* hoe ek hierdie toneel as een van die beste ag wat ek in my ganse lewe gelees het. Ek haal uit die vuis vir hom aan. Ek wil hê hy moet sien hoe snaaks, hoe droewig dit is, maar ek kan sy aandag oënskynlik nie betrek nie. Ek is 'n skrywer, joernalis en dosent in die letterkunde aan 'n universiteit; hy is 'n beleggingsontleder wat pas sy MBA klaargemaak het aan 'n ivy league-universiteit. Ek woon in die intertekstuele wêreld geadem deur boeke; hy woon in Amerika.

"Sussie," grinnik hy, geamuseerd met die Afrikaans wat hy net hoor as hy huis toe bel, "jy praat in tale." Net een taal, dink ek, 'n bietjie gekrenk. Ons moedertaal.

Maar hy is besig om te vergeet. Soms bel hy my wakker nadat hy 'n ruk moes wag vir die dag om te begin in Suid-Afrika (daar is 'n tienuurverskil) om my te vra oor 'n woord wat hy vergeet het.

"Ek kan dit nie glo nie. Ek kan dit glad nie meer onthou nie," mompel hy verleë. Daardie foonoproepe maak ons albei 'n bietjie ongemaklik.

Maar vir 'n wyle is ons saam en ons uitstappie bring ons na 'n instaphokkie op die promenade, versier met wimpels in die kleure van die Amerikaanse vlag en plakkate wat sê: *Shoot the Freak.* Ons gaan in om ondersoek in te stel. Die hokkie loop in op 'n oop terrein waar 'n man in verdikte kleding op en af loop. Die "sideshow barker", of aankondiger, vertel ons dat jy vir een dollar met 'n paintballgeweer na die man kan skiet. Ons kyk hoe korrel 'n jong Spaans-Amerikaanse vrou. Die toeskouers murmel instemmend hul genot elke keer as sy die teiken tref. Ons stap weg. Dis verontrustend. So ver ons kan sien, het die "frats" geen sigbare gebrek nie. Hy is swart, maar andersins lyk hy heeltemal normaal.

Van Coney Island ry ons vier uur na Cambridge, die universiteitsdorp waar my broer pas gegradueer het, en waar hy die boonste helfte van 'n ouderwetse New England-huis bewoon. Hy geniet dit hier omdat dit 'n kosmopolitiese gemeenskap is. Mense is van oral; hy voel minder vreemd as wat hy in Texas of Cleveland sou gevoel het.

Ons gesels, versigtig eers, dan meer ontspanne. Maar nie té ontspanne nie. Hy sê dat ek te hard praat. In die volgende twee weke vra hy my gedurig om my stem te verlaag, in restaurants, op die sypaadjie en in die moltrein. "Ek kan sien jy is gewoond aan 'n groot huis in 'n groot tuin met hoë mure," sê hy.

Hy lyk effens verleë, iets wat my verbaas. In Suid-Afrika het hy nooit omgegee om die aandag op hom te vestig nie. Soos ek, het hy altyd 'n baie slegte humeur gehad wat dikwels in die openbaar sou opvlam. Vir geruime tyd het ek geweier om saam met hom na enige restaurant te gaan, want hy sou 'n luidrugtige ophef maak as die diens swak is.

"Ek kan nie daai soort ding hier doen nie," sê hy nors as ek hom daaraan herinner. "Ek is 'n vreemdeling hier. 'n Enkele misstap en ek is gefok. Ek verstoor nie die rus nie."

Ek gaap hom aan, en dink hoe graag ek hom sal wil sien skielik opspring, by die kombuis instorm, en die kok uitskel, en g'n duit omgee oor wie na hom kyk nie. Ek het van hom gehou met sy rowwe kante, buite beheer, wild. Dit is vir my vreemd dat 'n plek soos hierdie hom so in 'n toompie kan hou. Dat hy, van alle mense, so ver wil gaan om onopsigtelik te wees. Meteens leer ek nog iets van hoe dit is om nie in jou eie land te woon nie.

Terug in Suid-Afrika begin lees ek Jhumpa Lahiri. Sy skryf oor Indiese *emigrés* wat in Boston en Cambridge wortels ingrawe, probeer inpas, en stadigaan Amerikaners word. Ek stuur aan my broer die volgende uittreksel uit *The Interpreter of Maladies*. Dis die woorde van een wat Amerika toe getrek het op die ouderdom van twintig en 'n ietsie:

> *While the astronauts, heroes forever, spent mere hours on the moon, I have remained in this new world for nearly thirty years. I know that my achievement is quite ordinary. I am not the only man to seek his fortune far from home, and certainly I am not the first. Still, there are times I am bewildered by each mile I have traveled, each meal I have eaten, each person I have known, each room in which I have slept. As ordinary as it all appears, there are times when it is beyond my imagination.*

As ek dink aan Piet Cronjé en my broer, lyk dit vir my dat om 'n vreemdeling te wees in 'n ander land beteken jy sal altyd 'n rariteit wees in die oë van ander.

Maar hier is nou die kwessie: 'n Mens kan in jou eie land ook gemaak word om te voel soos 'n side-show. 'n Baie gewone interaksie bring dit die eerste keer by my tuis. Ek luister na 'n radio-onderhoud met die Suid-Afrikaans-gebore CNN-joernalis Tumi Makgabo deur haar voormalige kollega John Perlman op AM Live. Sy vertel luisteraars oor haar agtergrond: goeie Katolieke skool, en 'n bruin ma wat Afrikaans gepraat het. Dan is dit tyd vir die luisteraarspubliek om in te bel. Een van die inbellers sê: "Tumi, al was jou moedertaal Afrikaans, ons is steeds trots op jou."

Ek vervies my. Die inbeller laat dit klink asof Afrikaans praat min of meer dieselfde is as om 'n skubberige huid te hê, of 'n boggelrug of 'n ander soort misbaksel te wees. Ek wag vir Tumi om kapsie te maak, maar sy doen dit nie. John Perlman lag net. Ek besluit ek sal hom die leviete voorlees as ek hom weer volgende keer raakloop. Ek ken hom nie persoonlik nie, maar ek sien hom gereeld genoeg in 'n kroegie wat ek soms opsoek.

Ek kom egter nie sover nie. Op my volgende besoek aan die kroegie Xai-Xai in Melville, Johannesburg, is daar 'n ander kopseer wat aanmeld.

Ek sluit teen die einde van 'n lang, aaklige dag by 'n groep ou vriende aan. Ek kom laaste daar aan en plons langs hulle neer, verfrommel, moeg en bly om in vriendelike geselskap te wees. Maar, merk ek, onder hulle is 'n vrou met die naam Fiona, in wie ek 'n intense hekel het. Die gevoel is wederkerig.

Toe ek sewe of agt jaar oud was en op 'n besoek aan my ouma en oupa op Despatch, 'n stofverwaaide Oos-Kaapse dorpie, het die dorpskinders klipgooionderonsies ná skool gehou. Die Afrikaners sou agter 'n lae tuinheining aan die een kant van die ongeteerde pad gaan wegkruip, en die Engelse kinders agter 'n ander heining aan die ander kant van Susanna Fourie-straat, en die twee kante sou mekaar met klonte en klippe bestook. As ek Fiona sien, weet ek sy sou agter die ander heining gewees het, en dat ek vir haar spesifiek sou gemik het. Sy is 'n rooinek en ek is 'n rockspider. Dis nié die rede hoekom ons nie van mekaar hou nie, maar omdat ons nie van mekaar hou nie, tree hierdie kwessies in werking. Dit is soos 'n ou sportbesering wat nooit heeltemal weggaan nie.

Ons sou mekaar maklik kon geïgnoreer het in Xai-Xai, as dit nie vir die ywer van een van ons gemeenskaplike vriende was nie. "Julle twee onthou mekaar, nè?" sê een.

"How are you," antwoord Fiona met 'n gepynigde glimlag.

"Kak, dankie," probeer ek 'n grap maak. Almal lag, maar Fiona kyk vraend na my, en veins verbluftheid.

"What? I don't understand Afrikaans."

Ek gluur haar aan. Soos ek, is sy in haar dertigs. Sy is in Suid-Afrika gebore, het hier skoolgegaan en grootgeword in 'n era toe sowel Engels as Afrikaans verpligte vakke op skool was. Dis onmoontlik vir haar om nié te weet wat die woord "kak" beteken nie. Haar houding is 'n affektasie. 'n Verklaring. Ek word hier op my plek gesit. Ek, my nare ou taaltjie en alles wat daarmee saamgaan. Ek is onmiddellik die donder in. Watse stront is dit?

"Ekskuus," sê ek met 'n styfgeklemde kakebeen, darem nou op Engels. "Ek het vergeet. Jy is een van die min mense in hierdie land wat net een taal kan praat. Jou eie."

Daar is 'n stiltetjie en ek is verras om te merk dat die enigste swart persoon in die groep hom breek vir my uitbarsting. Hy moet eintlik die trane van sy gesig vee voor hy kan praat. "Ek stem saam," sê hy in mooi Afrikaans. "Dit was 'n kak dag." Ek kan hom soen van dankbaarheid.

"Dis nog altyd my bedoeling om Zoeloe te leer," ploeg Fiona welwillend voort.

"Wel, jy beter gou begin," sê ek. "Siende dat jy ná dertig jaar van Afrikaans leer steeds nie weet wat die woord 'kak' beteken nie."

Ons eindig in teenoorgestelde hoeke van die vertrek, en ons arme vriende word gedwing om kant te kies. 'n Paar dink dis snaaks. 'n Ander klompie sê niks oor die klein uitbarsting nie. En 'n handvol bondel om haar saam en ignoreer my die res van die aand. Vir hulle is ek nou ontmasker: Ek is 'n Afrikaner en fyngevoelig daaroor.

Uiteindelik loop die gekuier oor na die sypaadjie buite die kroeg. Ek praat met iemand wat ek nog nie voorheen ontmoet het nie.

"Hierdie sepie waarvoor jy skryf," sê hy op Engels, "is daar enige iemand wat dit kyk?"

"'n Paar miljoen elke aand, ja. Dis tans die tweede gewildste sepie op die lug."

"Maar meestal Afrikaners, neem ek aan?"

Sy stelling maak my alweer vies. Ek wonder wat die "maar" beteken. "Meestal," sê ek. "Maar nie uitsluitlik nie."

"Wat sou jy gedoen het as jy nie dit gedoen het nie?"

"Miskien sou ek 'n roman geskryf het," waag ek dit. "Oor 'n Boeregeneraal met die naam Piet Cronjé . . ."

Sy oë word summier glasig. "Of miskien sal ek oplaas my verdomde Ph.D. doen. Oor verliesliteratuur."

"A Ph.D. in Afrikaans literature?" Hy lyk onthuts, totaal ongelowig, geslaan vir 'n ses. "What could you possibly do with a qualification like that?" Ek oorweeg vlugtig 'n antwoord op die trant van "gaan kak", maar besluit nee.

"Weet nie," sê ek. "Ek dink daaraan om by die sirkus aan te sluit."

Toe ek tien jaar oud was, het ek die sanger David Kramer ontmoet. Dit was 'n Sondagmiddag en ek het roomys op die Seepunt-promenade geëet toe hy verbystap. Ek het my Wimpy-servet na hom uitgehou en mooi gevra vir sy handtekening. Hy het gedwee ingestem. En ek kon nie wag om my vriende dit die volgende dag te gaan wys nie. Maar ek het nie die volgende dag skool toe gegaan nie. My oupa het aan 'n beroerte gesterf en ons moes die Maandagoggend inderhaas Despatch toe.

Op die dag ná die begrafnis het ek dikbek op my oupa-hulle se stoep in Susanna Fourie-straat gesit en iesegrimmig geskop na die potplante in hul geroeste Ricoffy-blikke, terwyl ek wonder wanneer ons huis toe kan gaan (want ek wou nog my vriende my David Kramer-handtekening wys). 'n Bejaarde swart man in die stowwerige straat voor die huis (wat steeds nie geteer was nie) het verbygestap. Hy het sy hand opgelig in 'n statige groetgebaar. "Middag, dominee," het hy gesê en aangestap. Ek het yskoud geword en senuweeagtig om my heen gekyk – vir my oupa – voor ek besef het dat hy rêrig nie meer daar is nie. Die man het waarskynlik nog nie die nuus verneem nie, en was so gewoond om die dominee op sy stoep te sien sit dat hy net aangeneem het hy sal steeds daar wees.

Vir daardie tyd was dit vir my 'n ontstemmende ervaring. As ek nou terugdink, is ek 'n bietjie jaloers op my oupa. Daardie stoep, die huis, die straat, dit was waar Albertus Johannes Nortjé tuisgehoort het. Miskien was dit ook al wat generaal Piet Cronjé wou hê. Miskien vra almal van ons maar net 'n eie stoep en dat mense sal weet waar om ons te kry.

Sonja Loots het onlangs met gemengde gevoelens na Suid-Afrika teruggekeer ná drie jaar in Londen. Sy het al fluks tuin gemaak, maar sukkel nog om op eie bodem wortel te skiet. Sy werk vir 'n uitgewery in Kaapstad en wag op die dag dat "huis" en "tuis" weer rym. Die oorspronklike Engelse weergawe van dié essay, "Circus Boers", is op www.litnet.co.za gepubliseer as deel van die Young Voices South African Online Writers' Conference.

Blues

Charles Smith

Here, verlos my nou net eers van daai Suiderland van son, see en bloed, dink ek toe ek met my Jim Greens in die sneeu buite die Dulles-lughawe trap en my baadjie toeknoop. Wolke hang soos 'n vars afgeslagte skaapvel bo Washington DC. Dis dan dit: Welkom in Bushland.

In Nelson Mandela-weg in Bloemfontein het ek Joe Bonamassa in my Toyota se CD-speler gedruk, "Junction 61". Fokkit. Die blues het soos vuurwarm lawa reguit in my are gedrup, gerym met die pyn op bedelaars se gesigte: Een het 'n karton voor my ruit ingedruk: "Help my. Ek is bankrod."

I'm not here, man.

Ek is nou in 'n ander land. Die Dodge Caravan gly in die sneeu deur berke- en essehoutbome. Die lug is grys. Ons ry oor 'n geysde Potomac-rivier met stoom wat op die water dryf. Ek het Bushland aangedurf tussen die val van die Twee Torings van die World Trade Center en die ineenstorting van die ivoortorings – die beleggingsbanke. Tussen-in het als verander.

Die moltrein skommel onder Manhattan. Ek klim met die trappe uit na die vuil straat vol gesigte wat wegkyk. Ek verbeel my 'n Boeing 747 in die blou lug wat in die toring vasvlieg. Bo my spring mense uit die brandende torings en bly vir ewig val in die gedagtes van geliefdes.

In die 9/11-gedenkmuseum oorkant Ground Zero teken die Japannese digter

Kazusada Sumiyam sy digbundel wat ek vir my vrou koop. Hy skryf voorin: "To Marleen. With the wish for a peaceful world. Sept. 8, 2007". Hy het die oggend van 11 September 2001 uit Japan na sy seun se huis in New York gebel. Sy seun was reeds by die werk, Fuji Bank in die WTC. Sy kleinseun het opgewek geantwoord. Toe hy na die televisie kyk, het die eerste Boeing in 'n toring vasgevlieg.

Ek lees:

My son was lost
Forever at the Twin Towers,
Although fervent has been
My wish for a serene world
Without war and without weapons.

In Nelson Mandela-weg, Bloemfontein, het 'n ou man met krukke oor die pad gesukkel nadat die verkeerslig groen oorgeslaan het. Een van *Volksblad* se plakkate het gelui: "Bekende beeskenner in stad geskiet". Dis was my berig. Die man wat geskiet is, is my vriend. Ek het sy bebloede hand in die hospitaal vasgehou.

Ek het die blues soos bitter sigaretrook diep in my longe ingetrek, en in die musieknewel het Jesus of Superman uit die hemel tussen die karre neergedaal en die ou man van sy krukke en pyn verlos en die kapers en korruptes en uitbuiters vir ewig uit die stede verdryf.

Ons pak 'n reis van Seattle deur die Kanadese Rockies en terug oor Montana en Wyoming aan. In Yellowstone kan ons amper aan die bisons vat – oerdiere met massiewe koppe. In 'n vallei galop 'n swart beer met 'n skuimende bek agter 'n wyfie aan. Deur 'n teleskoop kan ons die wolwe deur die bome aan die voet van 'n berg sien sluip. Ek dink aan die fliek *Die wolfteël* wat ek as kind op Suid-Afrikaanse TV gesien het. As die sneeuwinde die wolwe na die dorpe druk, en hul getjank deur die valleie dra, begin die wolfteël fluit.

In die noordwestelike punt van Pennsilvanië verken ek en die sangeres Clarabelle van Niekerk die grondpaaie. Ons luister na Piet Botha se *The Pilgrim* en praat oor die huis. Ek sien 'n stuk of tien dooie prêriewolwe aan 'n boom hang, reg voor 'n boer se huis. Die bloed drup uit die diere se grynsende bekke in die sneeu, en die boer kom poseer met sy geweer vir 'n foto tussen die dooie roofdiere.

Ek sien Lone Coyote met grynsende tande en die dromme dreun soos Bad Medicine dit toe-oë slaan op die Indiane se groot pow-wow in Oklahoma City. "Heiaah-heih-hei-hei-aah . . ." 'n Reus van 'n man kyk met gevoude arms na die dansendes: die danse van bere, wolwe; coyotes (prêriewolwe). 'n Klossie arendsvere hang aan sy hooftooisel en daar is otterveltooisels aan sy gewaad. Angvoe – of Wise Man Upfront van die Kiowa-Commanche's – het 'n vreesaanjaende masker aan, 'n swart strook oor die oë en wit onder. Twee rooi strepe soos trane van bloed oor sy wange. Eddie Two Clouds doen met 'n oorlogsbyl omhoog 'n sluipdans. Dis die dans van die vergetenes, mense wie se teenwoordigheid en verlede uit die kollektiewe geheue gewis is. Maar hulle dans om te onthou. Van die dodemarse deur die sneeu en van Wounded Knee en reservate waar hulle soos prêriewolwe vasgekeer is. "As ons hiermee volhou, ons danse, sal ons nooit doodgaan nie. Nooit nie," sê Eddie Two Clouds vir my.

In die berge van Wes-Virginië dans die Berg-Yanks weer om weg te kom uit hul reën- en roetbesmette valleie vol wanhoop: In die dorpie Jolo loop ons laatnag by 'n wit kerkie tussen die bosse in. In die Church of the Lord Jesus with Signs Following begin die handjievol oudsteenkoolwerkers se beswymingsdans. Die band speel hipnotiese gospel en bluegrass. Die dansers dryf na mekaar, hande na bo. Hulle lyk en praat soos NG-lidmate in Benoni. Maar in die beswyming gebeur daar vreemde dinge. Die uitverkorene haal hande vol dodelike ratelslange uit 'n houtkissie en dans met hulle bo sy kop. As 'n adder jou pik, gaan lê jy op die grond en die lofprysers lê jou die hande op en bid jou terug uit die dood. As jy sterf, wel, was jou geloof nie sterk genoeg nie.

In die nag in die wit kerkie staar ons grootoog na die slange wat voor die kruis kriewel in die vuis van 'n man wat ooglopend die grens na die onbewuste oorgesteek het. Hy's verslaaf aan die gif van adders, in sy are is dit 'n teengif teen die Kwaad.

Soms kom kuier Suid-Afrikaners en ons eet saam. Skaapboud, groente, rys, Karoopoeding. Ons gesels rugby en politiek. Ons ontmoet Afrikaanse ma's wat swak Engels met hul Afrikaanse kinders praat in huise wat Afrikaans ruik, lyk en proe. Met Pierneef-afdrukke en kitsch skilderye van donkiekarre op kronkelpaadjies. My maag draai van onthou én weersin.

Ons gaan luister na die uitvoering van 'n Afrikaanse tjellis in 'n Presbiteriaanse kerk in Virginië. Ons huil. Waaroor?

Die eerste naweek terug in die Vrystaat het Dingaan die ystervark wat die pampoene in die groentetuin verslind het, in 'n slagyster gevang. Die ystervark het soos 'n baba geskreeu. Dingaan het hom met 'n paar houe met die kierie op die kop gemoker. "Dis sy sagte plek hierie," het hy gesê. Die ystervark het bly skop. Daar was miljoene vlooie tussen sy penne. Dingaan het hom verby die huis gedra, die bloed wat drup in die sand. 'n Uur later was hy terug met 'n stuk gebraaide ystervarkvel. Dit het geruik na houtrook. Die vet het goudgeel onder die swart kors geblink. Ek het 'n bord krummelpap ingeskep en 'n hap van die gebraaide ystervarkvel gevat, maar dit was te ryk, die smaak te vars. Ons mae het sag geword van die Yank-kos. Die naaste aan boerekos wat ons daar geproe het, was die Amiese *smorgasbord* met vleise, groentes en ryk poedings.

Ons kyk ure na die Amiese boere in Lancaster County, Pennsilvanië, wanneer hulle met blosende gesigte onder kappies (die vroue) en breërandhoede (mans) die hooi op hul ysterwielwaens laai.

Ons is in 'n ander wêreld.

Ek wens ek kon die foto aan my oupa wys van die Amiese seun wat ploeg met vyf groot Belgiese trekperde wat dwars langs mekaar ingespan is. Dis wonderlik om die swart perdekarre te hoor klip-klop deur die strate en 'n glimps te kry van die mooiste gesiggies van die kinders agter kappies.

'n Gesin wink ons nader. Wil julle sien hoe ons werk? Natuurlik wil ons. Ons volg die ysterwa vol hooi en die vrouens wat laggend met die hooivurke aanstap. Die wa word langs 'n outydse hamermeule getrek wat deur 'n perd aangedryf word wat in die rondte stap. Seuns met Piet Retief-baarde en kruisbande gooi die koring in die meule. Hulle praat 'n krakerige Duits met mekaar.

Die kinders reik uit na ons kinders. Hulle giggel senuagtig. Kan ek maar? vra een vir Marleen. Sy tel ons laaitie op. Hulle kyk na ons klere, ons horlosies, skoene. Ons staan doodstil om nie die oomblik te bederf nie.

Op pad terug van Michigan stop ons in Ohio by 'n perdeveiling. Die Amiese perdekarre staan links teen 'n heining ingeryg. Regs die gewone Yanks se Fords, Chevs en Jeeps. Die Amiese gesinne met kruisbande en hoede sit tussen die ander Yanks. Agter in die krale het Amiese seuns perde uitgesoek en ry hulle bloots. Die pa inspekteer eers die perd se tande, streel oor die rug en praat met sy seuns. Ek staan 'n lang ruk en kyk en loop terug.

In die kafee drink twee Amiese dogtertjies met kappies koeldrank. Hulle vergaap hulle aan die televisie agter teen die muur waarop die Olimpiese Spele uitgesaai word.

Ons vertel hiervan wanneer ons saam met ons Amerikaanse vriende Larry en Mara kuier. Hy berei perfekte varkribbe-en-bone. Soms maak ons skaapskenkelpotte of bredies soos in die Vrystaat. Met krummelpap. In een van ons potte was daar al Nieu-Seelandse wyn, skaapvleis uit Groenland, rissies uit Mexiko, pampoen uit Kalifornië, aartappels uit die Prêries. Met 'n Yank-bier van 'n mikrobrouery, die beste in die wêreld.

In hierdie tyd kom die man uit die onweerswolke van die Irak-oorlog te voorskyn wat self verskeie grense sou oorsteek: Barack Obama. Ek staan reg voor hom toe hy sy meestertoespraak in Iowa gee, na sy eerste wen. Joernaliste huil. Obama-manie het begin. Kampusse word oorgeneem. Die heel eerste keer word die regse gif in die Yank-bloed tromp-op gekonfronteer. In sy beroemde toespraak oor ras in in Philadelphia takel hy die muur wat wit en swart verdeel. Amerika verander oornag.

"For we have a choice in this country. We can accept a politics that breeds division, and conflict, and cynicism. We can tackle race only as spectacle – as we did in the OJ trial – or in the wake of tragedy, as we did in the aftermath of Katrina – or as fodder for the nightly news."

Drie jaar terug het Yanks met vlae op hul groot karre se neuse rondgery. Vlae het voor hul huise gehang. Hulle het "French fries" tot "Freedom fries" herdoop omdat die Franse nie saam met hulle lande wou inval nie. Vandag sien jy nie daardie uitspattige vlagswaaiery nie. Die uitskellers oor patriotisme is stil. Die slagters het afgetree. Nog 'n stel torings het ingetuimel – die banke se torings van gierigheid. Die Yanks is skaam en kwaad.

Dit is hiervandaan, van die Amerika van Obama, dat ons terugvlieg na die land van son, see en bloed. Ek wil Boxer-tabak ruik en daai mix van Xhosa, Sotho en Afrikaans hoor. Ek wil wors braai in die veld en Sondae luister hoe perde die middaguur runnikend breek. In die middel van die nag sal dikkoppe hartseer roep en ooie soos altyd blêr.

Ons is terug. Wat het verander? In Nelson Mandela-weg, Bloemfontein, is daar meer bedelaars by die verkeersligte. Die dun vlies tussen hoop en wanhoop en tussen lewe en dood lyk deurgeskuur. Die rye werkloses met honger oë langs die strate raak elke dag langer. Die elite in Mercs lag vir die gebede op kartondose. Maar in die verkiesing stem mense op klein, stowwerige dorpe in die Vrystaat met 'n ordelikheid wat my laat goed voel om 'n Suid-Afrikaner te wees. Ek praat met mense wie se geliefdes vermoor is, wat gaan stem. Met tantes wat ingedra word om 'n bewerige kruisie te trek. Ouens drink lang biere in agterplaassjebiens waar brakke balhang. Ek voel aan die maer hande van kinders in Donkerhoek buite Koffiefontein. "Die ANC pay nog vol, nè. Die gront hierie, my ma het die gront gekry. Ek vote ANC, ek wil dik eet!" sê die dertienjarige Nonsikilelo Monti. Ons lag. 'n Skraal wind waai stof op oor 'n sokkerveld. Twee meisies stap toegedraai in 'n handdoek verby 'n laggende Zuma op 'n lamppaalplakkaat.

Hoe verduidelik jy vir iemand van 'n ander kontinent, of mense wat waai, hoe die stof en wind en reuke en wit glimlagge en laaities wat korswil, al is hulle honger, jou kan beetpak.

Voor die verkiesing het ek in 'n plakkerskamp buite Bloemfontein na Jacob Zuma gaan luister. Die sweet het op sy blink kop gepêrel. Sy toespraak was vaag en vol retoriek – net soos toe ek hom in Washington DC gesien het. Maar skielik het daar 'n rilling deur die skare getrek toe Zuma met "Lethu umshini wami" wegval. Ek het omgedraai en na die mense gekyk. Hulle het gebewe, gejil en saamgesing. Die moedeloosheid van flusies was uit hul oë. Dit is 'n kwaai song. Sy arm tril soos hy 'n denkbeeldige assegaai vashou. Dit tref jou in die maag soos 'n goeie rock-song. Ek laai die lied daarna af op my selfoon om later gereeld te speel. Bang? Se gat, man. Dis Zoeloe-rock dié.

Nou luister ek na Joe Bonamassa, Ali Farke Touré en David Kramer. En daai song op my selfoon. En as ek daai song luister, dink ek aan die keer dat Zuma hom vasgeloop het in 'n groepie swart kinders in die plakkerskamp. Hy lag met spierwit tande toe hulle "Umshini wami" sing. Hulle trek weg met "Nkosi Sikilel' iAfrika". Hel, dit was lekker. Hulle druk toe deur: "Uit die blou van onse hemel, uit die diepte van ons see . . ." Daar was 'n skalkse trek op Zuma se gesig; 'n soort verleentheid, dalk. Ge-ge. Toe's dit drukkies voor hy in sy konvooi swart BMW

XS'e weggery het, maar deur die getinte ruit van die kar het hy nog spierwit aan sy glimlag vasgeklou.

Charles Smith is in 1966, enkele dae ná die moord op Verwoerd, op Aliwal-Noord gebore. Hy word op die plaas Mispa in die distrik Rouxville groot en gaan daar skool. As verslaggewer vir *Volksblad* het 'n AWB-boer en 'n troep tsotsi's in Lesotho al 'n wapen teen sy kop gedruk. Die beste ding wat hy nog gedoen het, was 'n reis van Bloemfontein na Kilimandjaro en terug. Hy en sy gesin het pas teruggekeer ná drie jaar as Media24 se korrespondent in Amerika.

Briewe uit Londen

Pieter Malan

Pieter Malan en sy gesin het van Desember 2005 vir drie jaar in Londen gewoon waar hy gewerk het as Media24-koerante se korrespondent. Hierdie essay is 'n keur uit sy gereelde rubriek "Brief uit Londen", wat in Rapport *verskyn het gedurende sy verblyf in Brittanje.*

Ons braai omdat ons julle mis

4 JULIE 2006

Londen staan op die oomblik stil – in die mate wat 'n mens ooit kan sê dat Londen vir enigiets stilstaan – vir Wimbledon.

Ek is vas oortuig dat dié tennistoernooi in die suidweste van Londen 'n baie belangrike funksie in die psige van Londenaars vervul. Wimbledon gaan oor meer as tennis, dit is vir Londenaars ook 'n tasbare bewys van somer. Om mense met Panama-hoede op die moltrein se District Line te sien wat die tennisberigte in die *Daily Telegraph* lees, is die sekerste bewys denkbaar dat jy nog 'n jaar van miserabele, vaal dae oorleef het en dat die somer uiteindelik hoogty vier.

Want glo my, dit word wel somer in Londen. Die populêre beeld van Londen as 'n stad wat altyd nat en grys is, laat uit gedagte dat dit ook baie warm en sweterig kan raak. Veral tydens Wimbledon, waarvan die datum op die mees eksentriek wyse vasgestel word as "beginnende ses weke voor die eerste Maandag in Augustus".

Dit, vermoed ek, is die groot verskil tussen Suid-Afrikaners en Engelse: Waar die Engelse in die somer met baadjie en das gaan tennis kyk, is die sonnige seisoen 'n tyd vir Suid-Afrikaners om te braai.

Verlede week is ek laataand op pad huis toe ná 'n lang dag langs Wimbledon se grasbane – skoon uitgeput na nóg 'n power Suid-Afrikaanse tennisvertoning. Op die sypaadjies voor die beroemde stadion is daar reeds 'n lang ry mense wat begin toustaan vir kaartjies vir die volgende dag.

Dis nog een van die eienaardige tradisies van die toernooi. In 'n eeu van internetbesprekings en package deal-toere word daar steeds elke dag sowat vyfhonderd kaartjies by die hek verkoop op 'n eerste-kom-eerste-in-basis. Jou beste kans om dié kaartjies te kry, is om die nag voor die tyd voor die hekke te kampeer en die toustanery begin gewoonlik so van negeuur die aand reeds.

Terwyl ek so verby die kamperendes loop, let ek op dat 'n hele paar van hulle besig is om op amper klandestiene wyse in groot foeliebakke vuur te maak om 'n vleisie te braai. Sodra die effense windjie na my kant toe stoot, vul die reuk van braaivleis die lug. Vir 'n Suid-Afrikaner is die geur van braairook teen skemer op 'n soel somersaand natuurlik niks snaaks nie. Maar dit is nie Pretoria hierdie nie – of is dit?

En waaragtig: Elke enkele braaiende (en daar was baie) op die sypaadjie voor die All England Lawn and Tennis Club is Suid-Afrikaans. En dit is hoe ek vir die eerste keer in my lewe gekonfronteer word met 'n feit wat so ooglopend is, ek is verbaas dat ek dit nou eers werklik besef: Suid-Afrikaners is nie net lief vir braai nie. Hulle is heeltemal, toetentaal verslaaf daaraan. Hulle kan eenvoudig nie daarsonder nie.

Ene Robin Millar, 'n Kapenaar wat deesdae in Londen woon, skryf die ander dag in die *SA Times* ('n weeklikse koerantjie wat onder Suid-Afrikaners hier in Londen versprei word) van die braai wat hy en 'n paar vriende in sy woonstel gehou het. Die feit dat Robin-hulle se woonstel op die derde verdieping was – en hulle nie 'n balkon het nie – het hulle natuurlik nie een duit geskeel nie. Met oondrakke het hulle 'n stellasie buite die kombuisvenster gebou en toe tinfoeliebakke met kole daarop gepak en só gebraai.

In dieselfde koerant was daar 'n storietjie van 'n klomp Suid-Afrikaners wat in 'n winkeltrollie gebraai het met 'n winkelmandjie as rooster nadat hulle nie 'n geskikte braaiplek kon kry nie.

'n Oudkollega van my is uit Battersea Park verjaag omdat hy dit gewaag het om 'n vuurtjie daar aan te steek – maar het darem daarin geslaag om die polisieman te oorreed dat sy tjops amper gaar is. "Gee my net vyf minute asseblief, Meneer – dis al wat ek vra," het hy die bobby gesmeek voordat hy die tjop in sy mond gedruk het en saam met sy gesin laat spaander het.

Let wel, ons is nie die enigste wat braai nie. Die Amerikaners, die Australiërs, ja selfs die Engelse, maak elke af en toe 'n vuurtjie vir hul weergawe van die "barbeque". Maar vir ons Suid-Afrikaners is dit anders. Net soos alkoholiste en ander verslaafdes sal die Suid-Afrikaanse braaier tot die uiterstes gaan vir sy fix. Selfs die oortreding van elke moontlike brandbestrydingsreël wat die Britse wetgewer kan bedink of die moontlikheid van summiere arres sal hulle nie oortuig om die gewoonte te laat staan nie.

Waarom? Van al die dinge wat ons kon kies om ons kollektiewe identiteit te bepaal, waarom vleisbraai?

Ek dink braai is ons manier van kleim afsteek en eienaarskap neem van 'n plek. Soos 'n hond wat teen 'n paal piepie, eien Suid-Afrikaners hulle staan- of blyplek deur vuur te maak en te braai. Met die geur van ons braaivleis sê ons vir die bure: Dis my plek dié. Moenie hier met my kom mors nie. (En moet veral nie my plek in die ry by Wimbledon kom afvat nie!)

Maar die braai annekseer en sluit egter nie net uit nie – dit verwelkom ook. Die geur van ons tjoppies is ook 'n uitnodiging vir naderstaan. Braai is vir familie en vriende, want 'n mens braai nooit, ooit alleen nie. Soos 'n mens Kersfees reserveer vir familie, is braai die tyd vir mense waaraan jy die meeste erg het – die wat saam met jou braai, maar ook dié wat dit weens omstandighede nie kon maak nie.

Dis waarom ons hier in Brittanje so graag huis toe bel met die nuus: "Hei, weet jy wat. Ons het Sondag gebraai." Al wat ons wil sê is, ons mis julle. Ons wens julle was hier. En moenie 'n tjoppie skroei sonder om ook aan ons te dink nie . . .

Die vreemde reis van Babalela

11 JULIE 2007

Jolandi van der Merwe, die Karoo-meisie wat in die week na ons kinders help omsien, is baie beslis as ek uitvra na die dinge waarsonder sy nie in Londen kan klaarkom nie: "Ricoffy en Ouma-beskuit. As ek nie daai twee goed het nie, is ek baie ongelukkig."

'n Mens hoef net by een van die talle Suid-Afrikaanse winkels in Londen in te stap om 'n idee te kry van die dinge waarsonder bannelinge nie in die vreemde kan klaarkom nie: Êrens in Londen is daar vanaand iemand wat smag na groen Creme Soda-koeldrank of wat peusel aan 'n pakkie Niknaks om die reuse-gat in die hart te probeer vul.

David Kramer is my Ouma-beskuit. Oor die maande het ek al geleer dat daar niks is wat die verlange tegelyk kan verdiep én stil soos sy musiek nie en ek glo dit is dié enkele Suid-Afrikaanse produk waarsonder ek nie die Europese winter sal kan deursien nie.

Kramer se musiek kry ekstra betekenis as jy daarna luister op 'n moltrein tussen Embankment en Tower Hill – juis omdat jy dan soveel ligjare verwyderd is van daardie plek met die "wind en sand en diamantdrome". En as jy in die grys herfslig aanstap huis toe verlang jy skielik na 'n "koue bloue hemel met geen genade".

Daar is mos net een plekkie
En dis my plekkie daai.

So gebeur dit dan 'n week gelede dat my tweejarige seun sý naelstring met sy moederland verloor: Babalela is nie net 'n eienaardige pers-pienk lappop met kroeshare en groot oë nie. Dis ook Henri se boesemvriend en vertroueling – en belangriker nog, die een wat hom saans aan die slaap sus. En, as skepping van die Afrikaanse kinderboek-illustreerders Andries en Erica Maritz, is Babalela ook sy mees tasbare konneksie met die groot, donker kontinent wat hy laas gesien het toe hy net drie maande oud was.

Ek kan Martie Preller se teks al in my slaap opsê: "Diep, diep in 'n donker bos, in 'n hol boomstomp, net onder 'n blaar, woon die Babalela."

Om al hierdie redes was die dag waarop Henri Babalela se verdwyning aankondig, oomblikke nadat ons op 'n trein geklim het, dus baie traumaties. Alle planne vir 'n sorgelose gesinsdag is onmiddellik op ys geplaas en ek klim op die volgende stasie af om op ons spoor terug te loop – op soek na "die pers een".

Verloor 'n tienpond-noot in Kensington se strate en dit sal môreoggend steeds daar lê – bloot omdat die mense hier rond soveel geld het dat dit te veel moeite sal wees om dit op te tel. Maar verloor 'n pers, Afrikaanse pop wat deur geen speelgoedwinkel in Londen in voorraad gehou word nie, en hy verdwyn soos 'n naald in 'n hooimied.

Dis amper 'n uur later dat ek Babalela uiteindelik vind waar hy op High Street Kensington se stasie op die spoorlyn lê waar iemand hom klaarblyklik argeloos van die perron geskop het nadat Henri hom laat val het. Hy lê minder as 'n sentimeter van 'n staalspoor wat amper vyfhonderd volt dra en om hom te probeer red, sou selfmoord wees. Nadat ek die netelige situasie aan die stasiemeester verduidelik het, stel hy voor dat ek die volgende oggend om halftwee, as die elektrisiteit uiteindelik afgeskakel word, vir Babalela kom haal.

Só gebeur dit dan dat ek in die vroeë ure van verlede Sondagoggend vaak-vaak deur Londen se strate strompel op 'n missie om Babalela te red. En voordat ek hom kan terugneem huis toe, dring die stasiemeester daarop aan dat ek ontvangs erken deur vir hom te teken in 'n voorvalleboek waar hy taamlik klinies as 'n "purple soft toy" beskryf word.

Ek druk Babalela se oliebesmeerde gesiggie teen my skouer vas terwyl ek terugloop huis toe – net soos Henri my al honderde kere tevore beveel het om te doen voordat hy en sy vriend gaan slaap.

Die insident word die perfekte spieëlbeeld vir Babalela se eie storieboekreis waarin hy triomfantlik terugkeer na die bos nadat hy deur 'n nare wetenskaplike ontvoer is: " 'Ha!' sê die Babalela, en kies koers na die bos", waar hy weer sy intrek neem "in 'n hol boomstomp, net onder 'n blaar".

Want, so lui die slotsin, "dís waar hy hoort."

En terwyl ek aanstap neurie ek my eie Londense verlang-deuntjie:

Daar is telefoonpale
En doringdrade
Daar's 'n koue bloue hemel
Met geen genade . . .
Daar is net een plekkie
En dis my plekkie daai . . .

Beur jou op met 'n Manhattan Mushroom Burger

6 FEBRUARIE 2008

Daar is iets gerustellends aan 'n Spur: die oorbekende spyskaart, die uieringe wat na ou olie ruik. En natuurlik daardie beroemde pienk sous waarmee alles soveel lekkerder smaak.

Is daar iemand wat Afrikaans kan lees wat nog nooit in 'n Spur geëet het nie? Want as daar is, wil ek hom wragtag ontmoet. En uitneem vir 'n Manhattan Mushroom Burger sodat hy (of sy) my kan vertel waar hulle al die jare was.

Dit bly een van die groot raaisels van ons tyd hoe dit gekom het dat 'n restaurant met 'n lawwe Amerikaanse Indiane-tema verhef is tot die eetplek van die nasie.

Al hierdie dinge maal deur my kop terwyl ek 'n week of wat gelede my vleishonger stil by die Spur in Plattekloof in die Kaap. Dis die eerste keer in twee jaar dat ek in Suid-Afrika is, met die gevolg dat 'n besoek aan die Spur hoog op die agenda was. Blykbaar is daar ook 'n Spur in Londen, maar van diegene wat al daar was, verstaan ek dat dit 'n erg teleurstellende ervaring is. Om na 'n Engelse Spur te gaan voel nie reg nie – dis soos om "God Save the Queen" op Loftus te sing. 'n Mens doen dit net nie. Net soos 'n mens ook nie 'n vegetariese maal by die Spur bestel nie. Dis in elk geval 'n erg onpatriotiese aanwendsel om jou rug op vleis te keer. Maar dis miskien 'n gedagte vir 'n ander dag.

In elk geval, waar was ek nou weer . . . Dis 'n eienaardige ervaring, so 'n besoek aan jou land nadat jy taamlik lank weg was. Kort nadat ons op die Kaapse lughawe land, sê die vlieënier van die British Airways-vlug iets wat my vir die res van die vakansie bybly: "Dit is 'n wonderlike land hierdie. Geniet jou besoek. En as jy in gelukkig genoeg is om in Kaapstad te bly: welkom tuis."

'n Dag of wat later dwaal ek deur die Kaapse winkels, verstom oor hoeveel duurder dinge geword het sedert ek laas met 'n Springbok in my sak inkopies gedoen het. Totdat ek die pryse terugreken na ponde en besef dat alles steeds spotgoedkoop is.

Soggens word ek wakker geraas deur die uitbundige gelag van my klein seuntjie wat kaalstert deur die spreier hardloop wat sy oupa al vroegoggend vir hom oopgedraai het. 'n Paar minute later hoor ek hoe hy en sy sussie mekaar om en om die huis jaag. Wat 'n reuse-verbetering op die op en af in die gang of in en uit by die agterdeur waaraan hulle in Londen gewoond is.

Selfs die aanhoudende kragonderbrekings kan die behaaglikheid om elke dag die son te sien skyn nie demp nie, en een snoek op die kole is genoeg om my te oortuig: Dit is waaragtig die land van melk en heuning.

Dis egter gou duidelik dat almal nie met my saamstem nie. Op TV vertel Jurie Els een aand van sy opgewondenheid om Nieu-Seeland toe te verhuis en hoe die probleme in die land dié besluit makliker gemaak het. Hy en Hestrie het blykbaar deesdae "meer vriende in Nieu-Seeland as in Suid-Afrika".

Op *Die Burger* se brieweblad kla "Bootjie" van Mosselbaai dat daar 'n "groot skroef in Suid-Afrika los is" en voorspel 'n "duister toekoms" vir, as ek hom reg verstaan, alle wit mense in die land.

Teen die einde van ons kuier strek hierdie parade van suur gesigte van Yzerfontein tot in die Kaap en ek begin wonder of die British Airways-vlieënier hom nie dalk misgis het en in die verkeerde land neergestryk het nie.

Vroeër die week het ek weer die land met die donker toekoms verruil vir die een met die donker, koue hemel.

Ons vind Heathrow-lughawe nog net so chaoties deurmekaar as van ouds. Die vliegtuig se vragruim wil nie oopgaan nie. 'n Interkom-stem in Estuary-Engels probeer ons gerusstel met die boodskap dat "the engineers" aan die probleem werk. Dis meer as 'n uur voor die eerste tas sy verskyning maak.

Ek koop 'n koerant. "Dodgy MPs Put in Charge of Sleaze Reform", lui die opskrif. Oor die radio is daar 'n program oor die land se chaotiese gesondheidstelsel en Engeland het hul eerste Ses Nasies-wedstryd teen Wallis verloor.

Die toekoms lyk donker, besluit ek. Veral vir 'n nasie wat nie eers 'n Manhattan Mushroom Burger het om hul op te beur nie.

Hoekom sal ons nou hier bly?

8 OKTOBER 2008

Die man wat die robbe toertjies leer by St. Andrews se akwarium – kom ons noem hom Andy – is onmiddellik meer spraaksaam toe hy hoor ons is van Suid-

Afrika. Hy is hard besig om te spaar sodat hy weer Suid-Afrika toe kan gaan. Hy wil daar gaan klasgee en werk, vertel hy.

"Waarom sou hy dit wil doen as almal uit Suid-Afrika wil padgee? Kyk net hoeveel Suid-Afrikaners is hier in Brittanje," wil ons weet.

Hy kyk ons aan asof ons pas voorgestel het dat ons die seldsaamste vis in sy tenk vir aandete eet. "Dis die mooiste plek in die wêreld. Waarom sou enigiemand nie daar wil bly nie?" vra hy verbaas.

Die gesprek met Andy spook nou reeds 'n paar dae by my. Veral omdat ons, soos Andy, ook besig is om planne te maak om "huis" toe te gaan. Ná amper drie jaar in Londen verstryk my werkskontrak in Desember. Dit was 'n wonderlike en interessante tyd, maar die blote gedagte aan nog 'n donker Engelse winter kry my onder – 'n idee wat vererger word deur die feit dat ons pas 'n diaboliese sonskynlose somer agter die rug het.

Ten spyte van die feit dat ek die Britte gedurende my tyd hier leer ken het as 'n ongelooflik akkommoderende spul wat agteroor buig om ander nasies en kulture te laat welkom voel op hul eiland, is ek nie Engels nie. En geen mate van probeer gaan ooit van my 'n Engelsman maak nie – al het ek die ander dag 'n paar woorde met die Hertog van Edinburgh gewissel en is my monargistiese sentimente ná drie jaar onder haar majesteit se juk nou veel sterker as wat ek ooit teenoor my republikeinse voorvaders sou wou erken.

Ek weet dat teruggaan nie probleemvry gaan wees nie. Elke Suid-Afrikaanse koerant wat ek lees, herinner jou hoe gemaklik 'n mens hier geraak het. Laat in die aande alleen rondloop, jou beursie oop en bloot ronddra en treinry waar jy wil wees, is seker uiteindelik die minste van die aanpassings wat ek die volgende paar maande sal moet maak. Aan die grotes probeer ek so min moontlik dink: Bekommernis oor veiligheid, die nodigheid van 'n elektriese heining en gewapende roof is nie eintlik dinge wat voorop in my gedagtes was die afgelope drie jaar nie.

Maar ek het lank en baie hard hieroor gedink. En soos Andy bestaan daar uiteindelik vir my bitter min twyfel dat ek op die lange duur liewer in Suid-Afrika wil wees as hier.

Tydens my tyd in Brittanje het ek baie waardering gekry vir die historiese frats wat my gemaak het wat ek vandag is. My voorvaders was Frans, my taal 'n halfnaatjie-boetie van Nederlands terwyl my breë sosio-politiese lewensbeskouing sterk beïnvloed is deur ons Anglo-Saksiese koloniale meesters. Ek is 'n onbeskaamde basterkind. Op my mees rasionele oomblikke voel ek my nêrens werklik tuis nie. Té wit vir Afrika en te wild vir Europa.

'n Mens moet jou egter weerhou daarvan om jou eie geval as besonders voor te hou. Die wêreld is vol sulke ontuises: Karibiese Engelse, Turkse Duitsers, Duitse Namibiërs – baie van hulle selfs meer volksvreemd as Afrikaners.

Daar is sommige (wit) Suid-Afrikaners wat argumenteer dat 'n mens dié siklus van nêrens tuis wees, moet verbreek. Hulle sê 'n mens moet emigreer om jou kinders 'n beter kans te gee. Diesulkes is gewoonlik erg trots op die feit dat hulle spruite nou egte Engelsmannetjies is wie se plat polisieman-Engels binne een generasie uitgeteel is en wat nou net so goed skaats soos Kanadese yshokkiespelers of die Australiese woolalong-goolalong blaas dat die spreekwoordelike biesies bewe.

Ek bewonder die opoffering wat sulke mense bereid is om vir hul nageslag te maak, maar self sien ek nie kans om só 'n reusagtige kulturele afgrond tussen my en my kinders te plaas nie. Hoe, wonder ek, beantwoord jy 'n nuuskierige kleuter se miljoene "hoekom-vrae" oor die goggatjies, die bome, die grasse en die blommetjies wat hy elke dag teenkom as jy self nie die nuwe wêreld rondom jou ordentlik ken en verstaan nie?

Hoe leer jy 'n jong seun "conkers" speel as jy self net kennetjie ken?

Ek weet dat ek nie die enigste een is wat met hierdie probleme worstel nie. Immigrasieprokureurs hier in Londen vertel my die meerderheid Suid-Afrikaners wat terugkeer huis toe is jong mense wat 'n paar jaar hier gewerk het en pas met 'n gesin begin het. Die oomblik as daardie outjie met oupa se dimpel of ouma se wipneus hul opwagting maak, raak die gekombineerde trekpleister van familie en die herinneringe van hul eie grootwordjare té veel en hulle pak op. Dit is mense wat hulle eenvoudig nie steur aan die bangmaakstories oor misdaad, oor Zuma en ANC-skeurings en die holrug bly-of-gly-debat op die brieweblaaie van Afrikaanse koerante nie.

Elke keer as ek oor dié sake nadink, kom spook 'n paar reëls uit David Kramer se "Matchbox Full of Diamonds" by my. Dis baie gepas omdat dit die irrasionele aard van enige debat oor identiteit en blyplek so mooi saamvat:

Miskien vir jou is die plek lelik
Maar vir my is die plek mooi
Hoekom sal ons nou hier bly?
Want die Here het ons hier gegooi.

Pieter Malan is op Vredendal in die Wes-Kaap gebore en het sy joernalistieke loopbaan in 1994 by die *Cape Argus* in Kaapstad begin. Hy het sedertdien ook vir die *Weekend Argus, Beeld* en *Rapport* gewerk. Hy is sedert sy terugkeer uit Londen in Januarie 2009 redakteur van *Weekliks,* die meningsbylae van *Rapport.* Hy is getroud met die skrywer Sonja Loots en hulle het twee kinders.

Die wye wêreld in

The Lord is my Sherpa

Erns Grundling

Een van my mees impulsiewe besluite tot nog toe was om na Tanzanië te reis en Kilimandjaro aan te durf.

Ek het in Januarie 2006 by 'n universiteitsvriend gehoor van 'n kansellasie in 'n ekspedisie van 'n groep Suid-Afrikaanse stappers in September daardie jaar. Ek het dadelik kontak gemaak en 'n paar dae later die deposito betaal.

Ek wou wegkom. My lewe was 'n deurmekaarspul: Ek het elke weeksdag ure gemors in spitsverkeer tussen Stellenbosch en Kaapstad. Ek het nie 'n enkele deadline by die werk gehaal nie. My geldsake was beroerd en my rampspoedige liefdeslewe sou 'n span sepie-skrywers tot nuwe intriges inspireer. Die swart hond van depressie het by my voete kom opkrul. Ou bagasie en nuwe antidepressante was onwillige bedmaats. Selfs my gemmerkat het begin gatvol lyk vir my gesukkel . . . My vriende het 'n eilandvakansie voorgestel, maar, nee, ek wou nie in 'n hangmat onder palmbome wieg of 'n koraalrif verken nie. Ek wou iewers, so ver moontlik van hier, iets gaan bereik. Iets vóél. 'n Vlag gaan plant . . .

Wat dan beter as om die hoogste losstaande berg op aarde uit te klim? Ek wou met die eerste daglig op Afrika se dak sit, die recycle bin in my kop leegmaak en soos Johnny Clegg sing:

I'm sittin' on the top of Kilimanjaro
I can see a new tomorrow
I'm sittin' on the top of Kilimanjaro
I cast away all my sorrows

Benewens met Namibië-vakansies was ek nog nooit elders in Afrika nie. En ek was vier jaar tevore vir die eerste keer oorsee, toe ek twee weke by 'n vriend in Suid-Korea gaan kuier het. Ek het nooit die Londen-ding gaan doen nie.

Die drie standaard-antwoorde op die nuus dat ek my op Kilimandjaro gaan begeef, was uiteenlopend:

1. Wow, dis amazing!
2. Wat!? Het jy dan nie *Carte Blanche* gekyk nie? Daar gaan gereeld mense dood op daai berg . . .
3. Ag, Kilimandjaro is mos maklik, Nataniël en Patricia Lewis het dit dan gedoen.

Ek het voor die tyd gelees oor Nataniël se ervaring, wat alles behalwe maklik was. Een van sy sydelingse opmerkings in 'n *Rapport*-onderhoud het my bygebly: "Dit is vreeslik mode om na enige plek in Afrika op trips te gaan . . . die donker vlaktes in te donder en terug te kom met 'n mooi necklace."

Kilimandjaro het hoogmode geword, met meer as dertigduisend stappers wat dit jaarliks aanpak. Sowat agttienduisend bereik die hoogste punt, Uhuru-piek (5 895 m bo seespieël), terwyl die res vroeër omdraai, meestal weens gevorderde simptome van die gevreesde hoogtesiekte AMS.

En daar sterf glo minstens drie mense per maand op die berg, gewoonlik die AMS-gevalle wat nie betyds berg-af gaan nie.

Ek het nie in my voorbereiding soggens à la Rocky Balboa rou eiers afgewurg en Leeukop bestorm nie, maar ek het baie gestap, was fiks genoeg vir Kili se uitdagings en het deeglik opgelees oor die bedreiging van hoogtesiekte. Gelukkig verg die berg nie enige tegniese vaardighede nie en hoef jy slegs behoorlik stap fiks te wees vir die ekspedisie.

Ek was veral opgewonde toe ek hoor ons gaan die ses dae lange Machame-roete (ook bekend as die "whisky-roete") aanpak. Dit is een van die mooier én meer uitdagende roetes: Jy slaap snags in tente en nie in hutte soos op die gewilde Marangu-roete (of "Coca-Cola-roete") nie.

Slegs een van die ander lede in ons groep van nege het in die Kaap gewoon. Sy het al die vooraf reëlings flink behartig en 'n keer of wat saam met my gaan stap. Haar kêrel het in Katar as 'n ingenieur gewerk. Katar is nou nie juis bekend vir hoë berge nie en hy kon nie soos ons sommer ná werk 'n berg gaan uitklim nie.

Die ses ander mense in ons groep was drie getroude paartjies. Die een paartjie het in Londen gewerk en die ander twee in Gauteng en Port Elizabeth. Hulle was almal in hul vroeë dertigs, so vyf jaar ouer as ek. Ek het nooit vooraf gedink aan die moontlike eise wat dit aan 'n alleenloper kan stel as jy saam met vier paartjies berg-op neuk nie.

Drie weke voor my vertrek het ek 'n helse terugslag gehad: ernstige bronchitis wat byna by longontsteking gaan draai het. Ek het amper onttrek, maar ek sou duisende rande verbeur en het goed reageer op die medikasie. Dit was ook gerusstellend om te weet dat een van die spanlede 'n mediese dokter is. Maar bo alles was ek desperaat om langs die beroemde kennisgewing by Uhuru-piek te staan. Iets het my gejaag.

Ek het Psalm 23 se eerste reël effens aangepas tot "The Lord is my Sherpa" – 'n vriendin het dit vir my voor my vertrek op 'n groot wit T-hemp geverf, sodat ek dit by Uhuru-piek kan dra. Verskeie inspuitings, twee asmapompies en handevol kortisoonpille later was ek op 'n Air Tanzania-vliegtuig onderweg na die Kilimandjaro Internasionale Lughawe.

Die lekkerste van vlieg oor landsgrense heen is om te sien hoe radikaal *anders* die landskap vanuit die lug lyk. Ek was in 2002 tydens my eerste oorsese reis naby aan trane toe die Boeing oor Mosambiek se kuslyn vlieg en ek Afrika onder my sien wegdryf.

Vanaf dertigduisend voet lyk alles Google Earth-agtig, pragtig en onskuldig – jy sien geen burgeroorlog, korrupsie en hongersnood nie.

Ons het via Dar es Salaam en Zanzibar gevlieg na die Kilimandjaro-lughawe, sowat sestig kilometer buite die dorpie Moshi. Ek kon aan die welige, lowergroen plantegroei en koffie- en piesangplantasies buite Dar sien dat ons heelwat nader aan die ewenaar beweeg.

Die vlug tussen Dar en Zanzibar was skaars vyf en twintig minute. Dit was skokkend om te sien dat die eiland grotendeels verval in armoede en krotbuurte – wêrelde verwyder van die glansryke oord-advertensies. Vanuit die vliegtuig het dit my herinner aan Khayelitsha langs die lughawe in Kaapstad.

Ons het eers laataand op die Kilimandjaro-lughawe geland, waar 'n gehawende minibus-taxi ons ingewag het met 'n geleentheid na die Springlands Hotel in Moshi.

Die rit na die hotel was opwindend en soms vreesaanjaend. Die kopsere wat ons hier in Suid-Afrika het met slaggate, kom nie naby Tanzanië s'n nie. Die meeste motors se kopligte was buite werking, waaiende arms het flikkerligte vervang en daar was gereeld kinders, hoenders en 'n paar koeie in die pad.

Die hotel was ruim en netjies met 'n groot swembad en buitelug-eetsaal. Dit het gevoel soos 'n informele wêreldberaad soos stappers van oraloor byeengekom het. Ek het opgemerk dat die hotel se personeel 'n bietjie gawer was met Suid-Afrikaanse gaste – seker maar omdat ons, soos hulle, hierdie kontinent permanent bewoon.

Ek het Moshi se strate op ons afdag voor die Kilimandjaro-ekspedisie gaan verken. Die vibe op straat was vriendelik, veral wanneer stalletjie-eienaars jou nader wink om hul generiese Masai-aandenkings aan jou af te smeer. Dalk het Nataniël ook hier 'n mooi necklace gewaar.

Madiba, Lucky Dube en Bafana Bafana was die topdrie-onderwerpe wat plaaslike inwoners se gesigte laat ophelder het en gelei het tot opgewekte monoloë – helaas meestal uitsluitlik in Swahili. Ons kon nie veel verder as "jambo" (hallo) gesels nie. En die frase uit die *Lion King* "hakuna matata" (geen probleem) was natuurlik oorbekend en op byna elke voertuig se bumper sticker.

Hoewel Tanzanië nie as 'n faktor in wêreldsokker beskou word nie, maak dit nie sy inwoners minder sokkermal nie. Nadat ek hul nasionale sokkertrui gekoop en aangetrek het, was ek binne minute almal se pel. Dit het my laat besluit om op toekomstige reise altyd heel eerste die land waarin ek my bevind se sokkertrui aan te skaf.

Om elke hoek en draai het bekende handelsmerke gepryk: Vodacom, Mr Price, BP . . . tot 'n Nelson Mandela-tak van Tanzanië se National Microfinance Bank. Die fakkel op die land se polisiewapen het verbasend baie na die Voortrekkers s'n gelyk. En buite Moshi is daar selfs 'n woonbuurt genaamd Soweto, met luukse huise waarin lede van Europese welwillendheidsorganisasies tuisgaan.

Op 'n groot banier wat tussen twee akasiabome oor die pad gehang het, het die Suid-Afrikaanse evangeliste Peter en Isak Pretorius van Jesus Alive! Ministries die inwoners van Moshi na 'n "Great Evangelistic Crusade" uitgenooi, wat verlossing en genesing van siektes en kwale verkondig het. Onder die banier het 'n man met 'n Che Guevara-hemp en krukke verbygestrompel.

Ek het later op die evangelis se webwerf gaan kyk om te sien wat hy oor die Moshi-uitreikaksie gerapporteer het: "Population: 144 000 (est.), Crusade Attendance: 121 600 (est.), Salvations: 71 970"

Oorkant die Rafiki Shopping Centre (Rafiki beteken "vriend") het ons 'n oorblufte Rus raakgeloop. Sy naam was onuitspreekbaar en iemand in ons groep het hom terstond Sven gedoop. Sven was bleek, huiwerig en 'n astro-fisikus in sy geboorteland. Hy het op sy eie tot hier gereis en 'n gids, kok en twee portiere vir die ekspedisie gehuur. Hy het ook gelyk asof hy 'n vlag wou kom plant.

Teen laatmiddag het die wolke uiteindelik weggetrek en kon ons Kili vir die eerste keer in sy volle glorie aanskou: onbegryplik en enorm ... hoër as ses Tafelberge bo-op mekaar, met die sneeubedekte piek vol gletsers waaroor Hemingway destyds liries geraak het in *The Snows of Kilimanjaro*.

Ek en my mede-stappers het nie baie gemeen gehad nie. Hulle het mekaar al jare geken en reeds verskeie hoërgraad-staptogte saam aangepak. Ek was 'n volslae amateur met 'n handvol staptogte agter die blad. En my enigste ervaring van oornag in 'n tent was by die jaarlikse Oppikoppi-musiekfees buite Northam. En waar hulle twee-twee in 'n tent geslaap het en van nature in hul onderskeie "spanne" saamgewerk het, was ek op myself aangewese en moes alleen in 'n tent oornag.

Dit, sowel as my gebrek aan ervaring, het veroorsaak dat ek altyd later as al die ander was en langer geneem het om my sakke te pak en op te ruim. En ek was 'n bietjie lomp en histeries, soos John Cleese se karakter Basil in *The Fawlty Towers*. Dit het veral een van die spanlede grensloos geïrriteer en hy het geen geheim gemaak daarvan nie. Ek het vroeg reeds die idee gekry dat indien dit 'n *Survivor*-reeks was, ek heel eerste die trekpas sou kry.

Benewens twee terggeeste wat vol grappies was en oor alles iets te sê gehad het, was ons 'n stillerige, bedeesde groep. Jy moet ook maar jou kragte en energie spaar terwyl jy die berg klim. Selfs op die eerste dag in die pragtige reënwoud is dit deurgaans steil en begin jy al hoe swaarder asem te haal soos jy hoër styg.

'n Paar van die spanlede was parate Voortrekkers met Presidentverkenner-toekennings en eindelose staaltjies oor manewales op veldkampe. Dit was 'n wêreld waarmee ek glad nie in voeling was nie. My Voortrekker-loopbaan het reeds in Sub A gesneuwel weens my onbeholpenheid om my eie skoenveters behoorlik vas te maak... ook maar goed ek het nooit verstrengel geraak in die kompleksiteite van 'n kniehalterslagknoop nie.

Vloekwoorde was ook taboe, hoewel hierdie selfsensuur genadiglik begin afneem het soos ons teen die berg op gevorder het.

Dit was vreemd, het ek gedink. Hier reis ek al die pad van Suid-Afrika tot naby die ewenaar, net om binne groepsverband met al hierdie bekende dinge uit my eie kultuur gekonfronteer te word. Maar eintlik het ek my so min moontlik hieraan probeer steur: Ek het 'n lae profiel probeer handhaaf, my gedagtes vir myself probeer hou en bly fokus op die vooruitsig van Uhuru-piek.

Ons eerste aand op die berg was by die Machame-kamp, sowat 3 000 m bo seespieël, byna so hoog soos die Drakensberge. Ek het goed gevoel na die vyf ure stap deur die reënwoud, maar het gedurig gehoes en twee Voltaren-tablette vir spierpyne afgesluk. Kili se sneeuspits het helder geglim in die maanlig en een van die spanlede het my deur sy verkyker laat kyk na Saturnus se ringe.

Ons hoofgids, Theophil, was 'n drilsersant en baie gesteld daarop dat ons almal die Uhuru-piek bereik. Daar was onderlinge kompetisie tussen die onderskeie groepe se hoofgidse om te kyk wie kan die hoogste slaagsyfer hê. Theophil se Engels was uitstekend en hy was baie ervare. Hy het die Machame-roete al meer as honderd keer gestap.

Ek het egter meer aanklank gevind by die stiller, byna somber Theodolus. Hy was Theophil se adjudant, kon skaars Engels praat en dit het gelyk of hy 'n nommer 13-skoen dra. Hy het heel agter gestap en gedurig in 'n diep stem gebulder "PÔLE, PÔLE!" (stadig, stadig). Jy moet die berg byna in stadige aksie klim, sodat jy genoeg tyd het om by die nuwe hoogte bo seespieël aan te pas.

Die oggend van dag twee het ek lighoofdig gevoel toe ek wakker word. Ek het my tent oopgerits, my kop uitgesteek om te sien hoe die weer lyk, en dadelik begin braak. Ek kon voel iets is nie lekker nie, maar het gehoop dit was dalk eerder weens die sterk pynstillers as die vroeë simptome van hoogtesiekte.

Hoogtesiekte is steeds 'n raaisel vir die mediese wetenskap, omdat mense onwillekeurig en nie almal ewe erg geraak word nie, ongeag jou fiksheid, voorbereiding en fisieke kondisie. In hierdie dun lug is dit algemeen om las te hê van 'n hoofpyn en selfs naarheid, maar sodra die simptome vererger, moet jy dadelik berg-af gaan.

Ek was weer eens laaste gereed om te vertrek. "Erns, Kilimandjaro gaan jou of heeltemal opneuk, of jy gaan 'n splinternuwe mens wees," het een van die spanlede opgemerk terwyl ek gespartel het my om rugsak te pak.

Dag twee was weer eens 'n vyfuurstap, met gereelde rustyd vir water drink en tot verhaal kom. Ons het vroeg uit die reënwoud beweeg na 'n gebied wat nogal baie herinner het aan Kaapse fynbos. Ons kon reeds die wolke doer onder ons sien saampak.

Verskeie stapgroepe het op dieselfde plek middagete gehad. Ek het daar 'n foto geneem van die Sven die Rus, waar hy stoksielalleen by 'n opvoutafeltjie met 'n blou tafeldoek sit en eet. Dit was sy verjaardag. Vandag nog bly dit vir my een van die mees triestige prentjies wat ek al ooit gesien het.

Toe ons later daardie middag by die tweede oornagkamp, Shira, uitkom, was ek hondsiek. Ek het weer langs my tent naar geword, erg koors gehad en diep in my slaapsak gekruip. Dit het begin duidelik word dat ek simptome van hoogtesiekte ontwikkel. Die dokter onder ons stappers het my ondersoek en met 'n steroïed ingespuit wat my gou laat beter voel het. Theophil het voorgestel dat ek vir eers vasbyt en op dag vier berg-af gaan indien die simptome vererger.

By Shira was dit daardie nag onder vriespunt. Ek het sleg geslaap, maar was steeds vasberade om Kili te tem.

Dag drie het die meeste van die ander stappers ook begin kla oor hoofpyn en naarheid. Ek het steeds goed gevoel na die vorige dag se inspuiting. Rondom ons het dit gelyk soos 'n vreemde, woestynagtige Karoo-landskap met min plantegroei en ysreën.

Teen middagete het iets vreemds tydens die tafelgebed gebeur. Een van die stappers het sy lepel se steel na my uitgehou toe ons almal moes hande vat. Ek het eers gedink ek hallusineer, maar op 4 000 m bo seespieël was ek te sat om vrae te vra.

Daarna het ons die hoogste punt tot dusver bereik: 4 600 m by die Lawatoring. Ek was verlig om dit tot daar te maak, en het begin moed skep vir die res van die roete. Maar teen laatmiddag by ons oornagplek, Barranco-kamp (3 950 m), het ek gewéét: die droom is verby. Ek het langs 'n rots gaan hurk en onophoudelik opgegooi, in gietende reën met 'n ysige wind wat reg van voor gewaai het. Ek het rondom my gekyk, na hierdie wildvreemde plek waar ek my nou bevind, duisende kilometer van Suid-Afrika, waar dit pas begin lente word het. Die verwronge bergspitse van die Barranco-muur het my laat dink aan een van my gunsteling-David Kramer-lirieke:

Die berge frommel om my
my koue klipkomberse
en ek trek die donker nader
nes 'n kamer sonder kerse

Nog naarheid. Hoofpyn. Diarree. Kouekoors. Roggelende hoesbuie. My neus het begin bloei en my aptyt was weg – alles baie slegte tekens. Dit was onmoontlik om my rugsak se ritssluiter in een beweging oop te maak, ek moes drie keer eers stop om asem te skep. Ek het alleen in die tent gesit, my oë toegemaak en begin wieg. Meteens het 'n portier langs my in die tent gesit en kitaar speel, amper soos Buena Vista Social Club se Kubaanse musikante. Maar die portier het met 'n stuk droë brood kitaar gespeel . . . tot ek besef dit was 'n hallusinasie.

Die dokter het my 'n laaste keer met 'n steroïed ingespuit om die simptome gedurende die nag hok te slaan en het daarop aangedring dat ek halt roep en die volgende dag berg-af gaan. Ek het nie gestry nie. Die res van die groep het kom inloer. Ek het verneem die egpaar van Londen kry ook swaar.

Theodolus het die aand langs my in die tent kom slaap. Ek was te pap om myself aan te trek of in die slaapsak toe te rits. Tydens 'n hoesbui het hy 'n groot lepel uitgepluk, in 'n bottel gedoop en voor my mond gehou. "HONEY. FOKKOF!" het hy uitgeroep. Ek was eers heeltemal onkant gevang, voor ek besef dat hy "Honey. For cough." gesê het.

Theodolus het net voor hy gaan slaap sy kopliggie afgeskakel en kruisbeen langs my in die tent gesit. Hy het sy hande saamgevou en saggies vir my in Swahili gebid. Ek's geen kerkmens nie en 'n volslae twyfelaar, maar het bibberend aan die slaap geraak met die wete dat alles oukei sal wees.

Erns Grundling, tans 'n senior joernalis by *Weg*, het vroeër gewerk by *Die Burger* (Oos-Kaap), LitNet, *Insig* en *Huisgenoot*. Hy is in 2006 met 'n Mondi-toekenning bekroon vir sy artikels in *Insig* en in 2007 met die Pica-toekenning vir artikelskrywer van die jaar. Van sy gedigte is opgeneem in onder meer die nuwe *Groot verseboek* (2008) en *Nuwe stemme 3* (2005). Hy het al Madiba se hand geskud, amper Leonard Cohen s'n en kon onlangs 'n Bengaalse tier vanaf 'n olifant se rug in Sentraal-Indië aanskou.

In die straat van die kat wat visvang

Chris Barnard

Terwyl ons daar was, al die maande, het ek elke dag gedink: Hieroor kan 'n mens 'n boek skryf. In St. Germain des Pres bedags, in Boul Mich, by die Sacré-Coeur en Place du Tertre, snags in die moltreine, op die brûe, in die woelige bistro's, was my kop 'n notaboek. Sononder langs die Seine, Sondae in die Louvre, op reëndae in die Bois de Boulogne wou ek alles beskryf, elke klein ervaring opteken. Die herfs wou woorde word, die nat strate, die gesigte, elke ou gebou het in 'n denkbeeldige paragraaf sy plek gekry. Ek wou 'n singende boek skryf oor Parys.

Maar later, tuis, toe ek probeer onthou, toe kon ek skielik nie. Vel ná vel papier het wit gebly. Maande lank. Hoe meer ek probeer terugroep het, hoe minder kon ek my herinner. Al die paragrawe op koeverte en velletjies papier, al die aantekeninge op sigaretdosies en programme en visitekaartjies het skielik vals gelyk. Dit was mooi woorde en niks meer nie; dit was oppervlakkig; dit was 'n bohaai oor halsbandjies. Kortom: Dit was bek sonder binnegoed.

En dis einste die binnegoed wat ek wou bykom.

Maar Parys laat hom net nie onder woorde bring nie. Hy is soos die liefde self: Jy ervaar haar en swyg, of jy verval in 'n adolessente geswymel.

Dit help nie om al die name op te noem nie. Trocadero, Chantilly, Quai de Montebello, Boulevard de la Madeleine, Champ-de-Mars, Étoile – al die name staan in goedkoop gidsboekies opgeteken. En hoe elkeen van die plekke lyk, dit kan jy elders lees, blomryk besing. Maar agter al die name, agter al die byvoeglike naamwoorde en pamfletslagspreuke skuil 'n stad.

Dit was 'n vreemde tyd, daardie agt maande in die klein hotelkamer op die linkeroewer. Bedags het ons die stad verken, saans kaart gespeel, gelees, briewe geskryf, huis toe verlang, of sommer net deur die vermolmde venster sit en afstaar op die pandakke en skoorstene en die ver torings en domme. En gewonder hoekom ons nie huis toe gaan nie, en nie so ver gekom om te vertrek nie.

Parys maak nie maklik met jou vriende nie; sy is soos 'n karnaval wat weier om jou te betrek. Jy staan en kyk, staan en wens jy kan deelneem aan die stuk polsende plesier – maar niemand wil jou nader nooi nie. Jy moet eers die wagwoord ken, en dié stad se wagwoord word maar aan enkeles toevertrou.

Polsende plesier? Ja, ook dit is net 'n halwe waarheid. Noem elke beskrywende woord en vir dié eeue oue stad aan die Seine sal dit net 'n halwe waarheid wees.

Dis 'n stad van drome en van klinkende munt, van kunstenaars en sakemanne, van vreugde en ellende, van 'n muwwe verlede en 'n dinamiese vandag. Dis ons ganse bestaan, 'n hele geskiedenis, 'n totale wêreld in een stad byeengebring.

Daardie jaar se somer was ondraaglik warm. Soms kon jy ruik hoe die rivier onder die brûe lê en broei. Die kamer was 'n bakoond en die strate bedompig. In die Jardin de Luxembourg het kinders in die vywers baljaar en elke koeltetjie was beset. Net in die groot katedrale was dit koel, en dit was goed om 'n hele middag te gaan sit en kyk hoe die kerse brand teen die hoë klipmure. En jy sou in daardie koelte sit, in die skemer, in die heilige stilte, soos iemand wat uit die tyd ontvlug het.

Want Parys ken geen tyd nie. Môre en die Middeleeue broei hier saam in dieselfde strate; oggend en aand is eenders; dag en nag – dis om 't ewe. Net aan die seisoene kan jy sien dat die kalender sy gang gegaan het.

Ons kon in Toulouse-Lautrec se kafees gaan koffie drink, Jean Avril sien dans, Françoise Sagan deur 'n boekwinkel se ruit dophou, Matisse se slordige palette betas. Ons was midde-in die hede en terselfdertyd van gister omgewe.

Ons was by alles daardie somer, en bitter ver van die huis af.

Dis twaalf jaar gelede, nou. Ek onthou nie meer die name van al die kerke en museums en pleine nie. Maar ek onthou die soet reuk van ons dakkamer, rasende wiele in 'n moltreintonnel, die blinde man se vrolike akkordeon in Boul Mich, smiddae se skielike verlange op straat, die smaak van ryp kersies, en 'n vreemde meisie wat drie-uur in die oggend alleen by 'n tafel sit, in 'n klein bistro op St. Germain, haar arms uitgestrek weerskante van 'n oorvol asbakkie en 'n leë glas, en sy sit net voor haar en uitkyk, sy roer nie – net haar skouers af en toe, effentjies, want sy huil.

Hoekom ek juis haar so goed onthou, weet ek nie. Sommer maar net omdat sy mooi was en ek haar graag sou wou troos? Omdat dit vreemd was om so 'n meisie so laat in die nag so alleen . . . Maar in Parys is dit nie vreemd om laatnag mooi meisies alleen te sien sit nie. In Parys is niks regtig vreemd nie. Oornag, sommer oornag word alles skielik soveel moontliker as wat dit elders sou wees.

Ek weet dis sentimenteel, maar Parys is 'n sentimentele stad. Haar melodieë, haar stories, die ervarings waarin sy jou laat deel – dis alles 'n bietjie week, 'n bietjie weeïg, 'n bietjie soos verlief wees. En die meisie, daardie nag, met haar krabbers en haar krulle, die ringe aan haar vingers, die handtassie eenkant – sy wou die nag inneem, die soet somernag soos 'n appel pluk, en drie-uur was sy eindeloos moeg en ontnugter en in trane.

En iets van haar – wat weet ek nie – maar iets van haar was sedertdien vir my Parys. Vol nagte, vol dae, vol geskiedenis, vol somers, vol vreugde, vol herinneringe, vol trane.

Daardie somer se hitte en skielike donderstorms sou laatmiddae padgee, en jy kon in die Rue Mouffetard gaan stap. Dis 'n ou straat – seker een van die heel oudstes in Parys. Maar die geboue aan weerskante is ouer. 'n Mens kan sien: Hulle was eerste daar; die straatjie het later maar sy lê kom kry tussen die hoeke en kosyne deur.

Soggens is daar mark in die Rue Mouffetard. Kraampies boordevol blomme en pampoene en beet en spanspek en slaai. En dis 'n kuns om daar te koop. Want oor die prys (weet dit by voorbaat), oor die prys moet jy 'n argument opskop. Niemand gaan jou daarvoor verkwalik nie; inteendeel, die venter verwag dit van jou. Hy sal 'n dosyn ander klante laat staan en wag om bedien te word terwyl hy met jou 'n verbete potjie loop oor die prys van eiers. En oplaas sal hy jou afslag gee, kastig teensinnig, maar heimlik dankbaar vir die heerlike argument waarvoor jy gesorg het.

Saans lyk dit anders daar. Die vragmotors en die kratte kool en mandjies kropslaai en haastige huisvroue is weg. Net die straat bly oor. En stilte. Jou voetstappe klink hol op die keistene. Daar is geen lig nie – net hier en daar 'n rooi of geel lantern in 'n venster; en skaduwees, water wat iewers in die donker drup, die skewe silhoeëtte van houtpilare wat afgeleefde mure regop hou, en soms 'n boemelaar wat sy hand uitsteek as jy verbykom of halfhartig protesteer omdat jou voetstappe hom wakker gemaak het; en hier en daar, by 'n deur, die gloed van kerslig teen 'n vermolmde kosyn, en binne 'n bietjie musiek, en bleek gesigte om tafeltjies, en die effense geur van goedkoop wyn.

Jy stap, want die nag is lank. Straat op straat.

Lees die straatname terwyl jy stap. Dis 'n storie op sigself. Party name is deur digters bedink: Rue de Val-de-Grace (Straat van die Vallei van Genade), Boulevard de Champs Élysées (Boulevard van die Hemelvelde). Ander name is bloot vererend, herinner jou aan die dae toe Frankryk sy heiliges gehad het: Rue St. Jacques (Straat van die Heilige Jakobus), Rue de St. Simon. Nog ander name kom uit die geskiedenis: Rue de Bonaparte, Avenue de Leopold II.

Maar daar is nie altyd ver gaan soek as 'n straat 'n naam moes kry nie. Rue des Quartre Portes (Straat van die Vier Deure), Rue Centipedes (Honderdpootstraat), Rue Tournefort (Vasdraaistraat), Rue de Petit Pere (Straat van die Klein Vadertjie), Rue des Canettes (Straat van die Klein Eendjies).

Elke naam 'n verlore stukkie geskiedenis. Straat van die Houtswaard, Straat van die Wit Deur, Straat van die Groen Perd, Straat van die Vier Winde, Straat van die Jong Hoender, Kuikenstraat, Hoenderhokstraat, Straat van die Goeie Nuus, Straat van die Baldadige Patryshond, Straat van die Vyftien Twintigstes.

En iewers, naby die Seine, op 'n middag, skielik, ontdek jy die kort stegie: Rue de Chat-qui-Peche (Straat van die Kat wat Visvang). En jy kan jou oë nie glo nie, maar daar staan dit, baie amptelik in munisipale verf – Rue de Chat-qui-Peche. En jy weet jy moes dit seker maar verwag het.

In Parys word dit van jou verwag om enigiets te verwag.

En laatnag, klaar gestap, moeg gestap, byna voordag, kom jy terug kamer toe. En die *concierge* sit agter haar toonbankie asof sy al eeue daar sit.

In Afrikaans het ons nie 'n naam vir haar nie, bloot omdat die Suid-Afrikaanse hotel iets totaal anders is as die Franse s'n. Noem haar maar die opsigter, die dame-by-die-deur, die engel-by-die-poort. In Frans heet sy kortweg die *concierge*.

Een ding leer jy sommer gou as jy in Parys beland: om van die *concierge* 'n bondgenoot te maak, al kos dit ook wat. Want sonder haar is jy verlore; maak van haar 'n vyand, en jy kan soos Ferreira jou goedjies vat en trek.

Gewoonlik is sy 'n bejaarde madame met yl haartjies en 'n knypbrilletjie en hope energie en sproete – en 'n ongesonde belangstelling in ander mense se doen en late. Maar dit alles ten spyt: As sy jou vriendin is, het jy al heelwat bereik.

Sy ken jou in- en jou uitgaan. Sy weet hoe laat jy snags by jou kamer aankom, en hoe nugter. Sy ken jou vriende, want niemand mag sonder haar toestemming na jou kamer kom nie. Sy weet presies wanneer jy gebore is, hoekom jy in Parys is, wat jou beroep is of was, en waar jy oral rondgeswerf het. Hoe weet sy dit? Omdat jy, wanneer jy die eerste dag by haar hotel instap en blyplek vra, al dié besonderhede en nog meer op 'n ellelange vorm moet invul.

Wanneer jy met die gereg deurmekaar raak, is jou *concierge* die een by wie hulle inligting gaan soek. Hoe 'n soort man is hy? Hou hy partytjies snags? Betaal hy gereeld sy rekening? Hoe lyk sy vriende?

Nou hang dit uitsluitlik af hoeveel fooitjies jy haar al in die hand gestop het en hoeveel keer jy vir haar gesê het sy het vanmore 'n mooi rok aan, dit pas haar uitstekend – daarvan hang dit af of jy agter tralies beland of nie.

Sy is pligsgetrou. Daarom beweeg sy nag ná nag soos 'n skaduwee in die gange rond, huiwer skimmig voor elke deur, luister af, koekeloer. Selfs in die oggend vieruur sal jy haar soms, wanneer jy skielik om 'n hoek kom, soos 'n gedagte sien wegraak in die besemkamer. Wanneer sy slaap, weet net sy alleen. Want môreoggend sal sy weer soos 'n vars blommerangskikking agter haar toonbankie staan – die ene kunstande, en jy sal verbykom en buig en glimlag en sê more, Madame, en hoe gaan dit vanmôre, lekker geslaap, Madame, ag, wonderlik, o, maar Madame het vanmôre darem die allerfraaiste rok aan, self gemaak? En Madame sal straal van geluk en vir jou jou pos gee en sê daardie boonste brief se handskrif ken sy nie, dis die eerste keer dat dié mens vir jou skryf.

Miskien is ek 'n swak toeris. Beroemde pleine, torings en triomfboë het, soos die wêreld maar is, 'n manier om mooier te lyk op poskaarte.

Daardie somer was daar eeue tyd om beroemde plekke te sien. Die Eiffeltoring te klim, museum ná museum deur te stap, die Notre Dame, die Invalides, noem maar op. Parys is ryk aan toeristetrofeë.

Van daardie lente, daardie somer, daardie vlugtige herfs onthou ek min wat jy op 'n poskaart sou kon bewaar. Maar ek onthou die Île Saint-Louis. En wat van die Île Saint-Louis? Miskien niks. Niks wat woorde kan oorvertel nie. Dis immers net 'n eilandjie in die rivier, skaars 'n halwe hektaar groot, in die middel van die stad. Maar dis 'n stadjie op sigself. Staan jy op die oewer en jy kyk stroomop, kan jy jou verbeel jy staan op 'n skip se dek – 'n skip met straatjies en geboue en bome: 'n stadjie wat stroom op vaar sonder welslae.

Op die Île Saint-Louis sal jy by 'n winkel instap en vra of jy 'n kilo se suiker kan kry, en die dame agter die toonbank sal glimlag en haar kop skud en sê nee, ons het nie nou in voorraad nie, ons sal eers weer more hê; ons moet van die stad af laat kry, sien. Maar jy wag nie vir môre nie; jy stap oor die brug en gaan koop self jou suiker in die stad.

Of, as jy wil, vergeet jy van die suiker en gaan sit op die Quai de Bourbon, op die westelike punt van die eiland. En dis laatmiddag en Augustus en die skemer is eindeloos, die son 'n tamaai lantern agter die brûe en wolke. Voor jou klots die rivier teen die groen klipmure. Jy luister na die verkeer oorkant die water: motors en remme, ambulanse, toeters, loeiende vangwaens. Maar die Quai de Bourbon maak nie deel uit van die gejaag nie – die eiland is eensaam; dis net jy en die boemelaar langs jou wat sit en visvang, en jy wag saam met hom vir die wegraak van die dobbertjie, sit en wag asof jou lewe saam met syne aan daardie dobbertjie hang: iets vir vanaand, iets om te eet. En die dobbertjie dans en ronde mossies wip bokant julle in die kastaiingtakke rond – albastertjies geluid; en ver van onder af, tussen die sesuurgeluide deur, hoor jy 'n vragboot aankom, en jy wag dat hy moet verbykom, jy wag sonder dat jy weet jy wag, en hy kom verby, ploeg moeisaam deur die troebel water, stotterend, en die water klots hewiger teen die klipmure, die dobbertjie dans gevaarliker, en die vragboot gaan verby, wit wasgoed wapperend op die smal en olierige dek, en die mossies wip en die dobbertjie bly bo en die vragboot raak weg onder die Pont d'Arcole, reguit teen die rooi son in: 'n eensame tonnel egalige geluid wat in die skemer verdwyn.

Die son gaan onder en die boemelaar rol sy vislyn op, bêre dit versigtig in sy sak. Vanaand sal hy onder die brug slaap, en daar sal nie kos by die wyn wees nie. Maar met 'n bietjie genade van bowe, wie weet, byt daar dalk môre iets.

Île Saint-Louis. Klein skip van vrede en stilte in 'n see van geluid.

Dit moes gebeur, die een of ander tyd. 'n Maand lank het ek dit elke dag geweet: Dis om die draai nou, dis nie meer lank nie.

Eers was dit net die milder dae wat iets verraai het, die sagter skaduwees om die pilare van die Odeon. Toe, soos muise wat nog voor die eerste onraad skielik oornag die skip verlaat, het die toeriste begin verdwyn. Daar was minder bote bedags op die rivier. En die klein boulangerie wat die hele somer gesluit was, het soggens weer geruik na roomtert en warm brood. Die kennisgewing was van die deur af: "Closed on account of the Americans".

Toe begin die kastaiings verkleur.

Dis 'n ander soort reën wat in September val. 'n Treurige reën. Soggens wanneer jy opstaan, is die lug grys en donker agter die vaal skoorstene. En die reën sif oor die dakke, eentonig. En daar lê 'n grys vliesie wasem teen die ruite. Buite in die strate loop mense onder paddastoelsambrele. Die bistro's is vol gesigte en rook en stemme. Die bome lyk elke dag kaler, en later kan jy nie glo dat hulle twee maande gelede nog dig van die blare gesit het nie.

Jy neem jou toevlug binne toe; gaan soek iets om te lees.

Parys het nie 'n gebrek aan boekwinkels nie. Maar soek jy iets buitengewoons, gaan snuffel jy, gure weer ofte nie, by die boekkraampies aan die oewer van die rivier. So 'n kraampie is eintlik niks meer nie as 'n groot bliktrommel wat op die muur tussen straat en rivier gemonteer is. En elke blik het sy baas. Soggens word die trommel oopgesluit, die boeke netjies oopgepak en die handelaar kry sy sit sommer op 'n opvoustoeltjie in die middel van die sypaadjie.

Jy is welkom om na hartelus in sy trommel rond te peuter; jy kan selfs die hele dag daar staan en lees, hy sal jou nie keer nie – net rustig aan sy pyp suig totdat hy later indut.

Wat jy nie in daardie trommel raakloop nie, is bepaald nie die moeite werd om te koop nie. Ou vergeelde landkaarte, etse, poskaarte, moordverhale, Shakespeare, Henry Miller se jongste stukkie pornografie, Dante, naakfoto's, Freud, die geskiedenis van die Katolieke Kerk, boeke oor die Kommunisme (vir en teen), oor die liefde, oor ruimtenavorsing, oor die invloed van Ibsen op Ionesco, oor die erotiek, die kookkuns.

As jy, nadat jy 'n uur rondgesoek het, dalk besluit om iets te koop, kan jy die omie loop wakker maak en vra hoeveel kos hierdie boek. Hy sal snorkend wakker skrik, sy hand deur sy gesig vee, jou van kop tot tone betrag, 'n bietjie vies omdat jy hom steur, sy brilletjie afhaal, na sy sakdoek soek, die glase rustig skoonvee, toets, weer afvee, weer toets, opsit, die boek by jou neem en dan sê – stel die monsieur belang in die sielkunde, nè? Nee, want hy het hier sommer 'n baie beter boek; dié een is verouderd. Twee jaar nadat hierdie een in 1927 verskyn het, het daar 'n hersiene en bygewerkte uitgawe op die mark gekom, en dié het hy hier – wag, hy soek dit gou.

Hy sal met jou saamgesels oor die teater, oor die Amerikaanse beatnik-skrywers, oor Darwin se teorieë, oor Brigitte Bardot, en – wie weet, maar waarskynlik – oor die tien beste maniere om 'n hoender gaar te maak.

Wanneer julle klaar gesels het, sal hy sê die boek kos sewe frank (gans te duur vir so 'n verweerde, tweedehandse boek), maar omdat jy blykbaar besonder belang stel in die sielkunde, kan jy die ou boekie kry vir ses frank. En as jy klaar betaal het, sal hy die geld in sy sak steek en sy dut loop hervat.

Jy gaan lees jou boek in jou kamer of in 'n kafee. En buite reën dit. En dit trek weer oop, en die dag is geel lanternlig, en in die Tuileries staan oompies teen hul harke geleun en stompies draai tussen hope goue blare. En dan reën dit weer.

Saans lê die stad onderstebo in die donker, soos op 'n swart meer. Straatligte gloei in die asfalt. Daar is nêrens meer musiek nie, nêrens meer jong paartjies wat in die parke drentel nie, geen voetstappe nie. Net die ewigdurende reën wat uit die donker sif, en nat blare wat waai, en grou mure.

En af en toe, in die stilte, in jou kamer, die effense trilling van die mure, soos 'n aardbewing wat ver iewers verbygaan: die moltrein onderweg tussen St. Germain en St. Michel. En jy is bly jy is tuis onder jou bietjie pandak. Want dis koud nou in daardie donker tonnels, al waai die wind nie daar nie. Die treinbanke is byna leeg. Net miskien 'n laaste blommeventer op pad huis toe met die bietjie heide en magrietjies wat nie verkoop is nie; ná 'n dag op straat, 'n dag in die wind tussen haar bossies herfsblomme.

Deur die bistro's se nat ruite kon ons hulle dophou, daardie September, die blommeverkoopsters onder hul sambrele in die reën, tussen die angeliere. Ons kon hulle nie hoor nie, maar ons kon hulle sien roep in die wind – madeliefies, Monsieur. S'il vous plait! Madeliefies en heide! Hul kopdoeke klam, hul karige jasse blink van die druppels, hul blomme stralend. En hulle roep in die wind in, teen die reën en die rasende verkeer in, teen die honger, teen die wêreld in – madeliefies, Monsieur, en heide!

Ek had 'n afspraak, daardie winter, met die suide. Ek moes vort. Maar dit was makliker gesê as gedaan. Selfs die reën het vir ons mooi geword – en soggens vieruur se vriespunt in Les Halles was 'n heerlike pyn in jou hande en gesig. Nie hieroor of daaroor nie. Nie om redes wat op papier enigsins sou sin maak nie. Parys is op stuk van sake maar net 'n stad soos elke ander Europese stad. So met die eerste aanblik. Maar dieper langs die nate af van daardie stad, waar die oog nie meer kan sien nie, waar nog net die hart kan voel, ontdek jy mettertyd iets meer. Dis asof alle tye, alle dinge, alles wat bedink is, alles wat menslik en onmenslik is, alles wat ooit ervaar is, alle ekstases en ontberinge waartoe die mens in staat is – alles hier saamgetregter lê.

Dis 'n stad, ja. Parys is 'n stad, sal ons maar sê, by gebrek aan 'n beter woord. Maar dis 'n stad soos 'n spieël waarin jy die wêreld sien weerkaats – en hoe langer hoe duideliker ook jouself herken, tussen alles deur; iets van jouself wat jy nêrens anders te sien sou kry nie.

Dis altyd so: Elke plek waar jy iets ervaar het, word die ervaring self. Mettertyd sal jy die plek vergeet en terug verlang na die ervaring; en al waarheen jy kan terug, is 'n onbekende plek.

Dit was die somer van 'n vreemde jaar, daardie jaar in die vreemde. En dit was 'n goeie somer.

1977

Chris Barnard is op Nelspruit gebore en studeer aan die Universiteit van Pretoria. Hy debuteer in 1961, en werk sewentien jaar as joernalis en uitgewer in Johannesburg en daarna twaalf jaar in die televisie- en filmbedryf. Hy skryf in 'n verskeidenheid genres en ontvang literêre toekennings vir sy romans, kortverhale, verhoogdramas en hoorspele. Van sy werk is vertaal in Engels, Duits, Nederlands en Sloweens.

Die pêrellig van haar lampe

Charl-Pierre Naudé

Jy ry Alexandrië binne deur 'n groot wit tolhek wat oor die pad staan, soos die hek van 'n antieke stad waarvan die stadsmuur weg is. Dit lyk nes 'n stuk wit bruidskoek wat netjies uit die Oudheid gesny is.

Hulle praat van "Kaap tot Kaïro", maar dit behoort eintlik "Kaap tot Alexandrië" te wees, want dié twee stede voel soos susterstede. Die een bewaak die kroontjie, die ander die voetenent van Ons Liewe Vrou, ons ontheiligde Afrika.

Van Kaïro se kant af kom jy deur die Nyldelta, waar die palm- en dadelbome alles tot groen sing, en dan deur 'n groot stuk plat woestyn met lugspieëlings wat soos bibberende pierings uit die sand opdoem, met name soos Sadat City.

Albei stede het 'n eie, eerder as 'n "nasionale" identiteit en is as 'n buitepos van 'n groot ryk begin – in Alexandrië se geval deur Alexander die Grote, na wie die stad vernoem is. Niemand weet presies hoe dié snaar gelyk het nie, behalwe vir die verbeelde gesig op munte. Dis mos die selle met ou Jan van Rietbok.

Soos die Kaap is Alex deur die eeue heen deur meer as een moondheid beset, veral die boerboele Griekeland, Rome en Turkye. Ook Frankryk. Het Brittanje ook 'n kolfbeurt gehad? 'n Mens kan sê die laaste besetters was Egipte self.

Hoe dikwels hoor 'n mens nie die gesanik dat Kaapstad nie "Suid-Afrikaans" genoeg lyk nie, sy restaurante nie die demografie van die land weerspieël nie . . .

Hoe deurmekaar het ons nie geword nie! Daai tot-vervelens-toe-gelekte-posseël-konseppie "die nasie" lê hier heel onder in die stapel.

Daar word wyd gepraat van Alexandryne, nié Egiptenare nie.

Albei stede het die kreoolse watermerk. Dís die vlaggie wat al Alexandrië se lappe en sluiers laat wapper. Wat sou die Kaap wees sonder die Arabiese invloed? Egiptiese volksmusiek en ghoema klink hoeka soos stiefbroers van mekaar: orkeste met tot tien lede, voorsangers wat afwissel, verhale uit die gemeenskap wat gesing word, en dieselfde tamboeryne en blikkitare wat oor die kontinent se lengte en breedte na mekaar verlang.

En Arabies se ritmes kan ná 'n bietjie hasj-hisj nogal na Afrikaans klink! By 'n troue in 'n afgesperde steeg – ná die hasj-pyp vryelik rondgestuur is – het twee ouens op 'n balkon na my gewys: "Charl, wat loop jy so skelm daar?" het die een geroep. Toe ek vra wat hulle bedoel, was die antwoord moedersmelk: "Moenie maak of jy nie weet nie!"

Ek was skoon tuisveld.

Die Alexandryne. Om te dink: Toe Napoleon circa 1805 daar aangekom het, was hierdie stad, wat eens die Oudheid se groot sentrum van geleerdheid was, nie groter as 'n vissersdorp nie. Die Alexandrië van die onlangse geskiedenis, die een van Lawrence Durrel se *Alexandria Quartet*, en die groot melancholiese digter Konstantyn Kavafis (1863 –1933), is dus nie veel ouer as Kaapstad nie.

Kavafis het geskryf oor steelse homoseksuele ontmoetings in smal stegies, verborge winkeldeurtjies, versteekte balkonne, die flakkerende olielantern – alles teen die agtergrond van 'n vergete roem. Dis die ou buurt van Alexandrië wat sy gedigte geïnspireer het. Waar die geboue uit modder, baksteen en hout bestaan.

Een van Kavafis se gunsteling-koffiewinkels is hoeka nie ver van die ruïne van 'n Romeinse amfiteater nie, wat toevallig tydens bouwerke blootgelê is. Onder Alexandrië lê glo 'n ganse Romeinse stad begrawe! In die grondlae bo die amfiteater was eers 'n Moslem-begraafplaas uit die Bisantynse tydperk. Hier daal jy 'n paar tree laer as straatvlak, en staan dan skielik bo-op die gewelfde boë van 'n tipiese Colosseum, asof jy 'n agitator uit die verre toekoms is.

In die gange onder my het leeus duisende jare gelede gebrul, lank voor Metro Goldwyn Mayer se flikkerende silwerdoek-borsspeld, en politieke gevangenes het seker vir oulaas daar gebid.

Van Kavafis se beste gedigte is verbeelde scenario's, só sorgvuldig uit hierdie vervloë tydperke, of die kier tussen hulle gepluk dat dit met die lees daarvan voel of die eietydse op die plek tot skaduwee vervaag.

Sy woning was in die ou buurt. Dis deesdae 'n museum. Die vensters het op 'n Grieks-Ortodokse kerk uitgekyk en op die grondverdieping was glo 'n bordeel. Die twee kante van sy siel, het Kavafis gesê.

Sy woonstel is ná sy dood teruggekoop en sorgvuldig – na aanleiding van foto's en beskrywings daarvan – met presies dieselfde soort meubels en parafernalia herskep soos die digter dit self gehad het.

Hy het in sy eie lewe sy gedigte slegs onder kennisse versprei, en eers ná sy dood beroemd geword. Kavafis se groot tema is die verval van tydperke, en hy was lief vir die ironie dat niks groter is as die vergetelheid self nie. Dis uit sý gedig "Waiting for the Barbarians" dat J.M. Coetzee die titel van een van sy bekendste romans gekry het.

"Noudat ek my lewe in hierdie klein uithoek van die wêreld vermors het, het ek dit op elke ander plek verspil," dig Kavafis.

Seker die roemrykste legende rondom Alexandrië, is oor die Biblioteek van die Oudheid. Dit het glo afgebrand, met ondenkbare skatte wat verlore is. Tog wil sommige beweer dit het nie regtig bestaan nie. Maar die geskiedenis is 'n kulkunstenaar. Self het ek gesien hoe die mis van die Middellandse See die Hilton vir ewig uitwis. En wie sou gedink het dít het ooit bestaan?

Vandag is daar die herboude, moderne biblioteek. Die argitektuur bevat eggo's uit die oergeskiedenis, en vermeng dit met Helenistiese motiewe. Die ou biblioteek was glo van gras, modder en hout gebou. En drome wat kon vlamvat.

Hier binne vind jy die verhewe strewes. Ontsluierde vroue, 'n groepie mans wat eenkant hul sesuur-gebede mompel soos 'n skaam voorry wat ra-ra met halftyd, en eindelose suile wat opskiet uit die "drywende eilande" van mezzaninevlakke, en die hemel dra. Indien jy hier iemand se blik vasvang, word jy bewus van 'n kollektiewe verfyndheid, 'n kulturele uitspansel waarin die Weste maar 'n spikkel is.

Ek het in die aand langs die seefront gestap, in die pêrellig van die lampe. Oral was troetelende paartjies en seevoëls wat duikel. In Kaïro sien jy net hier en daar mans en vroue wat in die openbaar aan mekaar vat. Dit word afgekeur. Alexandrië doen oënskynlik haar libertynse tradisies gestand. Solank die helfte daarvan in die mis kan wegraak, is die Kaap Hollands.

Ons was vier wat 'n vakansiewoonstel op die sesde verdieping gehuur het. 'n Goeie vriendin van die omgewing, aldus my twee manlike vriende van Kaïro, was saam: "Jy móét haar ontmoet."

"Real woman from Alexandria."

'n Stroewe, versluierde Moslem-*concierge* het ons ingewag. Sy het dobberend voor ons uitgestap. Van kop tot tone in swart geklee. Soos 'n mosbolletjie wat in 'n séance verbrand het. (Of 'n tannie uit die Anglo-Boereoorlog.)

'n Ratelende houtsteier van 'n hysbak. Ons kon slaapplek kry, sê die Sluier, solank die vrou nie saam is nie. Waar moes sý dan? Op die dak . . . Daar's 'n kamer wat, wel, goed genoeg is vir 'n vrou. Ek het gewonder van watter geslag die *concierge* is. Was moeilik om te sê. 'n Piepklein soort "bediendekamer" was dit, sonder warm water of veel lig. Vir sulke situasies . . .

Hoe nou . . . Balke toe?

Die woonstel self was verslete luuks. Aangeklamde luike wat weemoedig klap. Ou matrasse. Die knoetsige kussings het gevoel soos vere wat sommer so saam met hul eende ingesloop is. 'n Gebou wat wapper soos 'n lap. Toe die Skim bed toe gaan, met die eerste aandlig, het ons ons vriendin van die dak af gaan red.

Later die aand sou ek voorstel dat net ons twee langs die see gaan stap. Sy was vier en twintig en mooi. Hier was egter reeds iets aan die broei. Die ander twee het so half onderlangs gesmaail.

"Before you leave our country, you must know real woman from Egypt," het een van my metgeselle my later vertroulik meegedeel. Bedags was hy 'n toegewyde Moslem. Visioene sou na hom aangestap kom wanneer hy by 'n moskee ingaan. Dís nie almal beskore nie. Sy naam is Mohammed.

Die maer ou, 'n pypskoonmaker van 'n lat in 'n kleefbroek en die donkerbril wat hy nooit maar nooit afgehaal het nie, was 'n polisiereservis wat 'n geldjie verdien het as gids met sy dertig jaar oue Datsun wat hy vir dié doel huur. Ons onverpoosde motorbestuurder.

Die werkloosheidssyfer in Egipte is enorm. Daar is dokters en advokate wat motors oppas, of taxi bestuur.

"But I could be married!" het ek geprotesteer. Bietjie lamsakkig.

"No problem, our friend is divorced," was die fluister-antwoord.

Die twee het met kalfsoë na my gekyk. Die meisie was buite hoorafstand, maar sou in elk geval g'n woord kon verstaan nie. Buiten "yes" en "no" was die enigste Engelse woorde wat sy geken het "ciao" en "la mer". Haar naam is Mercia, wat in Afrikaans seker Gelukkie sou wees. Sy is die motorbestuurder se niggie.

In Egipte, so het my vriende my laat verstaan, is dit steeds wettig vir 'n man om sy bruid op die plek dood te slaan as hy uitvind dat sy nie op haar huweliksnag 'n maagd is nie.

"En . . . wel, so jy sien, dis moeilik . . ." (steeds sotte voce) ". . . vir 'n vrou in Egipte," sê my vriend met die Profeet se naam.

"Ja," voeg Pypskoonmaker vol erns by. "As hulle die vrugte eers geproe het."

"'n Geskeide vrou hoef darem seker nie 'n maagd te wees nie," sê ek. Hulle skud in gelid kop, heen en weer. Deadpan. Nee, prys die Heer.

Mohammed leun toe na my oor, soos met 'n ware profesie: "Gelukkie deel haarself deesdae net met vreemdelinge. Want hulle waai weer, en sal nie praat nie." (Miskien kan sy dan saam waai, dis wat ek sou doen.)

"Dis maar moeilik om weer te trou . . . Vir 'n vrou."

Pypskoonmaker leun ook oor. Om die profesie toe te lig, natuurlik. "Sy hou van jou. Rêrig."

Ek het gewonder hoe ver die liefde van hierdie twee mansvriende vir Gelukkie van Alexandrië strek. Pypskoonmaker is die ou wat later vir ons hasj sou gaan score. "Werrie goooohd for sex."

En dis hoe dit gekom het dat ek saam met Gelukkie "langs die strand gaan stap het".

"Sal ons . . . langs die strand gaan stap?" vra ek later. Dit het vir my gevoel of my stem nog besig was om te breek. Ek het keel skoongemaak.

Die enigste woorde wat ek haar hoor praat het, was vroeër die dag. Sy wou by haar vriende weet wat die Engels vir iets is. 'n Oor en weer gefluister.

"Yes," antwoord sy. Staan woordeloos op, en trek my aan die hand. Maar loop heeltemal in die verkeerde rigting.

"Ek dag ons gaan see toe," sê ek. En wys na buite. "The sea?" Ek was uit my diepte.

"Oh. La mer?" sê sy en lig haar wenkbroue. Sy trek my by 'n kamer in en maak die deur toe. Met een haal stroop sy haar klere af. En afgemete, asof sy diep moet konsentreer, terwyl sy herhaaldelik met 'n vinger na haarself wys: "HERE. Here . . . Thís is the sea."

Haar sexy lyfie was karamelbruin en klein. Die luike het in sarsies geklap, soos honde wat blaf. Net 'n lantern het in die kamer gebrand. Dit was reeds aangesteek.

'n Baie, baie ou plek, Alexandrië.

Glorie vermeng hier gedurig met puin. Dit was juis só 'n woonstelgebou in Alexandrië wat 'n maand later eenklaps in duie gestort het soos 'n konsertina wat platgedruk word. Al sewe verdiepings. Dit was in die nuus. En na bewering is Alexandrië een van die stede wat die meeste bedreig word deur stygende seevlakke. Cleopatra se eiland lê nie verniet onder die water nie.

Sostrates, argitek van die Pharos-vuurtoring, 'n Wêreldwonder van die Oudheid – en eweneens op die seebodem in die hawe van Alexandrië – het die farao Ptolemeus II glo gevra of hy maar sy eie opdrag op die gedenksteen mag aanbring. Die ou knol het geweier. Sostrates het toe maar gedweë Ptolemeus se naam in die pleisterwerk ingegrif.

Maar van ónder die pleister, want hy het geweet dit sal met die tyd verweer, het 'n ander inskripsie langsamerhand verskyn. Sostrates se geheime huldeblyk. En dit het gelui: "Aan die gode – wat ons red."

Charl-Pierre Naudé is digter, kritikus, prosaïs en joernalis. In 1995 verskyn sy bundel *Die nomadiese oomblik*, wat met die Ingrid Jonker-prys bekroon is. Sy tweede bundel, *In die geheim van die dag*, verskyn in 2005 en kry die Protea- en die M-Net-prys vir Afrikaanse digkuns. In 2007 verskyn sy eerste Engelstalige bundel, *Against the Light*. 'n Eksperimentele boek met gemengde media en woorde, getiteld *Metafoorpos*, is onlangs voltooi.

Skrapnel

Albert van Zyl

Die hele internet sê dit is te gevaarlik en jy moenie gaan nie – dié keer stem Kanadese, Amerikaners, Franse en Belge saam. My baas is sy gewone dubbelsinnige self en ek begin soos 'n bangbroek voel. Uiteindelik sê my gretige gashere, nee, dis eintlik heel kalm hier. En ek het genoeg gehad van die uitstellery en hier gaat ek nou. Gelukkig eers Mexiko toe. Maar ná drie dae is die plesier van uitstel verby en ek staan met die ander veroordeeldes in die ry op Charles de Gaulle-lughawe. Bestemming: Beiroet.

My aankoms was heel rustig en dit het nie gelyk asof enigiemand intussen die lughawe oorgeneem het nie. My gashere was daar om my te ontvang, tot sover klopdisselboom. Op die rit na die hotel het ons by 'n paar bouterreine verbygery, maar steeds geen oorlog nie. Selfs die hotel was aangenaam. So iewers tussen drie en vier sterre. Ek kon selfs my broer sy enigste oproep tot nog toe uit Beiroet laat kry.

Later was ek honger en die strate buite het oukei gelyk. Toe ek my neus by die hotel uitsteek, sien ek dit – Nando's! Die spyskaart is so effe aangepas vir plaaslike smaak, maar verder kon jy netsowel in Stellenbosch gewees het. In sulke plekke verwag 'n mens om die konflik en haat ooral te sien. Die normaliteit skok dan. Waar de hel is die oorlog?

Die volgende oggend kon ek die Middellandse See by my venster uit sien. En in die verte was een van die plaaslike ski-hellings sigbaar – I kid you not! Ek het 'n foto probeer neem, maar die venster was te vuil. Toe ek later gaan draf, ontdek ek 'n Seepunterige promenade waar outoppies en tannies in die oggend gaan stap. Was dit 'n droom? Was ek eintlik nog in Kaapstad? Of is ek regtig in Beiroet aan die draf langs die Middellandse See?

Ons sit in die kasteelagtige huis van die minister van welsyn. Sy werk van die huis af, want sy is bang sy word ook soos haar man vermoor. Tydens die uur lange monoloog wat sy ons gun, rook sy seker tien sigarette en drink vyf koppies koffie. Ek probeer so nou en dan 'n vraag vra om die gesprek terug na ons kant te kry, maar sy's te vinnig. Voor ons staan twee groot bakke vol lekkergoed, maar nie een van ons is seker of ons daarvan mag vat nie.

'n Bietjie later begin ek meer geboue met koeëlmerke sien. Ah, uiteindelik die oorlog. Een van die plekke op die toerisme-roete is die plein waar die eerste minister Hariri opgeblaas is. Hulle het soveel plofstof gebruik dat die helfte van die geboue in die omgewing ook verwoes is. Is dit 'n weerspieëling van hulle haat? Was daar iets oor om te begrawe? Op sulke tye wens ek ons het siele. Want daar was waaragtag niks anders oor van Hariri nie . . .

Die oorlog is ook eintlik 'n belastingkwessie. Die Moslems, wat al maande voor die eerste minister se kantoor uitkamp, sê hulle griewe het niks met geopolitiek te doen nie – hulle is eintlik kwaad oor die regering verkoopsbelasting wil verhoog. Ook in hierdie land van vele godsdienste geld die wet van Transvaal.

Mettertyd draai my linkerbrein. Dit lyk my almal was al op die een of ander stadium in 'n alliansie met almal hier. Die Christene is self so verdeeld, hulle is nie een aan dieselfde kant nie. En dan is daar nog 'n ander groep in die berge wat nie 'n hel omgee vir die Christene of die Moslems nie. Verder meng die Franse, Siriërs en Amerikaners in asof hulle besig is om Monopoly te speel. En die Saudies is so iewers tussen die Amerikaners en die Siriërs . . . Nou nie eintlik die eenvoudige konflik tussen Christen en Moslem wat die koerante skets nie. Ek lees later in 'n tydskrif iewers van die pragtige tempels en Romeinse ruïnes in Sirië.

Gedurende die burgeroorlog was die stad in twee verdeel. Sekere strate was letterlik die skeidslyn. Maar niemand kan lekker onthou presies wie aan watter kant was nie.

Frankryk se ander bydrae is beurse vir die beste studente. Hulle kom terug as klein Fransmanne met eksotiese name en probeer weer Libanees word. Maar hulle Franse hartoorplanting was te suksesvol. En hulle is binnekort terug in Parys en word Midde-Ooste-deskundiges. Of sit en droom in Beiroet oor hoe om terug te gaan.

Blykbaar is die rede vir Frankryk se ondersteuning dat Libanon 'n Rooms-Katolieke eiland in 'n see van die Islam is. Die plaaslike mense sluk definitief die Franse mite en dat ek Frans praat, word ietwat van 'n statussimbool. Hulle het Beiroet selfs destyds probeer bemark as die Parys van die Midde-Ooste. Dikwels sou daar onderhoude wees wat ons op Frans sou doen, maar my gas was nie te vlot nie.

Soos altyd is daar die hopie uitgewekenes wat wil baas speel oor die meer onlangse aankomelinge. Hulle ken almal in die klein expat-visbak, hou groot parties en nooi ministers uit. En hulle is eintlik heel gaaf solank jy diplomaties saamspeel.

Hulle was opgewonde om my te vertel van nog 'n Suid-Afrikaner in Beiroet. Daar sien ek toe weer een van my universiteitspelle. Hy kon destyds nie werk kry in Suid-Afrika nie en is op 'n VN-sending na Kosovo en daarna na Irak. In Irak 'n Rooms-Katolieke girl getrou, en toe na Beiroet getrek. So, hier woon hulle nou – 'n Stellenbosch-Afrikaner en 'n Irakese Katoliek in Beiroet.

Wie kan regtig 'n storie vertel van Libanon? Die plek en sy mense spat soos skrapnel in alle rigtings en my sleutelbord is nie die regte wapen nie. Is dit die oorsaak of resultaat van hul konflik? Of is dit juis die plek se aantrekkingskrag? En hoekom voel 'n Suid-Afrikaner so tuis hier?

Die NGO se hoof is 'n vriendelike blinde ou. Ek het myself heelweek verkyk aan sy Armeense assistent. Maar sy het nog by haar ma-hulle gewoon en kon nie uitgepraat raak oor die kerk nie. Hoekom word my fantasieë nooit waar nie?

Ná my drie dae aan die front is ek heel verlief op die plek. Ek koop boeke en selfs 'n koffiebeker met een van Salomo se sederbome op. Ek begin al klaar dink oor die volgende besoek.

'n Paar weke later breek alle hel los in die Palestynse vlugtelingkampe noord van Beiroet. Almal vrees dat dit kan oorwaai na Beiroet. En 'n bom of twee gaan weldra af in die hoofstad.

Ek droom van 'n wêreld vol sulke fassinerende plekke, maar sonder die oorlog. Sonder die oorlog sou Nando's en McDonald's en Virgin Megastores egter seker al lankal heeltemal oorgeneem het. En die ou omie in die boekwinkel vol ou Franse boeke sou al lankal nie meer daar gewees het nie.

Albert van Zyl skryf oor politiek, ekonomie en persoonlike ontwikkeling. Hy werk tans by die International Budget Partnership, en was voorheen aan Idasa en die department van finansies verbonde. In Februarie 2007 is hy vir die International Budget Project na Beiroet. Benewens sy werk by die International Budget Partnership skryf hy ook die blog www.nextsmallstep.com

Vis en tjips en seeskulpe in die woestyn

Clive E. Smith

Met my vertrek in die vroeë jare negentig, kon ek Botswana net uit die hoek van my oog sien – 'n baie warm woestyn in die verte. Ek kon nog nie die mense sien, of die fauna en flora nie. Net 'n warm oranje land op 'n kaart wat ek onthou van my skooldae.

Ek was in my vroeë twintigs. Met 'n klein rugsak op my rug, my rose-tinted sonbril, tie-dye T-shirt en wit towling jogger het ek met die Trans-Karoo in Johannesburg aangekom en die bus gehaal Lobatse toe. Dit was somer en warm, maar dit was 'n hitte wat my Griekwabloed omhels het. Lobatse is waar al die treine bymekaar gekom het en later kom 'n mens agter die busse ook. Daarvandaan is ek deur Kanye en op na Jwaneng waar ek sou aanbly.

Lobatse het soos dele van ou Athlone gelyk en ek was onmiddellik tuis. Die mense was so vriendelik, ek het hulle aangegaap en fanaties teruggewaai en "hallooo" gegroet. Dit was nie lank nie of dit was my laaste "hallo". Daarna was dit "Dumela Ra" vir mans en "Dumela Ma" vir die vroue.

Daar was 'n gemak aan my ontmoeting met dié vreemde land. My Griekwabloed kon die tuisaarde onder my voete voel, my porieë het oopgetrek om die lug en die Botswana-son diep in te trek. Ek was al hier. Dalk 'n paar honderd jaar gelede, maar ek het die pad van Lobatse deur Kanye na Jwaneng geken. Ek is agter my dogtertjie aan – haar ma, Cindy, het 'n pos daar aangeneem as onderwyseres. Die geld was goed en hulle het 'n paar maande gelede reeds aangekom.

Ek is met oop arms ontvang en die klomp whities, of expats soos hulle daar bekend staan, het dieselfde vriendelike gegroet opgetel. Met toe oë was almal maar net mens.

Toe ek daar aangekom het, het dit negentien jaar gelede laas gesneeu. Almal wat gehoor het dis my eerste besoek, se ysbrekertjie was dieselfde: "Dit het negentien jaar laas hier gesneeu . . ."

Die eerste cold facts wat ek geleer het, was dat daar meer koeie as mense in Botswana is en dat die inheemse bevolking Motswana (enkelvoud) en Batswana (meervoud) genoem word. Ek tel tale gou op, maar jy kan maar vergeet, jou tong kan net nie daai Tswana haak nie, nee wat.

Ek het bedags rondgeloop op auto-pilot en saans tot laat radio geluister, 'n oerroeping, het ek geskiem. Die taal se uitspraak het my betower en ek het lang tye tussen lettergrepe verdwyn totdat ek agtergekom het dat die woord "legoa" ook na my verwys en nie net die whities nie – omdat ek nie swart is nie, is ek wit. Dit het my uitgefreak, want nou't ek my cool gaan staan en verloor.

Dit het ek eers teruggekry toe ek maande later bruin mense van die Cape Flats ontdek, weer saam met hulle huiskos eet en sien hoe gevestig hulle is. Daar was nie foto's van Tafelberg in hulle huise nie en hulle gee hoogstens toe dat hulle die see mis. Hier en daar 'n skulpie in 'n toilet, maar die skulpe kom van 'n plek wes van Jwaneng – Madupe, wat vis beteken, soos die see ruik en die ene seesand en skulpe is. (Moenie eens vra nie.).

Een van die eerste "homies" wat ek ontmoet het, was Jenny January en haar broer Denzil. Sy het die looks van die Cape Flats gehad, maar haar Engelse aksent het 'n mens nogals gegooi. Sy't in Londen geswot en haar meestersgraad daar verwerf. Denzil was meer "homies" met sy Toyota, mags, groot sound system, sy snor en track-suit en goue ringe aan elke vinger. Almal was mal oor hom en hy was die vriendelikste mens in Gaborone, 'n ambassadeur, sou ek sê. Hy't selfs vir my 'n mix tape gemaak.

In Jwaneng was almal Engels en wit en daar was net een swart Europeër – half Deen, half Nigeriër – of so iets, 'n jong Moslem-gesin uit Nigerië en ek. Die res was van Skotland, Ierland en Suid-Afrika. Ek onthou nie Aussies of Yanks nie.

Ons het altyd by die country club bymekaargekom. Ja, dit was destyds maar 4 pula 50 thebe om jou lidmaatskap by die veiligheidswag by die hek te koop. Die swembad was lekker vir die kleintjies en die drank was so goedkoop ek was elke dag dronk of lekker warm. Bots se eie bier, St Louis, het toe net uitgekom. Lig, soet en selfs goedkoper as 'n Coke. Dinsdagaande was dit vis en tjips, en al wat expat was, het daar opgedaag met die hele familie om vis en tjips te eet. 'n Delicacy in die land. Ek was in die hemel. Vis en tjips, goedkoop bier, die beste klimaat ooit, my dogtertjie en 'n plek waar die mense vriendelik is en niemand voordeursleutels het nie. Maar ook 'n land waar die koringkrieke saans soos babas hartverskeurend huil en bedags alles opvreet wat groen is, insluitende hulle makkers wat deur 'n bakkie of Landy doodgetrap is.

Almal gebruik mekaar se karre en bakkies solank jy net sê jy gaan Gaborone toe en dan 'n lys maak van goeters wat almal wil hê jy moet saambring. Niemand bestuur graag nie, want jong donkies speel rond langs die nasionale paaie en loop voor die karre in. Dis net nuwelinge wat op die paaie gaan, en mense wat moet vir hul werk. Boonop verdwaal jy die heeltyd in elke dorp omdat dit so plat is. As jy 'n Kaap'naar is, is dit erger. Jy staan maar net op jou bonnet en kyk uit vir 'n watertoring of iets en sukkel verder. Almal doen dit. Ek het eenmaal met een van die bonnet-staan-sessies vir oudpresident Maseri langs sy swembad sien gesels.

Jy leer ook gou dat die beeste en die bokke verskriklik slim is en jou respek vir hulle groei baie vinnig. Die koeie kan tuinhekke oopmaak en jou plante kom eet. Jy steur jou nie daaraan nie totdat jy agterkom hulle weet ook hoe om krane oop te draai. Natuurlik is jou tuin in sy moer en jou driveway geflood, maar ek was so beïndruk, ek't hulle dadelik vergewe. Vleis eet het my skielik 'n ongemaklike gevoel gegee.

In dié mooi land is almal royalty behalwe die Kalanga. Hulle kom van die noorde en maak 'n groot deel van die arbeidsmag uit. Hulle is in die algemeen langer met fyner gelaatstrekke as die Batswana, wat meesal korter is en ronder gesigte het. Die expats beweer die Kalanga is vir die stadige diens in die restaurante verantwoordelik, maar ek dink dis net flippen warm en dit het niks met enigiets anders uit te waai nie.

Buitelanders kon nie werk kry in Botswana behalwe in opleidingsposte nie. Die Batswana het baie geld spandeer op die opleiding van hulle mense, dus kon ek nie net 'n job as 'n waiter of 'n barman kry nie. Die lewe daar was goedkoop en almal het vet salarisse verdien. My dogtertjie se ma het my spaargeldjies aangevul deur vir my weekliks sakgeld te gee. Ek het inkopies gedoen, aandetes voorgesit, naaldwerk en ander handyman-takies verrig.

Die kroeë waar die mynwerkers drink, was infinitely meer cool en vol lewe as die droë pool-plekke met expats en hul kinders wat 'n vermaakarea deel. Daar leer 'n mens ook dat 'n man altyd 'n vrou vra of sy dit sal oorweeg om sy girlfriend te wees voordat hy vir haar 'n drankie koop. As sy nee sê, move hy bloot na die volgende tafel.

Ek het nooit 'n sonsopkoms ervaar nie, want die booze was te goedkoop. Hulle sigarette was sleg en nie toasted nie. Winkels was almal uitmekaar, 'n bakkery hier, 'n slagter daar en so aan totdat die Score Supermark daar oopgemaak het. Nes 'n mens gewoond geraak het aan die groot supermark-ervaring het dit afgebrand – twee keer terwyl ek daar was. Een legende het darem bly staan van my aankoms tot my vertrek en dit was Mike's Kitchen. Dit het Gaborone darem 'n bietjie soos Voortrekkerweg laat voel.

Die lewe in Botswana was soet. My siel was tuis, en my bloed het sy murg gevind, maar ek kon nie werk nie. En Denzil January en sy Toyota, my ma se weeklikse oproepe om te kla oor my broer, Camel-sigarette en afwesige vriende in die te lang aande het my laat huis toe verlang.

Ek moes terug en het my dogtertjie en Cindy agterlaat. Die kleintjie het nie verstaan nie. Sy was te jonk om te weet hoe tyd en afstand werk. Ek het gehoop die 24 foto's van haar op my kamera sal help as ek tuis kom, en ek het Cindy beloof om elke derde aand te bel. Dit was moeilik vir ons as jong ouers, ons kon nie imagine waardeur ons cupcake moes gaan nie.

Ek was in twee geskeur.

Ek het oorkant my ander self in die kompartement gesit. Almal was stil en die trein leeg. Die meeste het geslaap van die hitte. Ek wou aan huis toe, terwyl die ander ek verlangend by die venster uitkyk – 'n enkele traan wat in sy oog opwel. Maar in die trein wat oor 'n sonneblom-see Kimberley toe seil, het die ander verlange in my ribbes gesteek. Die Kaap en sy rotse het my geroep soos 'n sirene.

By Kimberley het die trein teruggedraai na Lobatse toe en die helfte van my saamgeneem. Ek het alleen en leeg op die perron vir die Trans-Karoo gewag.

Toe ek die trein in die verte sien verdwyn, het my heimwee geen sin meer gemaak nie.

Clive E. Smith (1969) is 'n skrywer, Taoïs, handyman en 'n warrior. Hy skryf al sedert die vroeë negentigejare en het gedebuteer met *Bly te kenne Braam* (Kwela, 1997), maar die meeste mense ken hom as kroegman en DJ. Clive bly in Woodstock, Kaapstad, en jy sal hom Sondagaande by Bush Radio kry waar hy as mede-aanbieder van die musiekprogram *The Unhappy Hour* is. Die verste wat hy nog van die huis af was, is Bulawayo in Zimbabwe.

Oor berge en in dale

Joan Hambidge

I

Ek reis minstens twee keer per jaar oorsee. Verlede jaar was dit Turkye en Zanzibar wat aan die beurt gekom het, en tydens 'n reis is ek op verskillende maniere, hoe vérder en dieper ek 'n nuwe landskap betree, des te meer bewus van my unieke (Suid)-Afrikaanse identiteit.

Dit is in die vreemde dikwels vir my duidelik dat ek een aspek van my identiteit sal mis en dit is my taal en al haar geledinge. Die gedigte, liedjies, grappe – alles wat in hierdie taal besê kan word. Dit is veral in die buiteland dat ek primordiaal bewus word van hoé geheg ek aan my Afrikaanse bodem is.

Dit is dan een van die paradokse van reis. Amper soos die Afrikaanse spreekwoord wat lui: ver van jou goed, na aan jou skade, wat ek wil vertaal na: ver van jou goed, na aan jou wins.

Vele van my gedigte het op 'n vreemde kontinent hul ontstaan gekry. Trouens, my eerste bundel, *Hartskrif* (Human & Rousseau, 1985), het in die koue New Haven-sneeustorm tot uiting gekom.

Maar daar is een plek op aarde wat my veral terugneem na Kaapstad, my heimat, en haar berg. En dit is Machu Picchu, waaroor ek soos volg dig in *Verdraaide raaisels* (Human & Rousseau, 1990):

El Condor Pasa

"Dit was my bestemming en hierin lê die reis
van my begeerte" – PABLO NERUDA

In Machu Picchu, die heilige Inka-stad,
hoor ek Pablo Neruda se stem fluister deur die rotse:
"die nagwind draai in die lug en sing".
In iedere kliptafel lees ons sy boodskap van 'n reis
ver weg van aardse vernietiging, eindigheid en verdriet.
Heilige Machu Picchu bewaar sy gees
teen die onstuimige rivier en kil berglug
– sy sterk stem praat sag deur die mistige môrelug.
Al die aangebode raaisels hier aanwesig
in ongeskonde berg en rivier en ryk relieke.
Telkens lees ons dieselfde opdrag: in elke einde, dood
lê 'n nuwe begin ópgesluit.
Met die aflegging van die self soos ons opbeur
na die hoogste punt van 'n eens verlore beskawing,
pynlik bewus van ons argeloosheid
oor die krag van die lewegewende natuur.
Klim op, hoër na self-
loosheid – na stilte volledig.
Die kosmiese plan hier aanwesig,
argetipies in die roerlose rotse afgedruk – ontdaan
van nuttelose oordaad of menslike verdelging.
So ook die reis in die self: 'n smagting
na antwoorde, stilte en kosmiese eenheid.
Dit alleen gebeur in die ongerepte natuur gewyd.

My eerste besoek was in 1988. En in 2007, Augustus, onderneem ek 'n tweede besoek aan hierdie stad. Die volgende gedig is uit *Vuurwiel* (Human & Rousseau, 2009):

In die skadu van Machu Picchu

In die skadu van Machu Picchu
vind die temalied van *Il Postino* my:
die storie van 'n eenvoudige posman,
wen haar hart met Pablo se verse,
verby die vloei van die Urubamba,
in knetterende klanke van verlange.
In die skadu van Machu Picchu.

In die skadu van Machu Picchu
glip 'n skaars vlinder verby my hand.
Die ruïnes van 'n verlore Inka-stad
herwin in 'n argeologie van woorde:
die digter, 'n latter day-Bingham.
In die skadu van Machu Picchu.

In die skadu van Machu Picchu
volg ek getrou Pablo Neruda se reis
na die herwonne Inka-stad,
'n wêreldwonder van graniet en klip.
In die skadu van Machu Picchu.

In die skadu van Machu Picchu
daal stilte soos stof oor die ruïnes.
'n Fluit eggo, draal van berg tot berg
waar die Grootste Digter 'n vers skryf:
soekend, speurend 'n stil boodskap ontsyfer.
In die skadu van Machu Picchu.

In die skadu van Machu Picchu
soggens maagde tot 'n songod geoffer.
Wat is ons offergawe hier, in 'n ruimte
waar God en natuur volledig één word?
Hoe lank voordat ons U boodskap reg begryp?
In die skadu van Machu Picchu,
ja, in die skadu van Machu Picchu.

II

Ek het in die Inkaterra-hotel gesit en die tweede gedig geskryf wat in een volledige sitting na my gekom het. Ons trein terug is met drie ure vertraag en ek het my sit gemaak in die restaurant, oorweldig deur die grootsheid van die berg. Net soos Tafelberg wat as 't ware verskillende buie het deur die loop van die dag en nag. Om nie eens van die seisoene te praat nie!

Die vorige twee dae het ek twee keer Machu Picchu met 'n bus opgegaan. Nou is dit meer toeristies as met die eerste besoek. Daar is busse en toeriste en sekere gedeeltes is afgesluit vir bewaring.

Hoeveel mense het die pragtige rooi blom by die ingang gesien?

Ek bestel 'n koffie, en onverwags / toevallig, begin die temalied speel uit die film *Il Postino,* 'n dralerig-melancholiese liedjie. Pablo Neruda, die groot Chileense digter, is die hoofkarakter in dié rolprent wat sy lewe fiksionaliseer. 'n Eenvoudige posman gebruik sy verse om 'n meisie se liefde te wen. Neruda se grootse bundel *Canto General* (vertaal deur Jack Schmitt. University of California Press, 1991) lê langs my. In sy "Heights of Machu Picchu" dig hy:

And over the Sundial the sanguinary shadow
of the condor crosses like a black ship.

'n Pragtige vlinder vlieg verby.

En die gedig stort sig uit in die notaboekie van die Inkaterra-hotel. Iemand raak aan my skouer. "Die trein gaan vertrek. U moet kom, asseblief." Ons hardloop die trappies af. Hy skouerdra my reistas en danksy die vertraging, die liedjie uit *Il Postino*, kon die gedig gebeur . . .

III

As jy mooi luister tydens 'n besoek aan hierdie oorrompelende stad, kan jy voor sonsopkoms elke gedig wat oor Machu Picchu geskryf is, hoor draal. Voorgedra in die universele taal van die poësie, die hartstaal wat mense wat mekaar nie ken nie, mekaar waarskynlik nooit sal ontmoet nie, bymekaar bring in 'n erkenning dat daar iets groters is as ons. Neruda skryf immers dat die menslike gees openinge het waardeur hierdie boodskappe beweeg. Dit staan alles geskryf op die kliptafels by Machu Picchu.

En saans, wanneer ek op my bed lê en na Tafelberg kyk, dan dink ek aan Machu Picchu. In my verbeelding word die twee berge één. Dan luister ek weer na gedigte oor Tafelberg . . . Want wat ver is, blyk naby te wees.

Joan Hambidge is professor in Afrikaans en Kreatiewe Skryfwerk aan die Universiteit van Kaapstad. Sy is digter, romanskrywer en kritikus. Verder reis sy dikwels na vreemde plekke. "Oor berge en in dale" is 'n korter weergawe van 'n stuk oor Machu Picchu wat in *Bravo* (Maart, 2009) verskyn het.

Haar jongste bundel is *Vuurwiel* (Human & Rousseau) en haar laaste roman, *Kladboek*, het by Protea Uitgewers verskyn. Sy is bekroon met die Eugène Marais-prys vir haar tweede bundel, *Bitterlemoene* (1986).

Storm-en-drang

Poppie kry 'n gevoel in haar wat sy nie ken nie

Yvonne Beyers

Buite my venster, op die dak van die Camera Obscura langs die koshuis waar ek woon, is vier pale met die Skotse vlag wat daaraan wapper. In die eerste drie maande kan ek nie slaap nie, snags luister ek hoe die vlae aan hulle toue pluk.

My ma sê aan die anderkant van die telefoon koop vir jou 'n radio, dit help vir die stilte snags. My pa pos slaappille, dit help niks. Kamille-tee, 'n bad voor ek in die bed klim en die homeopatiese tranquilite-pille wat ek by die apteek koop ook nie.

Een nag lees ek 'n voorgeskrewe boek vir die volgende oggend se klas. Op die bladsy vooraan staan: *Remember you must die*. Ek voel so verlate, ek wil myself by die venster uitgooi. Die vensters is vasgeroes van die nat seelug en alewige reën, ek kan dit nie verder as halfpad oopkry nie.

My kursus, 'n meestersgraad in Engelse letterkunde, duur 'n jaar. In die klas oor die Postmodernisme sê die dosent J.M. Coetzee het sy boek *Foe* gepubliseer kort na die Soweto-opstande van 1986.

Ek steek my hand op en sê is nie, die opstande was in 1976.

Hy sê: "Are you sure?" Ek sê ek kom van Suid-Afrika, ons het dit op skool behandel. Hy sê: "You must be mistaken, I'm quite sure I'm correct."

Die man is bleek, dik en lyk soos gestolde jogurt. Ek haat hom.

Maar ek stry nie terug nie, ek voel onseker oor als wat ek gedink het ek weet. Ek het dom geword, ek sukkel skielik om Engels te praat.

Eensaamheid het my selfvertroue ingesluk.

Toe ek op die stasie in Edinburgh aankom, vra 'n cabbie of ek al ooit in die stad was. Ek sê nee. "But Jesus Christ, then you've never lived!"

Ek vra hom hoe oud die stad is; hy sê: "Most of it dates from thousands of years ago, the rest is just Georgian."

Destyds, toe ons in Port Elizabeth gewoon het, het my ouers die BBC-reeks *Brideshead Revisited* op die televisie gekyk. Ek het my verwonder aan Oxford se geplaveide stene waarop Sebastian Flyte en Charles Ryder as studente stap en gewens ek kan ook eendag daar wees.

(Charles was gebroke toe Sebastian geskors word. Ek onthou sy woorde: "I was the loneliest man in Oxford, Sebastian was sent down that day." Sebastian se suster, Julia, het Charles later by die treinstasie kom haal om hom na Brideshead Castle te neem en toe sy hom vra om vir haar 'n sigaret aan te steek, het die voice over sy gedagtes laat klink: "As I took the cigarette from my lips and put it in hers, I caught a thin bat's squeak of sexuality, inaudible to any but me.")

Ek het nie ingekom by Oxford of Cambridge nie, toe doen ek aansoek vir Edinburgh, waar daar volgens die foto's in brosjures ook geplaveide stene sou wees.

Ek lees oor al die stad se stories: In Leith het die matrose destyds by prostitute gaan lê, dis waar die kunsonderwyser gebly het op wie Muriel Spark se Miss Jean Brodie verlief geraak het.

By die Last Drop Pub op die Grassmarket is halfdooies amper twee eeue gelede uit hul bewustelose toestand geruk en 'n drankie aangebied nadat hulle op die plein deur perde in verskillende rigtings getrek is. Hulle is ná die laaste sluk na buite gesleep en voor die jillende skare gehang. Verder af is nog 'n pub waar 'n dokter en sy vriend ou mense met whisky getrakteer en dan huis toe gelok het. Hulle het die goedgelowiges vermoor en eksperimente op die kadawers gedoen.

Waar die Princesstraat-tuine deesdae is, was daar jare gelede 'n meer. Die owerhede het vroue wat hulle van heksery verdink het daarin verdrink.

Anderkant die stad lê die Firth of Forth, 'n see-inham tussen Edinburgh en die sogenaamde Kingdom of Fife. Dis daar waar prins William aan St. Andrews studeer het, waar 'n man amper twee dekades gelede op 'n skool kleuters losgebrand het en waar 'n dooie swaan positief getoets is vir voëlgriep.

'n Rympie uit my kinderdae speel oor en oor in my kop: "The Earl of Fife, he had a wife . . ." Die res van die woorde het uit my herinneringe weggeraak.

Op elke straathoek is 'n standbeeld vir 'n ander oorlog opgerig. Neffens my koshuis staan een vir die Black Watch, die Skotte wat teen die Boere gesneuwel het. En in die kasteel wat klou aan die hange van die koppie in die stad se hart, is daar 'n donker kamertjie waar die rooikop Mary Queen of Scots die lewe geskenk het aan James, die eerste koning van 'n verenigde Brittanje. Sy was die laaste koningin van Skotland.

In die Princesstraat-tuine is 'n bankie met my naam daarop. Op die plaatjie staan: *Yvonne Beyrs – in loving memory*. Die Yvonne wie se van net nog 'n 'e' kort, is volgens die plaatjie op vier-en-dertig dood. Ek is vyf-en-twintig.

Op Saterdae, wanneer die koshuis leeg word, druk ek my stram venster halfpad oop en lê op die bed met die wind wat koud oor my bene waai. Ek verbeel my ek is weer klein, ek lê op die bed in die sitkamer van ons strandhuis by die see.

My ma-hulle gaan nou-nou kom sê hulle middagslapie is verby, ek mag opstaan en gaan swem. Agter my toe oë word die klappende Skotse vlae die Jolly Roger-vlag wat langsaan op my oom Nellis se stoep in die oostewind ruk.

Een Saterdag betaal ek 'n paar pond en klim die trappe na die dak van die Camera Obscura. Dit reën effens, soos elke dag. Ek vou die rooi serp wat my ma gebrei het soos 'n mus om my kop en kyk deur die kamera uit oor die stad.

Die lens speel truuks met die mense en motors onder in die Royal Mile, wat tussen die kasteel en paleis loop. Wanneer ek dit bo-oor hulle beweeg, lyk dit asof hulle dubbeld vou.

Daai kant lê Arthur's Seat, die berg wat ek klim met 'n Amerikaanse student wat hond "daahwog" uitspreek. Daai kant lê Calton Hill wat ek 'n paar keer saam met 'n Australiese verpleegstudent klim. Ek leen drie Jeff Buckley-CD's by haar en gee dit nooit terug nie. Ek luister nooit daarna nie.

Ek is heeltyd naar, ek eet amper niks. Oats vir ontbyt, aartappels vir middagete, varkworsies vir aandete. Nou en dan sit ek salm in die oond, dit is goedkoper as hoender in hierdie hoek van die Britse eiland. Die roetine bied vertroosting teen die afstand van my regte lewe.

Saans wanneer ek bad, sing ek Afrikaanse liedjies en probeer dink aan die Afrikaanse name vir die goed wat ek nog altyd op Engels genoem het. Sampioene, spek, roereier, waenhuis, aansteker, steenkool, afstandbeheer.

Ek sê vir Kate, die vrou wat die koshuis stofsuig en skoonvee, ek vergaan van die vervreemding, dit voel asof ek verdwyn. Die volgende dag bring sy vir my 'n boks koekies en 'n plastiek-staanhorlosie met 'n Skot in 'n kilt agter die wysters.

Die man agter die toonbank van die kruidenierswarewinkel is suur. Ek probeer geselsies maak: "I'm far away from home." Hy slaan die kasregister, sy mond is 'n grimas: "We are all far away from home."

My inkopielys: salm, varkworsies, aartappels, red peppers, yellow peppers, 'n eiervrug, ertjies, sampioene, feta, sewe jogurts, 'n liter melk, 'n liter lemoensap, tee, ryskoekies, 'n boks oats, 'n bottel rooiwyn. Oorlewing kos my weekliks £20.

In die bad streel ek oor my maag wat al platter word. My boyfriend vra oor die landlyn hoekom is ek net maer wanneer hy nie by is nie. Ek sê dis nie so lekker soos wat ek gedink het dit gaan wees nie: nie oorsee studeer nie, nie nuwe mense ontmoet nie, nie maer word nie.

Ek noem my kamer Die Suil. Dis op die derde verdieping, het drie dakvensters en is so groot soos 'n eetkamertafel. Teen die muur plak ek 'n dubbelblad uit *The Guardian* met foto's van Lucian Freud se skilderye, 'n rooi poskaart met 'n man wat voor 'n rolstoel staan en die woord "Halleluja!" daarop, 'n foto van Andrew Wyeth se skildery *Charlotte's World* en foto's van vakansies by die see.

Een aand vergeet ek 'n ryskoekie in die toaster en dit slaan aan die brand. Die koshuis se rookalarm gaan nie af nie. Daarna rook ek in my kamer, Kate belowe sy sal vir niemand sê nie.

Soggens koop ek die *Guardian* en 'n pakkie Marlboro Lights by die kafee langs die koshuis. Die man agter die toonbank kom van Pakistan en ons sukkel om mekaar te verstaan. Weke lank vra hy elke oggend: "What?" wanneer ek vir 'n pakkie sigarette vra. Ek begin hom ook haat.

Op 'n dag haal hy self die Marlboro's af wanneer ek my koerant oor die toonbank vir hom aangee. 'n Week later gee hy vir my 'n pamflet, dit adverteer roomyse. "You choose," sê hy. "You choose, I buy for the shop." Terug in my kamer huil ek vir die eerste keer.

Op pad na Londen klim drie backpackers op die trein. Die meisie se oë is rooi gehuil en sy sit 'n entjie weg van haar mansvriende. 'n Paar stasies verder klim 'n ou vrou op. Sy dra 'n swart jas en 'n grys pelsmus op haar kop. Sy het rooi lipstiek aan en haar hande is vol inkopiesakke. Sy gaan sit oorkant die groep reisigers en kyk die meisie so. Bekommerd.

'n Paar stasies verder vra sy vir die latte: "Is the lady your friend?" Hulle lyk geïrriteerd. "She's crying, have you noticed? Are you taking care of her?" Hulle sê niks, die meisie kyk nie op nie. Die trein ry verder.

Die vrou steek haar hand by die kraag van haar jas in en vroetel teen haar nek. By die volgende stasie staan sy op, leun oor die meisie, vat haar hand en fluister iets in haar oor. Sy tel haar sakke op en klim van die trein af.

Die meisie kyk verstom na iets wat die vrou in haar hand gedruk het. Dis 'n swaar silwer kruis aan 'n hangertjie.

Die bedelaars het almal honde. As jy verbystap, vra hulle: "How about a few pence for a cuppa tea, luv?"

In Desember kom kuier ek 'n week in Suid-Afrika. Ek kan nie vir my vriende verduidelik hoe ek voel nie, ek het vergeet hoe om te behoort.

Een oggend klop Kate my wakker: "Have you seen?" vra sy. Buite hang die Skotse vlae slap teen die pale en sneeu sif saggies neer oor die dak van die Camera Obscura. Dis stil buite, asof iemand die klank afgedraai het.

Die winter hou aan en aan en aan. Dit word soggens eers halftien lig, dis al vieruur donker. 'n Yl gordyn reën hang weke lank oor die stad. Februarie is die ergste.

En dan is die parke een oggend vol geel affodille.

Ashwarya, wat saam met my swot, is 'n Indiese prinses. By die huis, sê sy, besit haar familie paleise. Sy vlieg vir 'n week terug na Delhi om die man te ontmoet wat haar ouers vir haar gekies het. Haar ma waarsku voor die tyd: "He's heavy." Wanneer sy terugkom, sê sy die man is vet, sy weier om met hom te trou. Haar ouers aanvaar dit, maar sê sy sal eendag moet berus in hul keuse.

Ons gaan vir high tea by die Balmoral. Terwyl sy 'n botterbroodjie vol room smeer, sê sy: "My darling, I have diamonds as big as your thumb nail."

Anderson, wat sy doktorsgraad in teologie doen, stry nagte om met Ash. Hy kom uit die laagste klas in Indië en sien die wêreld anders as sy. Een aand drink ons op 'n bankie wyn. Anderson sê: "We could never be friends back home." Ash antwoord: "But we're friends here."

Liezl, my kamermaat van Stellenbosse studentedae, studeer in Holland. Ons ontmoet mekaar by die treinstasie op Amsterdam en dwaal oorweldig deur die strate. Op 'n garagedeur het iemand geskryf: "Naar vriendschap zulk een mateloos verlangen."

Dit is somer in Skotland, dit raak saans eers ná elf donker. Ons drink warm bier in die park, eet falafels op die straathoek, luister jazz by 'n straatkafee en kyk sokker op 'n buitelug-televisieskerm. Ek het eindelik ingepas, aangepas. My vriende vra nie meer oor apartheid nie.

Ons vertel nie meer vir mekaar stories oor die dae vóór Edinburgh nie. Ons is versoen tot ons dubbele lewens – die een voor ons afstand gedoen het van waar ons vandaan kom, en die een wat begin het toe ons moes begin vertel wie ons is. (Jy laat dit klink asof dit hel was, sê my boyfriend jare later. Dit was nie hel nie, sê ek, dit was nie dít nie. Dit was iets anders, 'n tasbare tussenin.

"Poppie kry 'n gevoel in haar wat sy nie ken nie," skryf Elsa Joubert iewers in *Die swerfjare van Poppie Nongena* – in Die Suil het ek 'n gevoel gekry wat ek nie ken nie.)

In die laaste dae gaan ons vir 'n naweek na die Hooglande en bly daar in 'n herehuis. Die Amerikaners speel Spin the Bottle en Capture the Flag en 'n Engelse ou rook heelnaweek dagga in sy kar.

Op pad terug, stop ons by die strand. Twee Spanjaarde help my die woorde oefen: *Tres tristes tigres comme en trigo en un trigal* – drie triestige tiere eet koring in 'n koringveld. Ons lê op die sand, selfs ná dit begin reën.

Ek skryf dae om aan my tesis in die biblioteek om die draai. Tussen die professore wat hulle navorsing by die lang tafels doen, voltooi ek die laaste hoofstuk van my jaar in die vreemde.

Al my besittings pas in een boks, dit word op 'n skip terug na Suid-Afrika gestuur. Ek wil my naam aan die binnekant van die kasdeur skryf sodat Die Suil my sal onthou. Die balpuntpen wil nie teen die hout skryf nie, en ek gee halfpad op. Daar staan net "Yvo".

Op my laaste aand in Edinburgh, maak ek en my vriende asof ons mekaar môre weer gaan sien.

Op pad terug huis toe, bly ek vir 'n paar dae in Berlyn. In die Ooste van die stad het 'n graffiti-kunstenaar op 'n gebou geverf: *How long is now?*

Yvonne Beyers het in die Kaap grootgeword en joernalistiek en letterkunde aan die Universiteite van Stellenbosch, Kaapstad en Edinburgh studeer. Ná 'n ompad deur *Die Burger, Beeld* en *Insig,* is sy deesdae 'n joernalis by *Huisgenoot.* Sy woon saam met haar honde en haar geliefde, 'n gawe heer Gouws, in Johannesburg. Sy verkies voorstedelikheid bo vervreemding en gesels en lees is haar enigste stokperdjies.

'n Fokof Londen-toer

Hunter Kennedy

Wat ek van Fokofpolisiekar-toere onthou, is, wel, gefok. In retrospek voel dit alles soos een lang kuiersessie, waar ons nooit geslaap het nie, heeltyd gelag het, tussendeur gemoer is en dan weer begin lag het. Ek dink ons het twee keer Londen toe gegaan. Ons het probeer toerdagboek hou van een van die toere, maar het heeltemal gefaal. As dit wel bestaan het, sou dit dalk so gelyk het:

03:40 – 31 Okt. 2006

Johnny [de Ridder] se maag het verskriklik begin pyn op die vliegtuig en die Midde-Oosterse man wat voor hom sit, gee hom toe medikasie. Sy maag hou nie op pyn nie en die Emirates se dokter, wat Afrikaans is en toevallig op ons vlug is, dink dis glad nie goed dat Johnny by 'n vreemde Moslem vreemde pille op 'n internasionale vlug gevat het nie. Hy kak hom toe uit en gee vir hom Engelse medikasie wat ook nie wil help nie. Toe ons in Dubai land, word Johnny in 'n stretcher na die lughawe se hospitaal geneem. Ons weet nie of hy orraait gaan wees nie. Die dokter het gedink sy blindederm het gebars. Dit het nie. Johnny word vol morfien gepomp. Die res van ons gaan kuier saam met Thys die Bosveldklong in 'n Ierse kroeg in die middel van 'n woestyn in die middel van Eurasië. Toe vlieg ons weer en drink verder. Verniet!

11:00 – 31 Okt. 2006

Londen is oud. Dis die brein. Amerika die zombie. Londen is 'n rokerige, industriële seekat met 'n gasmasker aan, wat steeds besoedeling in haar ou kolonies se longe pomp.

16:20 – 31 Okt. 2006

Londen is dieselfde as enige ander plek, net groter en meer. Alles is al gesien en gedoen en word gesien en gedoen, heeltyd.

04:20 – 1 Nov. 2006

Buckingham-paleis, Big Ben en die London Eye is net monumente. Daai stad behoort aan die immigrante. Die vorige kolonies se saad wat nou terugkom, en hulle eie deel van die vispastei soek.

17:00 – 1 Nov. 2006

Ek sien nie veel pommies in Londen nie. Waar ons uithang, is dit basies soos Pretoria.

18:00 – 1 Nov. 2006

Soundcheck, Leytenstone – die zef deel blykbaar. In 'n plek met die naam Zulu's drink drie enorme boere met baarde en boepe Sambucas in stille eerbied vir die Groot Krokodil wat gister dood is aan 'n hartaanval. Op die big screen wys reruns van die '95-rugbywêreldbeker en jy kan biltong uit 'n vending machine koop en boereworsrolle vir 5 pond. Die internasionale patriotte is emosioneel by die kroeg.

"Die modder het die land opgefok," sê die een.

"Ons het net betyds daar uitgekom. Fokkit. Ons is lucky," reken 'n ander.

"Ja, boet. Ons is fokkin lucky. Mandela gaan een van die dae vrek, en dan is al daai naaiers diep in die kak," antwoord die derde.

Joel sit toe weer die bal oor en hulle herleef die nuwe RSA se oomblik van glorie. "Uit die blou van onse hemel . . ." sing al drie uit volle bors saam.

By die bar bestel Francois [van Coke] 'n bier. "Hoekom bedien julle hierdie verraaier-moffies, Louise? Whahhaa!" sê die dronk lummel wat met groot hande uitknyp na die waitress.

Francois glimlag terug, maar bly eerder stil.

"Fokof hier, mannetjie. Ons sal vir jou in jou fokkin hol naai, jou fokkin takhaar-moffie."

Hy strompel vorentoe en Francois maak dat hy daar wegkom.

Asof dit beter in Londen gaan. Tien ouens in 'n drieslaapkamer-woonstel in die slums van Engeland, wat agter deep friers werk of security guards is in 'n stad te groot om 'n fok te voel.

Ons show was packed en dit was asof ons in Potchefstroom se stadsaal gespeel het. Die dwelms was skaars beter. Snakebites is befok. Die publieke vervoer werk, maar dit werk hier ook en McDonald's proe dieselfde.

17:00 – 2 Nov. 2006

Die Londense NG kerk-dominee het insist daarop om ons vir lunch te vat by Nando's. Hulle het ons gehelp om visums te organise.

19:45 – 2 Nov. 2006

Ons lees in 'n tydskrif dat drie bebaarde Saffirs, wat 'n swart man op die Tube aangerand het, gesoek word. Die slagoffer het gesê die drie mans, wat duidelik 'n Afrikaanse aksent gehad het, het rassistiese opmerkings gemaak voor hulle hom toegetakel het.

21:00 – 2 Nov. 2006

Die NG gemeente het ons veilig hier gekry, die dominees het middagete saam met ons geëet en alles was heel beskaafd. Nou gaan ons drink. Ons het net twee ure oor!

23:00 – 3 Nov. 2006

Johnny het toe die al die tyd nierstene gehad. Hy het oorgebuig van die pyn na die morfien heeltemal uitgewerk het. Hy moes dadelik hospitaal toe vir 'n operasie. Hy het vir die 40 minute van ons show uit die hospitaal uitgesneak, backstage sy drip afgehaal en gejol en dadelik weer IC toe gegaan. What a legend! Go Johnny, go! Hulle het hom ge-ekstraal en ge-CAT-scan en die steentjies gelazer. Verniet!

So ja, ons gaan weer teruggaan, dis befok daarso. Dit bly 'n plek, so, jy kan soontoe gaan as jy wil. Maar Londen is Londen en New York is New York en as jy niks het om daar te doen nie, moet jy dalk liewer nie soontoe gaan nie.

Hunter Kennedy speel kitaar in en skryf woorde vir Fokofpolisiekar. Hy doen soms ander goed ook.

Niets is geheel waar, en zelfs dat niet

Liezl Dick

Om te skryf oor my ses maande in Europa, is om oor verwarring te skryf. In 'n poging om sin uit dit alles te kry, het ek my waarnemings en gevoelens gedurende die ses maande noukeurig gedokumenteer. Dagboekinskrywings gemaak, my drome neergeskryf en ook aanhalings wat vir my op daardie spesifieke dag sin gehad het.

Het dit gehelp?

'n Mens kom tot baie insigte so in die vreemde. Soos dat jy moet wegbly van musikante. En dat die lewe meestal 'n wisselwerking tussen instink en insig is. En dat goeie vriende baie kosbaar is. En dat fisieke oefening goed is vir jou geestesgesondheid.

Op 19 Januarie 2006 vertrek ek na Nederland om vir ses maande aan die Radboud Universiteit in Nijmegen te gaan studeer en navorsing te doen vir my M in filosofie. Op 21 Januarie 2006 skryf ek in my dagboek: Alles voel so heeltemal anders as waaraan ek gewoond is. Verskriklike stiptelikheid, gehoorsaamheid, ongeërgdheid. Ek wonder wat is die effek van die sisteem op die psige. Almal is geoutomatiseer. Rooilig – stop. Trein stop op tyd – klim op.

Ek woon saam met ongeveer vierhonderd internasionale studente buite Nijmegen in 'n koshuiskompleks genaamd Lent. Ek noem dit die Lent-eksperiment. Ek woon onder andere saam met 'n Pool wat elke sin begin met "I have a question", 'n ligsinnige, ydele poppie van Letland, en 'n Duitser wat my aan 'n robot herinner. Aan die begin voel alles soos 'n *Remington Steele*-episode. Die tellers in die bank het nie glasafskortings nie. Almal is op fietse. Dit voel soos die 70's. *Klaprose teen die wind* gekruis met kinderdae op George. En dit klink vir my asof al die Nederlanders heeltyd vir mekaar sê "Lothar Neethling? Lothar Neethling! Lothar Neethling! Lothar Neethling?"

24 Januarie: Dit voel heeldag hier asof dit vroegoggend in Namibië is. Ek ruik selfs die bloed van die bokke in die lug, ek sweer, want dis die enigste plek waar ek nog sulke koue geruik/gevoel het.

Op 26 Januarie droom ek van 'n storm by Nature's Valley. Ek begin my drome neerskryf: *My niggies hou die sambreel vas. Dit is 'n hectic storm. Ek het al voorheen gedroom van hierdie plek. Dit is veronderstel om Nature's te wees, maar dit is nie. Ek word wakker en voel vreemd vreemd vreemd.*

Ek droom drome waarvan die oorheersende gevoel andersheid en nuutheid is. Droom van huise wat oorgebou word en nuwe huise.

Droom van mense wat kinders kry. Droom vriende trou. Droom van 'n groot draakagtige voël wat miskien bestaan. Droom ek is deel van 'n bende of groep mense wat reis. Droom van hofsake. Droom van geskiedenistoets waarvoor ek nie geleer het nie. Droom van mense in 'n lang ry en dan help ek hulle op met die trappe. Droom baba-speelgoed hang van die dak af. Droom ek is weer in Pretoria. En in 'n speurverhaal. Droom ek ry op my fiets deur Nature's Valley. Droom van 'n ex-boyfriend wat vir my sê: "Aan die begin het ek jou pertinent gevra of jy al by plekke soos Switserland was, sodat ons die idee van reis kon behou." Droom ek beweeg met 'n tipe hysbak tussen realiteite, maar in 'n game show. Droom een of ander koninklike gaan dood. Droom die townships is aan die brand en op die punt om in 'n "revolusie" uit te breek. Voel ontuis in 'n huis. Voel onveilig met die revolusie.

Aanvanklik is ek ontsettend sosiaal. Ook maar goed so, want ek het baie goeie vriende gemaak. Word een aand smoordronk by 'n "corridor party" waar die toegangsgeld vyf euro en die bier verniet is. Terug in Lent kom ek agter ek het my serp en mus in vreemdelinge se plek vergeet. Twee dae later gaan haal ek dit, en ontmoet so vir Maria Hutardo Mayen wat besig is om met haar rhythm stick in 'n klein kamertjie te speel. Sy is 'n klein, geharde Spaanse meisie wat bang is vir niks, en sy word weldra my Spaanse vriendin.

Gelukkig is daar ook twee Suid-Afrikaanse vriende, Cornelia en Rénè, wat in Lent woon. Danksy hulle behou ek 'n mate van objektiwiteit. Net-net. My suster kom kuier en ek gaan Amsterdam toe. Terug in Nijmegen kuier ek dae en nagte om saam met die Europeërs. Met elke drankie wat geskink word, cheers ek met almal en roep "Goeie tye!" Veronika die Pool sê in Pools beteken "goeie tye" (dit word geskryf *hujetaje*, maar presies soos die Afrikaans uitgespreek) "piele wat smelt". My Franse vriend Yann wil net heeltyd meer weet oor Durban Poison.

Ek word goeie vriende met Cristina van Roemenië. Sy vind dit verbysterend dat ons vir die mense "agter die ystergordyn" gebid het en bel haar ma onmiddellik toe ek haar dit vertel. Sy is van mening Kommunisme het meestal wantroue gekweek, veral tussen familielede en vriende. Jihef (Hardcore) Wang is 'n Chinese immigrant wat in Parys grootgeword het en mal is oor die Afrikaanse rock band Battery 9. "They do everything man, every style you can think of, they can do it."

Almal leef asof daar nie 'n môre is nie. Enige onwettige of wettige substans word uitprobeer. My Spaanse buurman Sebastian Romero beëindig die partytjies altyd in die vroeë (of laat) oggendure deur nakend in die vierkant tussen die woonstelle in Lent die naam te skreeu van sy geboortedorp: "Albacete! Albacete!" Die polisie daag gereeld op om die partytjies wat hand uitruk te stop. Internasionale studente is 'n gevaarlike spesie.

Ek het baie energie, te veel amper. Ek koop vir my draftekkies en draf daagliks tot by 'n nabygeleë woud in 'n poging om kop te hou, want die vryheid is oorweldigend. Ek kan enige plek in Europa besoek, enigiets doen. Enigiets kan gebeur.

Moontlikhede, moontlikhede, moontlikhede.

In Maart gaan ek die eerste keer België toe. Ek verloor my hart op die land, sy mense, hulle nagwinkels en die lag van Die Musikant, 'n lang Suid-Afrikaner met intense oë. Sewe dae van fantastiese Belge, witlof, Belgiese bier, tremritte, treinritte, gigs en laatnagkuiers aan kombuistafels met Carapils en gerolde sigarette. Ons ry deur Antwerpen op die trem en lees teen een van die stadsmure: *Niets is geheel waar, en zelfs dat niet.* Ons gaan na die plein waar Johannes Kerkorrel graag uitgehang het. Ons stap langs die Schelde. Ons ry met die trein na

Kortrijk. Besoek die katedrale in Gent en Antwerpen. Eet wafels, drink bier. Gaan vir 'n dag na Frankryk. Ons is vry.

Terwyl ons wag vir 'n bus gryp 'n Oos-Europese vrou dringend my hand, sy sê sy wil my toekoms voorspel. Haar seuntjie trek haar skaam-skaam weg. Haar oë is priemend, intens.

In retrospek sien 'n mens altyd waar die krake gewys het. Maar as jy in die oomblik is, wil jy net die euforie opslurp. Jy sien wat jy wil sien.

Terug in Nijmegen kleur ek my hare ligter, want die gebrek aan son het my hare donkerder laat word en ek herken myself nie met die donker hare nie. Maar ná 'n ruk begin die donker haarwortels teruggroei, en daarmee saam die ontnugtering dat die tyd saam met Die Musikant vlietend was. Die kontak word minder, meer ontwykend. Dit groei ook saam met die besef dat jy werklik alleen in Europa is. Dán skrik 'n mens. Die opwinding vervaag en die veelheid word bedreigend.

12 Maart: *Sal sy lyf mis en sy lag en manier van praat en oë, triestige oë.*

Troebel oë
en as jy lag en
dan neem jou lyf
die triestigheid
en laat borrel dit
by jou mond uit
in 'n lag wat klink soos
Eirikedeirie-chaos
wat gekielie word.

15 Maart: Die gevaarlike man, sou nig Francien preek, was sy hande in soutwater, terwyl hy die volgende sambok in onskuld week.

Ek begin minder en minder mense sien, minder uitgaan. 'n Passiwiteit oorval my. Maria leer my tortilla maak. Sy wys my hoe om die uie te sny. Eers die punte afkap aan die kante, so kom die skil maklik af. Dan sny-sny en kap-kap sy so, met hande wat die ui bymekaarkaar hou. "In this way I never cry, Nena," sê sy.

12 April: *Droom ek is saam met Maria in huis met valdeure. Droom eindig waar ons die deurtjies met 'n glimlag toetrek. En die hele tonnel is gevul met blomme. Ons*

het dit daar gesit om vir die mense te wys ons wil nie meer baklei nie. Ek glimlag toe ek wakker word.

13 April: "It gets harder all the time, Bec Shaw once said. Harder, yet easier too. One gets used to things getting harder; one ceases to be surprised that what used to be as hard can be, grows harder yet." J.M. Coetzee, *Disgrace*, bl. 220.

Teen die vierde maand begin ek heeltemal onttrek. Ek sit dae om in my bed en lees. Of gaan na die biblioteek en doen navorsing. Ek ry rond op my fiets. Rénè en Cornelia maak vir my kos. Ek sukkel om te sosialiseer. Ek is uitgeput. Moeg om met groot handgebare en duidelike bewegings van die mond te kommunikeer. Moeg om konstant misverstande te systap en myself te verduidelik. Ek begin tekeninge maak wanneer ek in geselskap is. Hulle noem my "the crazy South African". Ek gee nie om nie. Ek is moeg.

Paasnaweek 2006 bring ek in die bed deur. Die hele naweek. Lees *Sewe dae by die Silbersteins* en rook sestig Camel Filters.

13 April: "Henry bestuur die Riley met 'n argeloosheid waarin dit moeilik is om behendigheid van geluk te onderskei." *Sewe dae by die Silbersteins*, bl. 9.

Gelukkig kruis jou pad in tye soos hierdie met interessante karakters. Een van hulle is die Nederlandse digter Simon Vinkenoog. Hy kom praat by 'n poësieseminaar in Nijmegen, en ek is onmiddellik gefassineer. Ek gaan neem sy *Liefde – Seventig dagen op ooghoogte* uit. Ek gaan 'n naweek Parys toe saam met die Roemeniërs en lees die boek op die bus.

18 April: *"Alle begin is moeilijk. Dit is een moeilijk boek voor beginners, een eenvoudige leergang voor ingewijden. Zeventig dagen op ooghoogte in het magisch centrum Amsterdam A.D. 1964. Aan elk begin gaat een einde vooraf, visioenen en hallucinaties. Ik wilde weten 'waarom', ik leerde 'zien'. Ik verkondig een harde boodschap, op leven en dood: 'LIEFDE'." – Simon Vinkenoog,* Liefde*, voorwoord.*

In Parys ontmoet ek nog 'n interessante karakter, die Spanjaard Carlos. 'n Verlore siel wat al lankal vergeet het hoe dit voel om koud of warm te kry. Hy vergesel my na Jim Morrison se graf. Ek laat hom agter op die stasie, keer terug na Nijmegen. Met die wete dat hy nooit weer oukei gaan wees nie.

My goeie Suid-Afrikaanse vriendin en kamermaat laat weet gelukkig dat sy kom kuier. Sy studeer die jaar in Edinburgh en ons gaan deur die Lae Lande reis. Baie moeg en weerloos ontmoet ek Beyers op Amsterdam se Centraal Station.

Ons ry op busse en treine en stap en vertel vir mekaar stories en ons maak nuwe stories en herinneringe en vertel herhaaldelik vir mekaar hoe vreemd alles is. Ons doen sit-ups op stasies, vergelyk toe met nou, drink baie tee en analiseer die mens en die wêreld in sy moer in. In elke dorp wat ons besoek, stap ons ure in sirkels en bespreek ex-boyfriends, Zuma, ons loopbane, vergifnis (haar tesisonderwerp), toekomstige outfits, boeke, die Belge, verskillende paradigmas, lukrake onderwerpe, verantwoordelikheid (my tesisonderwerp), mense en die diepte van gragte. In Amsterdam kry ek in 'n tweedehandseboekwinkel 'n getekende kopie van Vinkenoog se *Liefde*. "Bliscap! Van Simon".

Aan die einde van ons reis van tien dae koop Beyers vir ons tee en ons sit weer voor Centraal Station, waar die reis begin het. Tien dae op ooghoogte. Ons rook 'n laaste sigaret. Ons neem afskeid. Ek sit effens verwese voor die stasie toe sy weg is. Op die plastiekkoppie is die naam van die plek waar Beyers die tee gekoop het: *Cést du Pain. De gezonde plek tussen aankomst en vertrek.*

Terug in Nijmegen sukkel ek om in die oggende op te staan. Die moegheid keer terug. Ek moet lysies vir myself maak sodat ek kan funksioneer.

16 Mei: Dinge om te doen in die dag:

- Opstaan wanneer wekker lui
- Draf
- Iets eet
- Tesis werk
- Kosmaak

Ek gaan in die dag biblioteek toe en eet elke middag vegetable stir-fry. Later kan ek nie meer Nederlandse TV kyk nie, die advertensies word te absurd. Ek ry op my fiets deur Nijmegen en verkyk my aan al die wit mense. Hulle lyk almal so aangepas, gefokus, tevrede, pligsgetrou, in die pas. Ek kry nog 'n piercing in my oor, wat elke dag sorgvuldig skoongemaak en versorg moet word. My gunsteling-uithangplek word die plaaslike supermark, Jan Linders. Daar kry jy gratis koffie en kan ure lank tussen die rakke rondloop en voel asof jy deel is van die samelewing sonder dat daar enige druk op jou is om met ander mense te kommunikeer.

My dagboekinskrywings word minder, my droomboek al voller: *Die Musi-*

kant bel my, die volgende oomblik is hy voor my en hy praat met my, maar ek moet steeds die foon teen my oor hou. Hy vra vir my: "Wat presies bedoel jy met konteks, sê vir my presies wat jy daarmee bedoel."

Droom ek, Willem en Jakkie is by Etienne Leroux aan huis. Op Stellenbosch. Praat oor dinge. Willem lekker talkative. Dan moet ek gaan. Ek neem witwyn, drink bietjie daarvan. Maar moet dan kerk toe gaan, Leroux en sy vrou ook. Willem sê vir Leroux: "Komaan, Leroux, jy wéét mos nou hoe dit is." Leroux ongeërg/geamuseerd, gaan dan saam met sy vrou na pa se kerk toe, maar ek sien hom nie in die kerk nie.

11 Junie: *Droom ek het 'n lang, blonde vlegsel en my nuwe hare wat uit my kop groei is lig, my natuurlike kleur soos altyd.*

18 Junie: *In droom in bedreigende situasie – ondergrondse tonnels. Storie van langverlore tweeling (swart) wat sy broer opspoor (wit). Wit broer breek my sonbril, is kwaad. Swart broer in rolstoel. Nog ondergronds, moet kaartjie koop om huis toe te gaan.*

26 Junie: *By huis, maar terselfdertyd is daar wesentjies wat survive het na 'n oorlog, mensies wat ek moet lewend hou. Groot blikagtige aliens wil hulle doodmaak, maar dan is daar 'n Andries Bezuidenhout-boek wat vertel hoe die mannetjies ontsnap (hy lees die boek voor en terwyl hy dit voorlees, gebeur wat hy lees voor my). Hy's gemoedelik. Mannetjies kom weg van blik-aliens, maar dan is hulle ewe skielik net weer plastiekmannetjies. Ek alleen by die huis. Ek weet actually ek hoef nie so bang te wees nie, maar sluit die deure en haal die sleutels uit en sit dit binne.*

Einde Junie kom die Lent-eksperiment tot 'n einde. Ek neem afskeid van my vriende. Maria huil. Sy sê kom kuier, meisie, kom kuier vir my. Jihef sê ek moet vir hom skryf wanneer daar iets is om te skryf. Die laaste aand is daar 'n groot partytjie. Ek, Rénè en Cornelia dans vir die Europeërs Kobus se "Hoenderman" en die Pool Marek vervolmaak die dans. Ek val die eerste keer met my fiets die dag dat ek Nijmegen verlaat.

Ek gaan woon van 1 Julie by die gesin Cox in Lange Lozanne 76 in Antwerpen. In hierdie stadium wil ek nie eens meer uit die huis kom nie, maar dwing myself om in die oggende om die blok te stap. Ek voel soos swewende energie en almal se oë is skerp. Ek probeer aan my tesis werk, maar ek sukkel. Ek kan nie slaap nie. Ek gaan saam met die Cox-kinders na Dour, 'n musiekfees in België. Dit voel soos die hel. Ek probeer soveel moontlik tyd by die reggae stage spandeer. Terug in Antwerpen kom 'n outistiese familielid van die gesin kuier. En maak oogkontak met my.

Ek kan nie nou sin kry uit al my ervaringe hier nie: twintig jaar van vergeet breek nou aan.

24 Julie: *Droom ek is in koshuis-setup, leer nuwe wiskunde wat uitgevind is deur so 'n dude en 'n vrou. Teken prentjies/formules op die bord. Ek probeer hard konsentreer. Beyers ook daar. Ek vra vir die vrou of sy dit vir my kan verduidelik in ekstra klasse, maar sy loop weg en mompel.*

25 Julie: Het 'n goeie dag gehad. Kyk *Sex and the City*. Voel anders. Lig. Obsess al hoe minder. Lag dikwels vir myself. Ek was regtig mal hierdie afgelope ses maande. Die dinge wat ek gedoen het. Kannie glo hulle het my nie opgesluit nie!

28 Julie: *Droom 'n klein dogtertjie hardloop op'n dak na die rand van die dak. Haar ouma hou haar dop. Ek hardloop na haar en sê sy moet terugkom. Tel haar nie op nie, maar laat haar self terugloop. Sy is so mooi klein dogtertjie vol vreugde. Die ouma glimlag en sê dankie.*

31 Julie breek aan en my ses maande in Europa kom tot 'n einde. Ek vertrek met gemengde gevoelens. Die gesin Cox gaan laai my af op Schipol. Ek vlieg via Heathrow. By die inboektoonbank word ek R6 000 aangebied om een dag langer te bly, die vlug is in aanvraag. Nee dankie, sê ek. Ek wil huis toe. In die vliegtuig op pad terug luister ek na 'n radiostasie waar 'n man praat oor sy outobiografie getiteld *Don't Stuff Your Puppy*. Sy hondjie het gesterf toe hy 'n klein seuntjie was, vertel hy. Sy pa wou die hondjie begrawe, maar hy het so gehuil dat sy pa hom einde ten laaste belowe het dat die hondjie opgestop sal word. Die opgestopte hondjie is later by sy huis afgelaai. Daar was egter niks oor van sy oulike klein hondjie nie, net 'n groteske hond met starende oë wat vir hom gryns.

The letting go.

Op 1 Augustus 2006 land ek in Kaapstad. Dieselfde aand ry my broer 'n dronk voetganger raak. Terugwees is kompleks. Terugwees is angswekkend. Om alles en almal met nuwe oë te sien.

"I have seen the Bird of Paradise, she has spread herself before me, and I shall never be the same again. There is nothing to be afraid of.

Nothing.

Exactly.

The life I am trying to grasp is the me that is trying to grasp it." – R.D. Laing.

Wanneer ek in die middae met my fiets oor die brug vanaf Nijmegen na Lent gery het, het ek altyd verby 'n monument gery. Op die monument was 'n aanhaling van ene Joris Evans: "Dikwels, ver weg, bleef Nijmegen, mijn jeugd, toch dich bij mij." Dan oor die brug al met die fietspad langs, af met die heuwel, verby die stasie, totdat die Lent-eksperiment se rooi dak sigbaar geword het. Draai in na die fietshokke, gaan sluit die fiets toe, loop op met die trappe, verby Cristina se woonstel, verby die nimmereindigende partytjies, sluit oop die deur, loop verby die Letland-poppie se gaste, na my kamer. Hang jas op, kombuis toe, maak stir-fry. Kyk absurde advertensies op TV. Staar. Stort. Check e-mail. Slaap. Vreemd hoe dit die alledaagse is, wat 'n mens op die ou einde red én mal maak.

Wat ek gedurende my ses maande in Europa geleer het:

- Hoe om 'n bierbottel met 'n lighter oop te maak.
- Hoe om 'n sigaret te rol.
- Heelwat Spaans, Frans, Pools en Grieks.
- Niks is so eenvoudig soos wat dit lyk nie.
- Dinge is heelwat eenvoudiger as wat jy dink.
- Liefde is ontdek, nie besit nie.

Liezl Dick woon in Kaapstad en doen navorsing vir haar Ph.D. in filosofie wat handel oor kompleksiteit, kreatiwiteit en etiek. In haar vrye tyd werk sy aan haar Pinkovski-projek, 'n kreatiewebemagtigingsprojek waarin matte en handsakke vervaardig word.

Poskaarte oor 'n dekade heen

Francois Jordaan

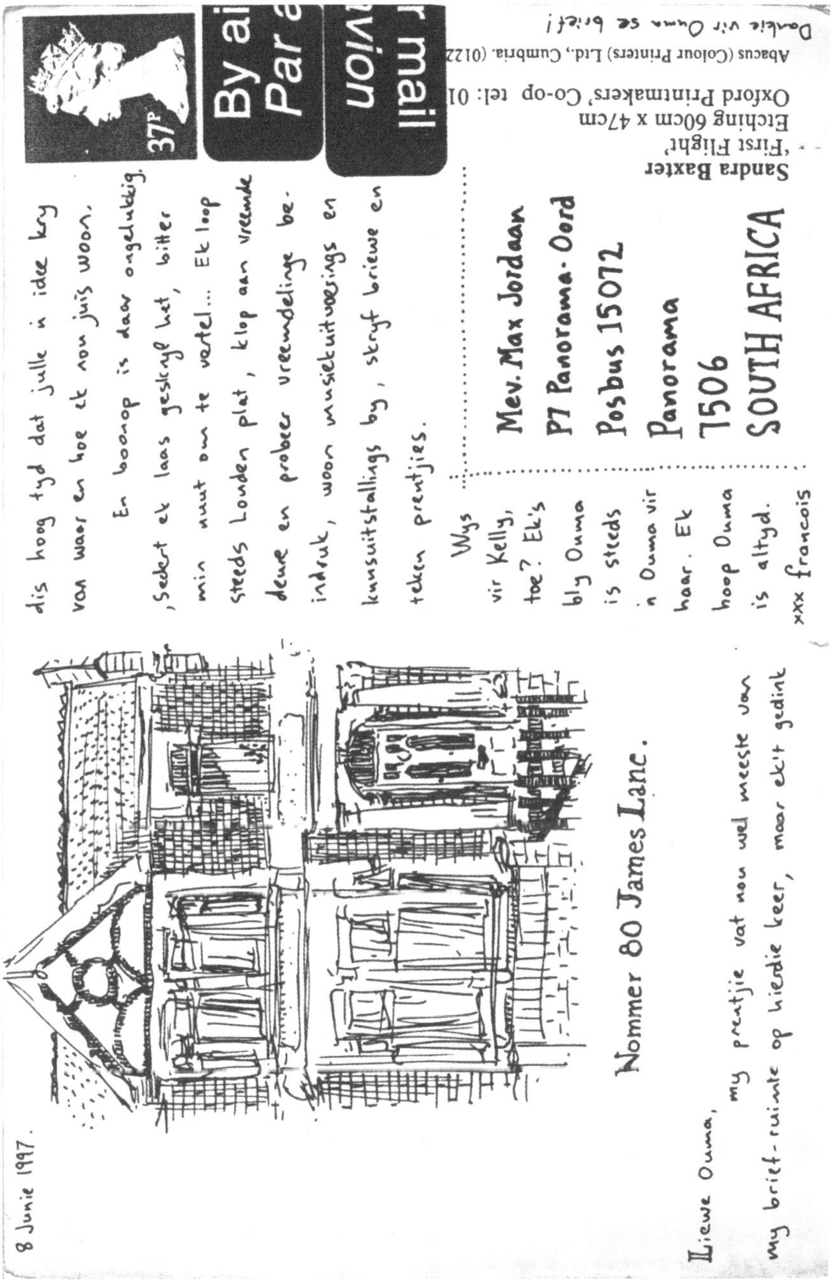
8 Junie 1997.

Liewe Ouma,

my praatjie vat nou wel meeste van my brief-ruimte op hierdie keer, maar ek't gedink

Nommer 80 James Lane.

dis hoog tyd dat julle 'n idee kry van waar en hoe ek nou juis woon.

En boonop is daar ongelukkig, sedert ek laas geskryf het, bitter min nuut om te vertel... Ek loop steeds Londen plat, klop aan vreemde deure en probeer vreemdelinge beïndruk, woon musiekuitvoerings en kunsuitstallings by, skryf briewe en teken prentjies.

Wys vir Kelly, toe? Ek's bly Ouma is steeds 'n Ouma vir haar. Ek hoop Ouma is altyd.

xxx francois

37P

By air mail
Par avion

Mev. Max Jordaan
P7 Panorama-Oord
Posbus 15072
Panorama
7506
SOUTH AFRICA

Sandra Baxter
'First Flight'
Etching 60cm x 47cm
Oxford Printmakers' Co-op tel: 01
Abacus (Colour Printers) Ltd., Cumbria. (012

Dankie vir Ouma se brief!

8 Julie 1997

Liewe Lea,

Ek het 'n baie suksesvolle dag agter die rug, dis dié dat ek nou in 'n tekenbui is. Hier langsaan is weer die huis waar ek woon, vanuit die agtertuin gesien (ek kon lekker gemaklik onder die kastaiingboom sit; vir die tekening op Ouma se kaartjie moes ek op die sypaadjie staan en teken)

Lea, gister terwyl ek 'n brief aan Kelly skryf, en dink aan Ouma, en Oupa Hennie, en aan jou — besef ek het eintlik altyd 5 grootouers gehad... want dis wat jy nog altyd vir my (en my broers) was.

[redacted]

Ek mis jou baie.

[redacted]

Lea Andrews
Gousblomstraat 9
Wesbank
Malmesbury
7300
SOUTH AFRICA

Dit voel asof ek net anderdag in Gousblom straat gekuier het. Maar ek sien jou sekerlik in Desember! Baie liefde, frans

BY AIR MAIL
par avion
Royal Mail

Arshilata
Cotton, 69 × 40
Jamalpur, late 19th/early 20th century
Collection of Sayeedur Rahman

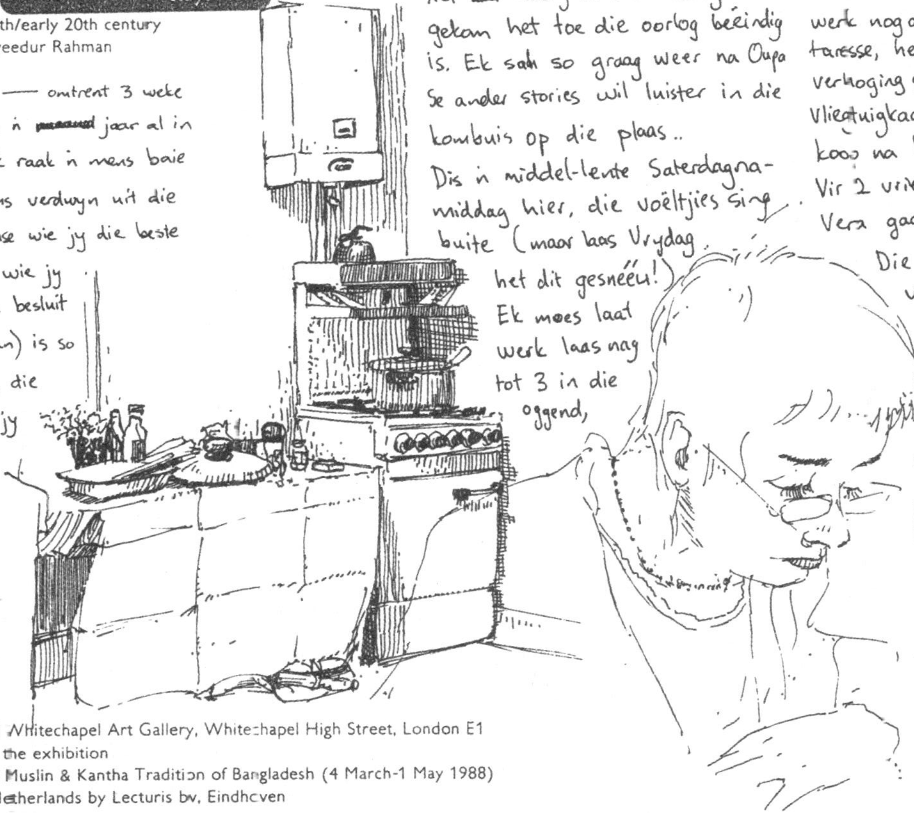

Liewe Oupa Hennie — omtrent 3 weke gelede was ek presies 'n jaar al in Londen. So geleidelik raak 'n mens baie spyt oor hoe 'n mens verdwyn uit die lewens van dié mense wie jy die beste ken, die mense met wie jy grootgeword het. Die besluit (bv. om oorsee te gaan) is so maklik om te neem, die implikasies het jy later oorgenoeg tyd om te besef.

Eergister by my werk is ek aan die naslaan in 'n geskiedenis boek (vir 'n ontwerp wat outyds moet lyk) en lees daarin van die 1ste Wêreldoorlog — en onthou toe hoe Oupa vertel het hoe julle skool vroeg uitgekom het toe die oorlog beëindig is. Ek sal so graag weer na Oupa se ander stories wil luister in die kombuis op die plaas..

Dis 'n middel-lente Saterdagnamiddag hier, die voëltjies sing buite (maar laas Vrydag het dit gesneeu!) Ek moes laat werk laas nag tot 3 in die oggend, en 'n taxi huis toe vat. Vandag het ek en Kelly (sy werk nog as sekretaresse, het eergister verhoging gekry!) Vliegtuigkaartjies gekoop na Kopenhagen, vir 23 Mei! Vir 2 vriende se troue. Danie en Vera gaan ook.

Die prentjie hier is die hoek van ons kombuis, en Kelly wat lees.

Oupa het mos onlangs verjaar — veels geluk! Lekker bly op Morgenzon.

Liefde, en groete,

francois en Kelly

25 April 1998

Hennie Jordaan
Posbus 7
De Doorns
6875
SOUTH AFRICA

Published by the Whitechapel Art Gallery, Whitechapel High Street, London E1
to coincide with the exhibition
Woven Air: The Muslin & Kantha Tradition of Bangladesh (4 March-1 May 1988)
Printed in The Netherlands by Lecturis bv, Eindhoven

Hello Danie.

In die poskaart aan my oupa kyk ek reeds terug na 'n jaar in Londen, wat op daai tydstip seker na 'n baie lang tyd gevoel het. Dis nou 10 jaar later.

Oupa Hennie is daardie Desember oorlede. Ek was nie by die begrafnis nie. My laaste kommunikasie van hom was 'n gelukwensing in sy bewerige handskrif op my en Kelly se troue (juis vir die visa.) In die daaropvolgende 10 jaar het só baie verander. Net van die dinge waarna ek verwys in daai kaartjie: ons is nie meer in daai huis nie (het al 2 keer sedertdien getrek), ons het albei meermale van werk verander, die vriende in Kopenhagen se huwelik is nie meer nie, ook nie jou en Vera s'n nie. Trouens, hulle, jy en nog talle ander vriende en kennisse, het teruggekeer na SA ná lang tydperke oorsee. En Morgenzon is verkoop.

Die gewoonte van poskaarte skrywe en teken kom seker van my eerste keer in Europa as backpacker, in '92. Die gevoel van avontuur en verwondering wat elke boom, geweldak of graffiti eksoties laat lyk het, kon ek op geen ander manier oordra nie. Nadat ek my in Londen gevestig het, het ek ten alle koste daardie perspektief vasgeklou, om te bly woon in 'n wêreld uit boeke, om self my hier in te skryf. Soos in daai poskaart aan Lea, het ek anonieme ry-huisies van Oos-Londen, of die piepklein

20 Julie 2008

by the Whitechapel Art Gallery, Whitechapel High Street, London E1
...e with the exhibition
in The Muslin & Kantha Tradition of Bangladesh (4 March-1 May 1988)
The Netherlands by Lecturis bv, Eindhoven

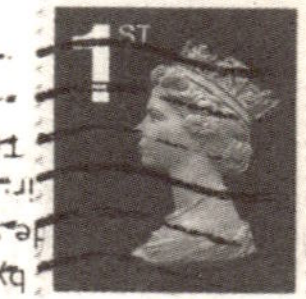

70s-style kombuisies van die flatshares waarin ek gewoon het uitgebeeld met dieselfde vervoering as die katedrale of standbeelde in museums. Van party poskaarte het fotokopieë gehou, veel meer is weg.

Ek het jare laas 'n poskaart geskryf. Deels moet ek toegee dat die eksotiese plek gemaak het vir die alledaagse – al voel ek steeds ek sien méér in die plek as enige van die inboorlinge wie ek ontmoet.

Maar deels moet ek erken dat daardie spyt – of skuld – waarna ek verwys in my poskaart aan Oupa 'n ewe belangrike aansporing was vir die briefies. Om jammer te sê vir my afwesigheid. Vervaag dit?

My dogtertjie – gebore amper presies 10 jaar ná my aankoms in Londen – ken al 3 woorde: mamma, pappa en, wanneer sy seerkry, eina. Dis vir Oupa en Ouma, Ma en Pa, vir die wêreld in my bloed, dat sy Afrikaans leer.

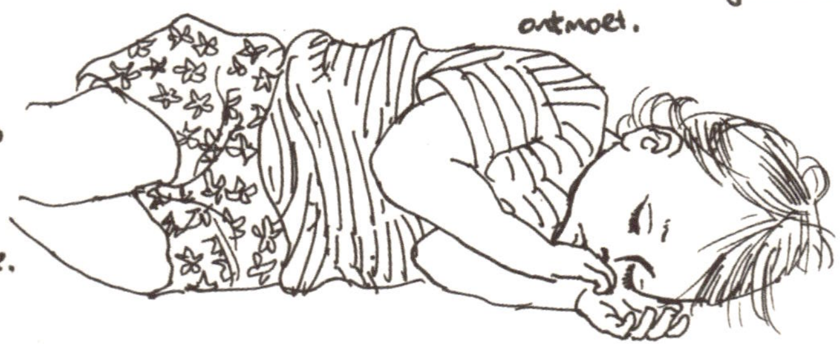

Danie Marais
Posbus 4400
Woodstock
Kaapstad 8051
SOUTH AFRICA

Karlien de Villiers

METRO
ERR...
BONJOUR...
ERM...UN JOUR
BILLETTE SIMPLE
METRO ERMM
MUSEE D'ORSEE
S'IL VOUS PLAÎT
MY EERSTE DAG IN PARYS WAS 'N KATASTROFE.
(NIEMAND KON MY VERSTAAN NIE)
L'AN 2000
EXPOSÉ
MONET
DIT WAS SNERPEND KOUD, NIE EEN VAN DIE OTM'S WOU MY BANKKAART AANVAAR NIE— EN EK KON NIE BY DIE MUSEE D'ORSEE INKOM NIE...
BLAH — BLAH — BLAH
LOOP TOE MAAR DEUR PARYS SONDER GELD, SIT ONDER DIE EIFFEL TORING, LOOP IN DIE CHAMPS-ELYSÉES, SIEN DIE ARC DE TRIOMF ENS.
FOK PARYS, FOK FRANKRYK, EUROPA EN SOMMER DIE RES VAN DIE SO-CALLED EERSTE-WÊRELD
VISA
EURO BANC
BILLET
(UITEINDELIK) JIRRE WEET, DIS BYNA MIDDERNAG.
100 FRANC
vin de Pays d'oc
KOOP BAIE WYN BY SUPERMARK. GAAN SIT IN PARK SAAM MET EMMA, JEFFREY, ADAM, ET AL.
EN SO VOLG TOE 'N REEKS VAN GEBEURE WAAR EK (AT LAST) VAN MY "UPBRINGING" BEVRY KON WORD... hé-hé
PARRAA RARRAA
LIBERTÉ
EGALITÉ
FRATERNITÉ

In teenstelling

NICOLENE LOUW 2008 ©

PUBLIEKE TOILET IN KOMMETJIE
TWEE SKELM TIKROKERS SKOERT VAN DIE TRAPPIE AF.
LADIES
HALLO, MY LANIE
MIDDAG
LEKKER WEER VIR MEI, NÊ?
WARM, JA.
EK BESLUIT OM ŃN ANDER PLAN TE MAAK.
HALLO, MY LANIE
MIDDAG...

OEFENING IN TAIPEI
IN TAIPEI IS DAAR 'N OORVLOED VAN TARTAN-ATLETIEKBANE.
AANGESIEN DIT BAIE ONPLESIERIG IS OM VIR 'N STAPPIE TE GAAN,
GEBRUIK DIE GEMEENSKAP DIT AS 'N MANIER OM "UIT" TE KOM.
DIS 'N MISTERIE HOEKOM DIE STADSRAAD NIE OP PARKE BESLUIT HET NIE.

OEFENING IN JOHANNESBURG
PHILIP PROBEER ELKE OGGEND VOOR WERK, 'N PAAR LENGTES INKRY BY ELLISPARK.
SECURITY
VANOGGEND IS HY NIE ALLEEN NIE.
RYK NEETHLING, BESIG OM AF TE ROND VIR DIE WÊRELD KAMPIOENSKAP
DIE ZCC, BESIG MET 'N DOOPSEREMONIE
'N KOLGANS= GESINNETJIE, BESIG MET SWEMLESSE
HY KIES DIE MIDDELBAAN, DIE OOMBLIK TOE DIE IMAM SE OGGEND GEBED OOR DIE DAKKE BEGIN UITSTYG.
allaahu Akbar Allaahu Akbar
ashadu allah ilaaha illa-La
Hayya' alas Salaah, Hayya ala

SKAAMROSIES

Uit Amsterdam

deur Ina van Zyl

PARDON... HETEN DEZE BLOEMEN SCHAAMROOSJES?

JOKE, MEVROUW ZEGT DAT DIT SCHAAMROOSJES ZIJN!

SCHAAM ...WAT? LIJKT ME ONZIN. ZE HETEN ALLEMAAL SUIKERBOSSIE DAT SOORT!

HOE MOET HULLE NOU OOK DIE SKAAMROSIE KEN?

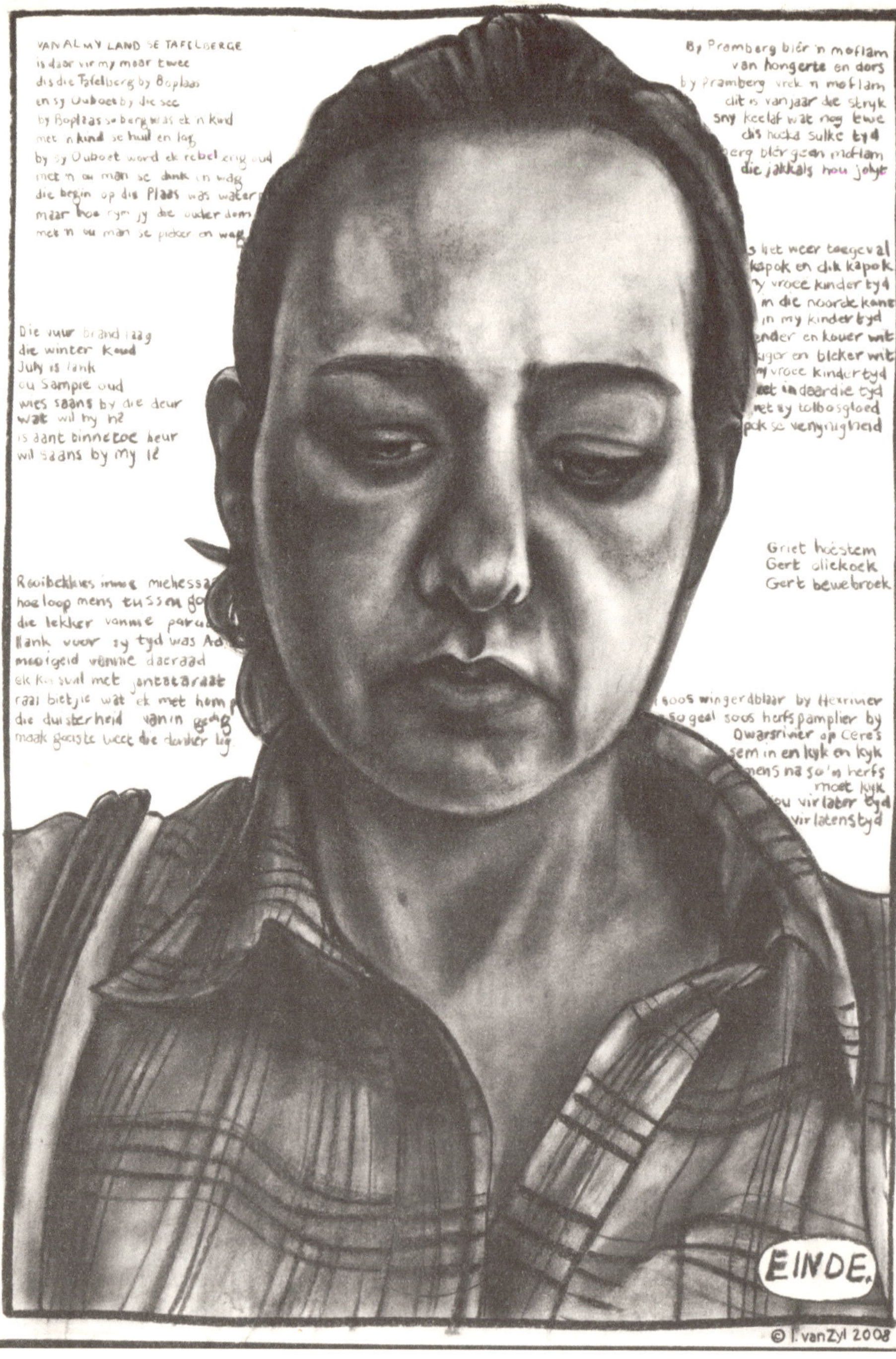
VAN AL MY LAND SE TAFELBERGE
is daar vir my maar twee
dis die Tafelberg by Boplaas
en sy Ouboet by die see
by Boplaas se berg was ek 'n kind
met 'n kind se huil en lag
by sy Ouboet word ek rebel en oud
met 'n ou man se dank en wag
die begin op dié Plaas was water
maar hoe rym jy die ouderdom
met 'n ou man se pieker en wag
Die vuur brand laag
die winter koud
July is lank
ou Sampie oud
wies saans by die deur
wat wil hy hê
is aant binnetoe keur
wil saans by my lê
Rooibekkies inne miehessa
hoe loop mens tussen go
die lekker vannie paru
lank voor sy tyd was Ad
mooigeid vannie daeraad
ek kan swil met jantatarata
raai bietjie wat ek met hom
die duisterheid vanin gebed
maak gaaiste week die donker lig
By Pramberg blêr 'n moflam
van hongerte en dors
by Pramberg vrek 'n moflam
dit is vanjaar die stryk
sny keelaf wat nog twee
dis hoeka sulke tyd
berg blêr geen moflam
die jakkals hou jolyt
s het weer toegeval
kapok en dik kapok
y vroeë kinder tyd
in die noorde kant
in my kinder tyd
ender en kouer wit
iger en bleker wit
my vroeë kindertyd
eet in daardie tyd
net sy tolbosgloed
pok se venynigheid
Griet hoëstem
Gert oliekoek
Gert bewebroek
soos wingerdblaar by Hexrivier
so geel soos herfspamplier by
Dwarsrivier op Ceres
sem in en kyk en kyk
mens na so 'n herfs
moet kyk
ou vir later tyd
vir latenstyd
EINDE.

Twee wêrelde: 'n Volksie in Melville en 'n fiets in Amsterdam

Herken jou tuisheid in 'n gragtepand

Ena Jansen

In die herhaling van jare lank se uitgevoerde handelinge herken jy jou tuisheid. Of jy nou rinkelend jou fiets vasketting teen 'n Amsterdamse brug of jou Volksie se gorilla in posisie skuif asof dit 'n wafferse Johannesburgse stadstrompet is. Oral in elk landgebied. Ja. Die meervoudigheid van die verhale van jou lewe, die geheime kaart van jou wêreld word telkens opnuut gehistoriseer in die besef dat jy hierdie materiële voorwaardes van jou twee bestane gedagteloos kan wissel, dat jy regs én links met ewe veel gemak kan ry.

Binne skyn die son

Nadat ek my fiets met sy agterwiel- en hangslot geanker het onder teen die harpstuk van die trap waarmee jy skuins van regs opstap na die Keizersgracht 141 se voordeur, haal ek my meestal swaar boeksakke uit die fietstasse en pak dit solank op kieliebakhoogte op die stoep. Doen ander besoekers aan die Zuid-Afrika Huis dit ook so? wonder ek soms. Vir my is dit vanselfsprekend, maar ek het geen idee wat die voorkeure was van honderde Suid-Afrikaners wat die afgelope dekades na die Keizersgracht gekom het nie. Selfs weet ek nie of N.P. van Wyk Louw, 'n groot stapper, ooit per fiets daar opgedaag het nie. En ek het Elisabeth Eybers en Elize Botha nooit gevra wat hulle gewoontes jare gelede was nie. Nou is dit te laat.

Meestal sien die bibliotekaris, Corine de Maijer, my terwyl ek die trap oploop. Sy druk dan solank op die knop van die ontsluitingsmeganisme van die voordeur. As sy nie voor die venster by haar rekenaar sit nie, het ek 'n keuse: die elektriese klokkie druk, of trek aan die knop van die trekbel. Hierdie bel word spesiaal in gragteboeke vermeld as besonder aan Keizersgracht 141 met sy breë trapgewel uit 1623. Meestal trek ek die trekbel. Binne galm dit in die gang met sy marmervloer en tegelykertyd raap ek my boeksakke op. As die swaar voordeur uit sy slotposisie spring, is dit 'n geoefende kuns om net op die regte oomblik met jou hele skouergewig daarteen te leun sodat jy sonder om al te letterlik met die deur in die huis te val, beland in die fuik van twee stelle glasdeure in die voorste deel van die gang.

Vroeër jare kon 'n mens sommer in- en uitloop, maar die beveiliging was nodig nadat die pand op 'n winterse Vrydagmiddag in 1984 deur aksievoerders binnegestorm is. Met emmers pik en teer het hulle die rakke begin besmeer, terwyl ander ouens boeke na buite gesleep en in die grag begin gooi het. Gelukkig is die vandale gou verdryf. Duikers van die polisie het alles wat hulle kon uit die water gered en almal het gehelp om die boeke op lang tafels in die kelder oop te sprei en droog te wapper. Tot die aksievoerders se verbystering het die Nederlandse pers wat in dié tyd fel teen die Suid-Afrikaanse regering gekant was, eintlik reeds ná Sharpeville 1960 en veral na Soweto 1976, die aksie skerp veroordeel. Herinneringe aan die boekverbranding in Mei 1933 op Berlyn se Bebelplatz was in 1984, en steeds, so ingegrif in die Europese geheue dat die aksievoerders onmiddellik met die Nazi's in verband gebring is. *Alles* uit Suid-Afrika was nie besoedel en sleg nie. By uitstek was boeke dit nie.

Om die aandag nie te veel op die pand te vestig as 'n Suid-Afrikaanse teiken in Amsterdam nie, is die groen koperplaat regs van die voordeur verwyder. "Suid-Afrikaanse Instituut" staan gelukkig nou reeds jare weer op die regmatige plek. Binne, tussen die twee hoë rame wat op die grag uitkyk, hang die portret van Elizabeth Conradie (1903-1939), die jong akademica van Wellington wat die Suid-Afrikaanse Instituut gestig het. Jy is omring deur die grootste versameling Suid-Afrikaanse boeke in Europa: meer as 34 000 boektitels en ongeveer sestig lopende tydskrifte. Alles van Tannie tot Koos Kombuis, Totius se gedigte tot die *Bitterkomix Handbook*, van Olive Schreiner tot Sol Plaatje, van Eugène

Marais tot Yvette Christiansë. Video's, DVD's en CD's ook. En altyd is daar koerante en koffie.

In die agterkamer van die biblioteek, aan die stewige lang tafel, is daar vir 'n Suid-Afrikaner geen sprake van vreemdheid nie. Hierdie gragtepand sal daarom hopelik altyd 'n eilandjie Suid-Afrika in die hart van Amsterdam bly. Jy't uitsig op 'n Hollandse binnetuin én die grag. Binne skyn die son altyd. Almal wat daar kom, is op die een of ander manier besig met Suid-Afrika. Vir skripsies oor die letterkunde of geskiedenis, of omdat hulle soek na spore van 'n oupagrootjie wat in die 1890's as 'n Hollandse onderwyser na Paul Kruger se ZAR vertrek het met steun van een van die fondse wie se argiewe hier bewaar word. In die winter, wanneer die moderne tafellampe brand, sit elkeen in 'n eie kring van helder lig.

Om jou is outo- en biografieë en geskiedenisboeke, in die sykamers is boekrakke tot teen die hoë plafonne met die Afrikaanse en Engelstalige Suid-Afrikaanse letterkunde baie goed teenwoordig. Daar is ook klein versamelings boeke in Afrika-tale en vertalings van Suid-Afrikaanse boeke in Nederlands, maar ook Russiese en Poolse studies oor Suid-Afrika. Onder is 'n kelder met sosiologie en antropologie, kuns, flora en fauna, kerke, slawerny, kinderboeke. Een verdieping hoër is die groot lesingsaal waar lesings en kulturele byeenkomste gehou word en waar ek my klasse Suid-Afrikaanse letterkunde gee. Daar's allerlei kleiner kamers met onder meer die foto-argief van die Anglo-Boereoorlog. Africana sluit oorspronklike eksemplare van Kolbe, Lichtenstein, Sparrman en Valentijn in. 'n Kamer is onlangs ingerig vir die skenking van Elisabeth Eybers se boekery. Boontoe dra twee verdiepings tot aan die solder se nok swaar aan honderde meter argiefitems. Daar is byvoorbeeld 550 afgeslote tydskrifabonnemente, korrespondensie en foto's in kaste en dose van alle mate en soorte. Onlangs het ek weer die argiefdose oor N.P. van Wyk Louw se verblyf in Amsterdam (1950-1958) gefynkam toe ek besef het dat dit in Julie 2008 presies vyftig jaar gelede was dat van hom afskeid geneem is in Amsterdam en hy na Wits-universiteit is.

In die jare tagtig het ek my oumagrootjie Broeksma se briewe op die solder gevind. Haar man, Cornelis Broeksma, is in September 1901 deur die Engelse gefusilleer, doodgeskiet in die Fort in Johannesburg, "omdat hij niet zweeg van de wreede ellende in de vrouwenkampen". Die weduwee en haar vier jong kinders (my ouma was vier maande oud) is deur 'n Nederlandse steungroep vier jaar lank in Nederland onderhou ter ere van haar man, "held en martelaar voor de barmhartigheid". So staan dit op die poskaarte wat ter ere van hom gedruk is. Ondanks hierdie steun wou sy terug en het op Somerset-Wes met haar kinders gaan woon.

Reisende erfgoed

In Zuid Afrika Huis is erfgoed wat van die grootste belang is vir die verband tussen Suid-Afrika en Nederland. Jy is bewus van die bruikbaarheid van die konsep "travelling heritages", reisende erfgoed, wat deesdae dikwels gebruik word in verband met die wêreld van biblioteke, argiewe en musea. Teoretici vestig ons aandag op die toevalligheid dat historiese materiaal op 'n spesifieke plek bewaar word, dat dokumente kan reis en ook elders geberg kón gewees het. Hierdie konsep van reisende erfgoed herinner ons daaraan dat die interpretasie van materiële artefakte kan verskil na gelang van die tydstip waarop dit te voorskyn gehaal word, die omgewing en die herkoms van die interpreteerder van die gegewens. Suid-Afrikaners op reis of jong Nederlandse ondersoekers wat in 2008 die Anglo-Boereoorlog-argiewe aan die Keizersgracht bekyk, stel ánder vrae, sien ánder goed raak as mense wat twintig jaar gelede presies dieselfde argiefdose van die solder laat haal het en presies dieselfde toutjies losgemaak het. Hulle kyk in Amsterdam ook anders na dokumente wat miskien in duplikaat in Bloemfontein of Londen aanwesig is.

Ek is sedert 2001 Van Wyk Louw se verre opvolger. Behalwe dat ek dosent Nederlandse letterkunde aan die VU is, is ek bijzonder hoogleraar Suid-Afrikaanse letterkunde aan die Universiteit van Amsterdam, 'n pos wat formeel ondersteun word deur die Suid-Afrikaanse Instituut aan die Keizersgracht. Ek is my dan ook voortdurend daarvan bewus dat Nederlandse studente (soms is daar ook Suid-Afrikaanse en soms byvoorbeeld Poolse studente) se blik op die boeke in die biblioteek wat ek uitkies vir my lesings of wat hulle kies vir werkstukke, anders is as myne. Ek het immers al in 1974 vir die eerste keer hierdie Suid-Afrikaanse boekery in die vreemde begin ontdek. Die politieke klimaat was toe totaal anders. Die reikwydte van my eie geskiedenis op die Keizersgracht bring 'n goeie gevoel en 'n voordeel, mits jy onbevange en nuuskierig bly, die toe en nou in 'n jukstaposisie hou. In die wete dat almal eenmaal jonk is, dat almal ouer word. Dit maak 'n mens opgewonde, maar ook soms verdrietig. Min plekke konfronteer jou so met die verbygaan van tyd as dié plekke waar jy reeds lank en baie graag nog jare lank sal wil kom.

Mrs Balls

Die eerste dekade van my Nederlandse verblyf (1974-1984) was heel anders as nou sedert 2001. Min dinge illustreer dit duideliker as die veranderde beskikbaarheid van Mrs Balls-blatjang in Amsterdam.

Eens was daar 'n tyd toe jy met 'n bottel in jou jassak op die vliegtuig moes klim in Johannesburg, as jy dit in Amsterdam wou kom opdis. Want selfs diegene wat nooit in Suid-Afrika bobotie gemaak het nie, wou dit hier darem 'n keer of wat maak en dan was Mrs Balls onontbeerlik. Gelukkig het ons, dis nou ek en mede-studente en ouens wat diensplig ontduik het en ander expats (alhoewel ons toe nog nie die woord gebruik het nie), gou agtergekom dat borrie dieselfde was as koenjit en dus in Conimex se reeks Indonesiese botteltjies maklik verkrygbaar. Noord-Afrikaanse slaghuise was omtrent die enigste plek waar jy "lamsgehakt" kon koop. As jy jou lus vir Suid-Afrikaanse wyn nie meer kon hou nie, het jy geweet dat 'n fietstog tot aan die uiteinde van die Amsterdamse Overtoom uitkoms sou bied. Jy kon daar 'n bottel of twee skelm en ten duurste koop by een van die min Nederlandse wynhandelaars wat toentertyd die produkteboikot teen Suid-Afrika getrotseer het.

Iemand in die vriendekring het darem altyd 'n *Kook en geniet* gehad en dié is dan soos 'n kleinood van hand tot hand deurgegee totdat die bobotie-bladsy geel uitgeslaan was van almal se kyk, vat en weer kyk. Bowendien is allerlei ekstra knippies van dit of handjiesvol van dat se goedjies bygeskryf soos wat elke lener iets onthou het wat hulle ma altyd by die bobotiemengsel gevoeg het, maar wat nie op die gedrukte resep gestaan het nie. So 'n Amsterdamse bobotie was dus uiteindelik veel lekkerder as enigiets wat ons ooit in Suid-Afrika geproe het.

Ek is die eienaar van so 'n *Kook en geniet*. Onlangs het ek dit weer teruggekry van die vriendin aan wie ek dit gegee het ná my destydse tienjarige verblyf in

Nederland. Voorin staan 'n ketting van inskripsies en name wat strek van Gerrit Olivier se ma uit Burgersdorp tot Anneke Geluk in Naarden-Vesting. Sy het dit nou weer vir my teruggegee. Die boek se geskiedenis van meer as 'n kwarteeu is soos volg:

> "Aan Gerrit. Bak en braai maar lekker. Mamma. 23/1/1978."
>
> "Aan Ena. Sou my ma dit nou ooit gedink het! Ek hoop jy eet lekker. Liefde, Gerrit. 22/12/80."
>
> "Aan Anneke. Ek hoop jy en ek eet lekker! Liefde, Ena. 7.1.87."
>
> "Aan Ena, die dit boek om sentimentele redenen graag terug ontvangt. Ik hoop dat je lekker kookt en geniet. Liefs Anneke 13.11.2004"

Een van die vreugdes om in post-apartheidtye 'n expat-Suid-Afrikaner in Nederland te wees, is dat die avontuurlike maar politiek-inkorrekte en tydrowende soektog na gesmokkelde Suid-Afrikaanse wyn totaal onnodig geword het. Mrs Balls is ook nou op allerlei plekke te koop – teen 'n plaas se geld, maar tog. 'n Nadeel is dat flou bobotiekruie in supermarkte se kant-en-klaar pakkies beskikbaar is en 'n vertekende beeld gee van Suid-Afrika se beroemdste gereg. Gelukkig is die geheime van egte bobotie en nog veel meer Suid-Afrikaanse resepte nou binne almal in Nederland se bereik; danksy *Bak en brou,* 'n nuttige klein kookboekie, geskryf en saamgestel deur Gerhard Bruyns en Corine de Maijer. Dis op die Keizersgracht 141 uitgegee. Gerhard is 'n Suid-Afrikaanse expat wat in Delft aan 'n promosieprojek op die gebied van stadsbeplanning werk, terwyl Corine die boekery van die Zuid-Afrika Huis beheer. Die plek is nou al jare in plaas van 'n beleërde fort 'n broeines van Suid-Afrikaanse aktiwiteite wat onder andere deur dr. Sief Veltkamp georganiseer word en waar almal tuis is: nuuskierige Nederlanders, Suid-Afrikaanse au pairs en jappie-expats wat vir Ernst & Young en sulke globale plekke werk. En dié met al hulle vaste gewoontes.

Knyp jouself

Boeke en blatjang is belangrik, maar tog ook net 'n deel van my Amsterdamse bestaan. Jy kan maar net soveel Suid-Afrikaanse boeke lees en 'n bottel blatjang hou my deesdae soms 'n jaar lank. Ek kom wel weekliks op die Keizersgracht, maar daar is ook ook ander plekke waar jy 'n Aha-Erlebnis, 'n skarnierpunt kan gaan soek. Byvoorbeeld by die Entrepotdok aan die agterkant van Artis, die dieretuin. Daar het jy oor 'n kanaal verniet uitsig op die sogenaamde savanna-diere: springbokke en zebra's. Jy kan soms selfs 'n leeu hoor brul. As jy 'n Amsterdamse gewelsteen met datums soos 1623 of 1662 sien, bring jy dit onwillekeurig altyd met 1652 in verband.

Die punt wat ek wil maak, is dat jy nie sommer moet maak asof al hierdie goed vanselfsprekend is nie. Die gelaagdheid van Suid-Afrika en my geskiedenis in Amsterdam hou my voortdurend daarvan bewus. Dit is belangrik om jouself dikwels genoeg te knyp en te besef hoe gelukkig jy is om so sorgvry hier te kan rondloop en fietsry. Metafore van reis en verhuising, van globalisering en migrasie, van plek en verplasing, is ontsettend verleidelik. Wees versigtig om nie te verval in die romantiek en nostalgie van die buitestaander nie. So waarsku ek myself dikwels. Hierdie waarskuwing is glad nie onnodig vir iemand wat as Stellenbosse student in die 70's swart polonektruie gedra het en gedweep het met die outsiders van Camus én van Colin Wilson nie. Veel meer as wat ek toe kon droom, leef ek nou 'n lewe van gelyktydige aanwesigheid op twee plekke. 'n En/en-bestaan, in plaas van die tog nogal afskrikwekkende keusebestaan van óf Suid-Afrika, óf Nederland, wat voor 1990 nog na die enigste moontlikheid gelyk het.

Toe ek drie en twintig jaar oud was en in 1974 Nederland toe gekom het, het ek geen benul gehad dat ek tien jaar lank hier sou bly nie. Ek wou nie teruggaan nie, selfs al was ek afgestudeer en selfs al het byna al my studiegenote al goeie universiteitsposte gehad terwyl ek op 'n houtjie gebyt het, maar na my gevoel vry, skuldvry, kon rondloop weens my eie destydse relatiewe armoede toe ek selfs koerante afgelewer het om genoeg te verdien. Dit was aan die een kant pure toeval dat ek in 1984 wél terug is. Sestien jaar lank was ek baie gelukkig aan die Universiteit van die Witwatersrand in Johannesburg. Dit was 'n totaal ander toeval wat my op my skrede laat omdraai het en in 2001 'n volgende nuwe begin in Amsterdam kom laat maak het. Die meetsnoere het vir my in mooi plekke geval. Ek woon hier heerlik met my liefje. Ek het goeie werk. My ouers en Suid-Afrikaanse vriende vind dit goed dat ek hier is en niemand trek aan my om terug te kom nie. Inteendeel. Suid-Afrikaanse vriende kuier dikwels hier en in teenstelling met destyds is Suid-Afrika nou 'n bestemming waarheen baie Nederlanders graag reis. Jy hoef nooit meer te probeer wegsteek waar jy vandaan kom nie. Mandela is ná die konsert in Hyde Park steeds almal se held, ondanks die gerugte van nuwe geweld en onophoudelike onrusbarende ontnugteringe van die nuwe Suid-Afrika.

Ek het deesdae genoeg geld – wel dikwels te min tyd – om minstens twee keer per jaar KLM se dagvlug Johannesburg toe of Kaap toe neem. Ek verkyk my steeds aan die Sahara en word na die middagroomys baie ongeduldig dat ons moet land. Almal het e-pos en ek gesels baie meer met familie en vriende as destyds toe lugpos-korrespondensie oor en weer twee weke in beslag geneem het. Daai lugposbriewe mis ek wel!

Ek reis lig. Toe ek in 2001 weg is uit Johannesburg het ek my rakke leeggemaak en die boeke uitgedeel. Die meeste het by vriende tereggekom, in Corina van der Spoel se Boekehuis 'n tweede lewe begin, of is na Riemvasmaak se biblioteek. Om jou boeke so af te staan was swaar, iets soos letterlik 'n rib uit my lyf, soos die Hollandse spreekwoord lui, maar dit bring mee dat ek min ballas het. Alle Suid-Afrikaanse boeke wat my hartjie begeer, is tien minute ver op die Keizersgracht agter 'n swaar groen deur.

Natuurlik het ek dadelik weer begin versamel en ná elke besoek aan Suid-Afrika bring ek mooi goed saam: 'n waterverf van Penny Siopis of 'n tekening van Ingrid Winterbach, 'n stapeltjie nuwe boeke, 'n Nguni-koei van krale toegedraai in 'n shocking pienk Woolies-sak. Suid-Afrika is dan telkens 'n bietjie prominenter aanwesig in ons huis oorkant die Rijksmuseum. Die huis is trouens glad nie die soort met "drie beknelde kamers" soos wat Eybers 'n Hollandse huis beskryf in "Heimwee" nie, maar hoog en helder. Tog is die soort Suid-Afrikaanse huis waarna Eybers haar lewe lank bly verlang het ("'n Huis is iets wat teen 'n helling staan / met son omring aan elke kant") ná al die jare steeds ook my idee van 'n huis, met 'n voordeur plat op die grond.

Die trekbel en die swaar voordeur van die Keizersgracht is die skarnier waarop my identiteit as Suid-Afrikaner in Amsterdam oopdraai na 'n volledige ruspunt, dis hier waar ander mense ook weet wat 'n nuwe Afrikaanse boek beteken, én die koei, én die feit dat ek Mrs Balls nie in my jassakke hoef aan te dra nie. Hier tref jy ander mense aan met 'n selfde soort meervoudigheid van verhale. Hier kan jy op 'n sonnige middag met Gerhard sit en ghaai – ja, hy van die resepte – en sê, kom, dis tyd om buite te gaan speel. Ingedagte spring ons dan in my Volksie en ry so wraggies na 'n mall, selfs al skyn die son buite; iets wat 'n doodsonde vir 'n Nederlander op 'n mooi dag sou wees.

My duifgrys Volksie, model 1968 – die eerste jaar van die moderne bumper – is 'n ander verhaal. Dit was my ma s'n en ek kon hom oorneem toe ek in Julie 1984 met groot teësin in Johannesburg aangeland het. Selfs al woon ek nou na sestien Johannesburgse jare weer in Amsterdam, het ek my huis in Melville nie verkoop nie, my swart kat Thomas, gebore 1995, loop nog daar rond. Cecilia Magadlela met wie ek op lere gestaan en dakgeute skoongemaak het, wie se dogter Rachel danksy my Nederlandse vriendin Riet de Jong-Goossens en 'n agterban van vriende en familie haar B.Comm., so pas behaal het, ja sy, pas steeds my huis op. Elke Donderdag werk Cecilia daar, sy keur altyd eerste die agtereenvolgende huurders wat nou al agt jaar lank in my beddens slaap, op my stoepe sit, in my swembad swem en die son sien ondergaan oor die Melville-koppies. Ook my Volksie is nog daar. Elke ses maande koppel ek weer die battery en ry links teen die bult op asof ek nooit weg was nie, eers na Thys, my getroue tandarts, dan langs die Parkview-gholfbaan na die Rosebank Mall.

'n Koffer

Baie expats het seker die een of ander lyflied. Ek vermoed "Shosholoza" is 'n bepaalde generasie s'n. Myne is Marlene Dietrich se koffer-song wat sy sing in haar diep-fluwele stem. Sy het Berlyn in 1930 verlaat om wêreldberoemd te gaan word in Hollywood, maar dekades lank het sy bly sing dat 'n koffer van haar nog altyd in Berlyn staan. Daarom sal sy altyd teruggaan. Die koffer is 'n metafoor vir dié deel van jou lyf en hart wat bewaar bly op die plek waar jy vandaan kom. Luister op YouTube.

> *Ik hab' noch einen Koffer in Berlin,*
> *deswegen muss ich nächstens wieder hin*
> *die Seligkeiten vergangen Zeiten*
> *sind allen noch in meinen kleinen Koffer d'rin.*

Ek het altyd 'n alternatiewe klein eggo in my kop: "Ich hab noch meinen Volksie in Melville." Want dis in hierdie tye wel 'n groot geluk: dat jy jou fiets in een land en jou Volksie in die ander kan hê en albei gereeld gebruik. Só probeer ek 'n transnasionale identiteit in stand hou.

Assimilasie, wat tegelykertyd die verlies van jou agtergrond impliseer, is nie meer die fel-begeerde doel wat generasies van immigrante in nuwe oorde voortdurend aan die twyfel gebring het oor hoe om jou moederland-identiteit af te sweer nie. Nou hou jy sonder probleme albei en meer identiteite in stand. Dis wat 'n mens kan probeer as jy ligvoetig bly en bevoorreg genoeg om die regte papiere en genoeg geld te hê; ás jou twee tuisfronte jou steun, bygesê.

Soos die jare verbygaan, besef ek steeds meer hoe aktueel Elisabeth Eybers se ervaring van haar tussenposisie was. Lees maar die gedigte soos "Voetjie vir voetjie" waarin sy die gelyktydigheid van twee wêrelde propageer, die "weelde van heimwee" roem, die gevoel van "ingeslote en vry" wees. Herinneringe sal altyd aanwesig bly. Vreemd genoeg het Elisabeth Eybers, in teenstelling tot moderne transnasionaliste, bitter min fisiek tussen twee lande beweeg. Sy was vir die laaste keer in Suid-Afrika in 1979 en sou daarna nog byna dertig jaar lank in Amsterdam leef. Dit was in gesprekke en in haar drome dat sy gereeld plotseling teruggverplaas is en daarom kon sy skryf: "Elke nag tregter my terug na my geboorteland", dat sy in "Terug" (vertaal met die veelseggende titel "Return Ticket") aanteken dat sy, "sodra ek kans kry gou 'n Kaapse draai beskryf". Suid-Afrika het altyd vir haar gebly "die brok Europa diep in Afrika", 'n plek wat sy nooit regtig verlaat het nie.

Om hier en daar, nou en toe, in balans te hou, is die uitdaging. Om op die grensgebied van twee lande en nasionaliteite te leef, gee jou plek om te speel, met insig in die verleidende plesier om op meer as een plek gelyk te wees, meer as een taal maklik vir alledaagse dinge te gebruik, om sowel tweehoog tussen die plataanblare met uitsig na die Rijksmuseum te woon as in jou huis met uitsig op die Melville-koppies. Op jou fiets én in jou Volksie te ry. Die weelde van heimwee is in ons tyd van SMS, Skype en e-pos niks anders as 'n uitdagende kwiksilwer-bestaan nie.

Ena Jansen (1951) voltooi 'n M.A. oor Karel Schoeman se buitestanderkarakters op Stellenbosch, waarna sy van 1974 tot 1984 in Nederland gestudeer en as vryskutjoernalis in Amsterdam gewerk het. In 1984 het sy teruggekom Suid-Afrika toe en by Wits se Afrikaans en Nederlands-departement gewerk. Sedert 2001 woon sy weer in Amsterdam waar sy aan die Vrije Universiteit en die Universiteit van Amsterdam doseer. Sy is ook navorsingsgenoot aan die Universiteit van Johannesburg.

Verwoede, verwese onafhanklikheid

Cecile Cilliers

Ons was nog relatief jonk, ek en John – die drie kinders reeds hulle eie potjies aan 't krap, ons al grootouers – toe hy op 'n dag met die aandgesels opmerk: Ouers hoort nie finansieel óf emosioneel ooit van hulle kinders afhanklik te wees nie.

Sy opmerking was na aanleiding van vriende wat agter hulle spruite aan Kaap toe getrek het, en toe verdwaas moes toekyk hoedat dieselfde kinders terugtrek Johannesburg toe.

Verstandige, eintlik vanselfsprekende raad, het ek die aand gemeen, maar kwalik op ons twee van toepassing . . .

En toe sterf John. Blind van smart draai ek my gesig na die kinders toe, en vir 'n kort oomblik, 'n jaar, niks meer nie, was hulle daar. En toe is al drie weg, landuit, en word die woord "posodonie" tot my woordeskat gevoeg: *die vak van degensluk / sonder in gloedblou staal te stik.* En kry John se waarskuwing opeens pynlik gestalte: *Eers teorie, / dan bloedende praktyk.* [1]

Finansiële onafhanklikheid was nie 'n probleem nie, daar was goed voorsiening gemaak. Teen fisieke afhanklikheid het John my egter nie gewaarsku of bewapen nie – sommige mense skyn daardie selfvertroue van nature te besit. Maar vir my was dit anders. Vrees het lank my slaapmaat gebly, en ek slapeloos aan sy sy: *luister, gespanne / in elke senuwee, / na al die naggeluide.* [2]

As jy een en veertig jaar lank snags met 'n ander mens lepel gelê het, is die leë bed baie groot, en die nag baie donker. Maar een aand met John se aanwysings wat in my oor weerklink – Loop haal 'n glas, gaan soek 'n stukkie karton, 'n poskaart – het ek 'n groot reënspinnekop van die muur bokant my bed afgehaal en dit buite in die donker tuin gaan los. En het my reis na fisieke onafhanklikheid begin.

Was dit omdat ek altyd 'n eie lewe gehad het – openbare redevoerder, rubriekskrywer, voorsitter van Vroue vir Vrede – en nie net "vrou en moeder" was nie, dat my drie my so maklik gelos het? Was hulle só oortuig van my emosionele onafhanklikheid?

Ja, jy is emosioneel onafhanklik, glo jy, totdat daar krisisse opduik en jy aan 'n kind se dun, wit telefoonstemmetjie kan hoor daar's fout iewers. Klein óf groot. 'n Siek kind, 'n vreemde land, te min geld, spanning in die huwelik, noem maar op. En jy, ma, magteloos, want derduisende kilometers ver.

Ek het geleer om nooit te oordeel nie, nooit te verwyt nie, om net in die stort te huil – baie bevredigend, want 'n mens kan tragies-slordig huil in die stort – en om vriendskappe te smee met jong mense, sodat ek nie so maklik sal vergeet hoe hulle dink nie.

En ek het geleer reis. Geleer om in toue te staan en eindelose vorms in te vul vir paspoort en visum, geleer om die onvermydelike ure op lughawens, en op vliegtuie te verduur of te verwyl met 'n boek of 'n blokkiesraaisel. Ek het geleer om lig te reis, om skraal te pak sodat daar altyd plek is vir geskenke. En geleer om geskenke te kies vir kleinkinders wat sedert jy hulle laas gesien het, van jou weggegroei het, want hulle leef in 'n ander kultuur en hulle praat 'n ander taal. Hulle praat almal Engels: die Amerikaanse Engels van die ooskus van die VSA, die Britse Engels van Noord-Londen, die Australiese Engels van Perth. *Engels! Engels! alles Engels! Engels wat jy siin en hoor . . .* [3]

Gelukkig skrik ek nie vir Engels nie: "You will speak the language of the conquerer better than the conquerer himself," het ons Pa ons geleer. Ek is in die Engelse kultuur geskool, ken die *nursery rhymes,* die *fairytales,* al die klassieke kinderboeke.

Maar op my eie boekrak staan ingeryg Helena Lochner, *Liewe Heksie,* Alba Bouwer, Rona Rupert, W.O. Kühne, Honiball se *Jakkals en Wolf,* ingeryg en nutteloos, want my kleinkinders ken nie meer Afrikaans nie. Die meeste het dit inderdaad nooit geken nie. En daarom ook nie die kultuur, die grappies, die ou-ou herinneringe nie. Mý rympies, mý sprokies, ken hulle nie. En sal dit waarskynlik nooit leer ken nie. Hoe troos jy jou daaraan? . . . *ek bloei uit my milt . . .*[4]

Ek skenk die boeke aan die biblioteek en gaan huil in die stort, blaas my neus slordig.

Om te reis word belangrik, en besoeke word om die feesdae beplan – verjaardae en Kersfees is eensaam sonder eie familie. Ek gaan slegs op uitnodiging op besoek (is ek dan nie emosioneel onafhanklik nie?) maar ek gaan 'n geruime tyd, want dit kort tyd om eers weer gewoond te word aan 'n ander huishouding, 'n ander omgewing, 'n ander klimaat – en aan mekaar. Die lang afwesigheid – die telefoondraad en die e-pos die enigste yl kontak – laat slyt die bande, totdat jy mettertyd bot word, bot vir eie bloed.

O, daar is baie wat vergoed. Om weer saam met 'n kind te kook; om uitbundig, uit die maag oor ou, vergete grappe te lag; om jou aan jou kleinkinders se rekenaarvaardighede te verwonder; om gewoon weer deel van 'n huisgesin te wees.

In Amerika het ek leer ski, en gesien hoedat die herfs die blare verf totdat hul val, so swaar van kleur. In Londen het ek 'n uitstalling van die Astekeryk gesien: *heidens en hoflik Montekezoema / se stil droefheid; die blindveg op die dyk . . .*[5]

In Australië het ek geleer snorkel en kennis gemaak met die mistieke aboriginekultuur, vreemde diere gesien. My wêreld het ruimer geword, my blikhoek wyer, my eie land terselfdertyd nie kleiner nie.

Maar daardie munt het ook 'n keersy. Ek is dikwels weg van my huis en vir lang tye. Dis moeilik om jou plek in 'n vriendekring, 'n vereniging, die kerk, selfs 'n brugklub vol te staan wanneer jy konstant die een voet op 'n ander kontinent het. Algaande lui my telefoon nie meer nie, ou vriende word sonder my siek en gaan dood, stellig met hulle kinders en hulle kleinkinders om die bed. Wat my waarskynlik nie beskore sal wees nie. Maar: *dood is maar dood. / Net eensaam wees is vreeslik.*[6]

Maar hoe om aan daardie eensaamheid te ontsnap? Toe Johan Heyns so tragies dood is, het sy weduwee gesê: Toe Johan nog geleef het, was dit altyd ek, hy, en God. Nou is dit net ek en God.

Ek het geleer dat die enigste manier waarop ek emosioneel verwoed onafhanklik kan bly – hoe verwese ook al – is om al hoe meer voor die aangesig van God te leef. Coram Deo: *Geseënd is dié wat weet hoe afhanklik hulle van God is, want aan hulle behoort die koninkryk van die hemel.*[7]

Voetjie vir voetjie is ek besig om ook daardie landskap te verken.

1 Elisabeth Eybers "Woordeskat" uit *Versamelde gedigte,* Tafelberg 1990.
2 W.E.G. Louw "Nagvlug" uit *Versamelde gedigte,* Tafelberg 1988.
3 C.P. Hoogenhout uit "Fooruitgang, 'n fragment" uit *Afrikaanse gedigte 1876 – 1906.*
4 Antjie Krog "by jou vertrek" uit *Verweerskrif,* Umuzi 2006.
5 N.P. van Wyk Louw "Beeld van 'n jeug: Duif en perd" uit *Nuwe verse,* Nasionale Boekhandel Bpk. 1956.
6 Olga Kirsch "Een oggend toe ek voor die spieël" uit *Negentien gedigte,* Human & Rousseau 1972.
7 Uit: *Die Bergrede* Matteus 5:3. *Die Bybel,* Nuwe Vertaling, Bybelgenootskap van Suid-Afrika 1983.

Cecile Cilliers is literator, skrywer en rubriekskrywer, en openbare redevoerder. Sy is 'n weduwee, en het drie kinders en ses kleinkinders – hulle woon sedert 1996 almal in die buiteland. Dit is maar goed dat Cecile graag op 'n vliegtuig klim.

Papier rym met paniek*

Marita van der Vyver

Betaal, so is ons kleintyd geleer, is die wet van Transvaal. Nou bestaan Transvaal nie meer nie, ek woon in 'n ander land, en ek het van 'n ander wet geleer: Die mag van papier.

Lank gelede het ek gedog papier is iets delikaats wat opgefrommel, stukkend geskeur of aan die brand gesteek kan word. Nou weet ek van beter. Papier is iets magtigs wat gekopieer, gesertifiseer en onderteken word, soos goud opgepas en soos 'n wapen rondgeswaai word.

Papier is alomteenwoordig en onontkombaar. Papier is koning, keiser en president. As jy in 'n ander land wil gaan woon, moet jy leer om papier te respekteer.

Miskien lyk dinge anders in Engeland of Australië of een van daardie Anglo-Saksiese lande waar rekenaars deesdae op groot skaal gebruik word om administratiewe take te vergemaklik. Maar in Frankryk koester staatsamptenare oënskynlik steeds 'n diepgesetelde wantroue jeens rekenaars. Tegnologie word gebruik omdat dit nou eenmaal daar is, maar inligting word nie werklik as inligting beskou as dit nie op papier staan nie. Gekopieer, gesertifiseer en onderteken.

Elke keer wanneer ek in 'n *mairie* of 'n *préfecture* beland – dis nou die Franse weergawes van 'n munisipale kantoor of 'n provinsiale hoofkantoor – word ek bedruk as ek die rakke vol lêers sien. Dink net aan al die bome wat afgekap moes word om al daardie papier te vervaardig.

Die ander emosie wat my gereeld in 'n *préfecture* oorweldig, is my ietwat meer onwaardig. Dis 'n soort blinde afguns teenoor die Voortrekkers van weleer wat hulle Groot Trek sonder papiere kon aanpak. Enigeen wat hulle langs die pad probeer keer het, is genadeloos afgemaai. Dis natuurlik nie 'n taktiek wat ek goedkeur nie. Maar meer as een keer gedurende die afgelope paar jaar moes ek stry teen 'n primitiewe drang om 'n onbehulpsame Franse burokraat met 'n outydse voorlaaier te dreig. My lewe sou sóveel makliker gewees het as my moderne Groot Trek 'n papierlose sage was!

Dis nie net buitelanders wat tot waansin gedryf kan word deur die Franse obsessie met papiere nie. Elke Franse kind kry by geboorte 'n *carnet de santé*, 'n boek van ses en negentig bladsye waarin elke doktersbesoek, inenting, siekte en besering in die eerste paar lewensjare volledig beskryf word. Daarna is die *carnet* veronderstel om die kind dwarsdeur sy skoolloopbaan te vergesel. Toe ek my seun op vyfjarige ouderdom by ons plaaslike skooltjie wou inskryf, het die skoolhoof geweier om hom te aanvaar omdat hy nie so 'n boekie besit nie. Wie weet watse nare siektes hy alles van Afrika saamgepiekel het? Ek het sy amptelike inentingsertifikaat rondgeswaai. Dis miskien net 'n enkele kartonvelletjie, het ek geprotesteer, maar dit bevat alle nodige besonderhede. Wat meer wou hulle hê?

Hulle wou meer hê. Omtrent vyf en negentig bladsye meer. G'n Franse staatsamptenaar sal tevrede wees met een bladsy as hy ses en negentig kan kry nie.

Nee, dis nie net buitelanders wat sukkel om kop bo papier te hou nie, maar dis erger as jy van 'n ander land af kom. Die Franse is gewoond daaraan. Ek vermoed dat Franse babas met 'n papier in die hand gebore word. 'n Klein sertifikaatjie wat hulle toestemming verleen om die baarmoeder te verlaat. As jy elders gebore is, kan dit 'n leeftyd kos om al hierdie papiere bymekaar te kry. As jy eers as volwassene met jou papierjagtog begin, is jy soos 'n mank marathonatleet wat eers 'n uur ná die ander mededingers mag wegspring. Jy gaan nooit die agterstand inhaal nie. Teen die tyd dat jy elke moontlike amptelike papier in die hande gekry het, is daar nog 'n paar nuwes uitgedink.

Soms beland jy in situasies wat so absurd is dat selfs Kafka na sy asem sou snak. Met my het dit 'n paar keer gebeur, onder meer op 'n snikhete somerdag in Valence, wat in daardie stadium my administratiewe hoofstad was. Kort daarna het dit verander na Avignon, en nou is dit weer Valence, omdat ek twee keer verhuis het, elke keer net 'n paar kilometer van waar ek voorheen gewoon het, maar elke keer het ek in 'n ander administratiewe departement én 'n ander geografiese streek beland. Maar dáárvoor kan ek nie die Franse verkwalik nie. Dis my eie onkunde wat my laat besluit het om my presies op die grens tussen verskeie departemente en streke te vestig. Waarvoor ek wel die Franse kwalik neem, is die onbeskryflike rompslomp waarin elkeen van hierdie verhuisings my gedompel het.

Valence is 'n goeie vier uur se ry, heen en terug, van die dorpie waar ek aanvanklik gewoon het. Elke keer as ek Valence toe moes ry om nog 'n obskure papier in te lewer, was die hele dag dus daarmee heen, want as jy eers in die *préfecture* se enorme vesting beland, moet jy gewoonlik 'n paar uur wag tot jy oplaas 'n beurt kry om 'n amptenaar te spreek. As die amptenaar nie teen dié tyd verdwyn het vir daardie lewensbelangrike Franse tradisie van die uitgerekte middagete nie.

En dan moet jy boonop rekening hou met die onvoorspelbare openingsure van staatsdienskantore. Dis soveel makliker in 'n land waar jy wéét van Maandag tot Vrydag, van nege tot vyf, word daar gewerk (of in elk geval 'n illusie van werk geskep) en oor naweke word daar gerus. Hier in die suide van Frankryk is niks ooit so eenvoudig nie. Ons plaaslike supermarkie sluit Sondagmiddag en Maandag heeldag; die bakker en die haarkapper sluit Woensdag; my gunsteling-kafee sluit Donderdag. Die poskantoor is elke dag oop (in teorie), maar vir skaars twee uur soggens en minder as twee uur smiddae. Die biblioteek is sommige dae slegs soggens oop en ander dae slegs smiddae. Die *préfecture* van Valence sluit nie noodwendig sy deure op dieselfde dag as die *préfecture* van Avignon nie.

Dis 'n logistieke nagmerrie. Jy moet 'n ingewikkelde rooster teen die yskas raadpleeg elke keer as jy wil gaan brood koop.

Deesdae sal ek nooit na 'n staatsdienskantoor ry sonder om vooraf seker te maak dat ek nie voor dooiemansdeur gaan beland nie. Maar in daardie vroeë dae het ek nog heelwat lesse gehad om te leer. Soos dat *Catch-22* nie net die titel van 'n vermaaklike roman is nie.

Op hierdie bloedige warm dag in Valence weier die vrou wat by die *préfecture* werk om vir my 'n tydelike verblyfpermit te gee as ek nie 'n maatskaplike versekeringsnommer het nie. Nou ja, toe stap ek maar na die *Sécurité Sociale,* nog 'n enorme vesting van 'n gebou 'n paar blokke verder, om die vereiste versekeringsnommer te gaan kry. Maar hier weier 'n nors meneer om vir my 'n versekeringsnommer te gee as ek nie – wag hiervoor – 'n tydelike verblyfpermit het nie.

Catch-22.

Terug na die *préfecture* om te verduidelik. Terug na die *Sécurité Sociale* om te soebat. Terug na die *préfecture* om te verduidelik, te soebat en te dreig . . .

Ek was sewe maande swanger, swaar en swetend met geswolle voete, en met elke stadige tog tussen die twee geboue het die son 'n gat dwarsdeur my kopvel geskroei. Ná 'n paar uur van hierdie absurde vorm van marteling het ek op die trap voor een van die twee geboue neergesak en ontroosbaar begin huil. *By Grand Central Station I Sat Down and Wept.* Vir die eerste keer het ek werklik begryp wat Elizabeth Smart bedoel het toe sy dié treurige titel vir 'n roman gekies het. Terwyl ek voor 'n staatsdiensgebou in Valence sit en ween.

Nog 'n dag, nog 'n laagtepunt. Dié keer in Avignon, wat intussen die setel van al my administratiewe wrewel geword het. Een van daardie laatwinterdae wanneer die droewige mistral die laaste bietjie lewensdrif uit jou lyf waai.

Op so 'n windgeteisterde dag staan ons in Avignon voor die toonbank van 'n klerk wat 'n tydelike reispermit aan Daniel moet uitreik sodat hy weer in die land toegelaat sal word ná 'n familiebesoek aan Suid-Afrika. Dis nie 'n vrolike vakansie wat vir ons voorlê nie. My ma is in Suid-Afrika oorlede in dieselfde week as wat my dogter in Frankryk gebore is. Nou, omtrent twee maande later, is die baba sterk genoeg dat ons die lang reis kan aanpak om my ma se as te gaan bêre. Wel, eintlik was die baba al 'n maand gelede sterk genoeg, maar dit het ons twee maande gekos om al die vereiste papiere vir die reis in die hande te kry – onder meer 'n nuwe paspoort vir die nuwe gesinslid, 'n hernude Franse paspoort en 'n internasionale rybewys vir Alain. Nog net Daniel se papiertjie wat gereël moet word. Net 'n laaste formaliteit. Dog ons so ewe. Ons is immers bewapen met elke moontlike amptelike papier wat die kind nog ooit in sy lewe ontvang het, van sy geboortesertifikaat tot sy skoolrapporte, noem maar op.

En toe vra die vrou agter die toonbank – met 'n gesig wat sê hier kom moeilikheid – of ek kan bewys dat ek die kind se ma is.

Maar natúúrlik, sê ek verontwaardig. Kyk, daar staan my naam op sy geboortesertifikaat!

Non, non, sê sy. Dié sertifikaat is Engels. Sy het een nodig wat in Frans vertaal is.

"Maar dit gaan tog net oor 'n paar name?" stribbel ek teë. "Ons name bly ons name, of dit nou in Engels of in Frans geskryf word!"

Non, non, sê sy. Reëls is reëls. Sy kan nie die permit uitreik as ek nie 'n vertaalde geboortesertifikaat verskaf nie.

Nou maar dan sal ek dit gou op my rekenaar gaan vertaal, probeer ek dadelik vrede maak (want ons moet oor 'n week Kaapstad toe vertrek), en dit die volgende dag kom aflewer.

Non, non. Haar gesig sak soos 'n *soufflé* wat te vinnig uit 'n oond gehaal word. Dit moet 'n ámptelike vertaling wees. Deur 'n ámptelike vertaler. Beëdig met 'n ámptelike stempel. En dis nie al nie. (Hier kom die heel ergste nuus, wéét ek sommer.) Dié geboortesertifikaat sal nie deug nie, vertaal of onvertaal, want dis nie die korrekte een nie.

Wat bedoel sy nie die korrékte een nie? Die kind is net een keer gebore! Hy het net een sertifikaat gekry om die gebeure te gedenk!

Nee, verduidelik sy, dis 'n verkorte weergawe dié. Sy benodig 'n volledige sertifikaat, opnuut uitgereik deur die betrokke staatsdepartement in die kind se geboorteland, minder as drie maande gelede. Met dié woorde verdwyn die vooruitsig van ons Suid-Afrikaanse familiebesoek soos 'n skip op die horison. Nee, nie so kalm nie, meer soos 'n skip wat oor die rand van 'n waterval stort. Ek wéét teen dié tyd dat enige aansoek om amptelike dokumente uit Suid-Afrika, via die Suid-Afrikaanse ambassade in Parys, 'n wagtyd van twee tot drie maande beteken. Daar is géén manier waarop ek hierdie volledige sertifikaat in die hande kan kry nie – wat nog te sê van 'n amptelike vertaling – voordat ons oor 'n week veronderstel is om Kaapstad toe te vlieg.

En op hierdie oomblik van ondraaglike spanning besluit die klerk om haar toonbank te sluit en haar middagete te gaan geniet.

Ons bedremmelde groepie – ek, Alain, Daniel en Mia in haar stootwaentjie – eet nie daardie middag nie. Ons dwaal deur die windverwaaide strate van Avignon en probeer uitwerk hoe ons in Suid-Afrika gaan uitkom. Of liewers, hoe ons kan verseker dat Daniel saam met ons kan terugkeer na Frankryk. Daar moet tog voorsiening gemaak word vir spesiale omstandighede, prewel ek so half hoopvol. As ek verduidelik dat dit gaan oor my ma se dood? Maar Alain, wat die Franse beter as ek ken omdat hy een van hulle is, skud net sy kop mismoedig. *Non, non.* Reëls is reëls.

Ons bel ten einde raad die Suid-Afrikaanse ambassade in Parys – wat gelukkig korter etensure het as die Franse in Avignon – om te hoor of hulle nie kan help nie. Ek ken 'n paar mense wat daar werk. Wel, eintlik het ek hulle nog nie persoonlik ontmoet nie, maar ek het hulle al soveel kere vir raad gebel dat hulle soos verlangse familie begin voel. En sowaar, die bekwame me. Anker (een van my amperse familielede) belowe dat sy 'n beëdigde verklaring sal laat opstel, in Frans, om te sê dat ek Daniel se ma is. En dan faks sy dit sommer direk na die kantoor in Avignon. Ek moet net vir haar 'n faksnommer en die hoof van die kantoor se naam verskaf.

Vol nuwe moed wag ons nou op die klerk se terugkoms. Ons hoop dat sy 'n smaaklike middagete geniet het sodat sy in 'n meer tegemoetkomende bui sal wees as sy weer agter haar toonbank inskuif. En sy lyk inderdaad minder beswaard – selfs die skaduwee van 'n glimlag om die mondhoeke – toe ons weer voor haar staan. Ongelooflik hoe 'n Franse burger se buie deur 'n bord kos beïnvloed kan word.

Maar die glimlag verdwyn die oomblik toe ons vra of ons die hoof van die kantoor kan spreek. *Non! Impossible!* Net vyf minute, smeek ons, net om te verduidelik van die beëdigde verklaring wat die Suid-Afrikaanse ambassade gaan stuur. *Impossible.* Nou maar goed, sug ons, reëls is immers reëls, kan sy asseblief tog net die persoon se naam en faksnommer vir ons gee? *Impossible,* sê die klerk.

En skielik knak ek. Ná amper twee jaar van stille lyding onder die Franse burokrasie, het ek breekpunt bereik. Ek stamp my voet op die vloer soos 'n stout kind en ek word onaantreklik rooi in die gesig en ek verhef my stem. Ek weier om hier pad te gee vóór ek met die kantoorhoof gepraat het! Ek sal die nag hier deurbring as ek moet! Ek sal aan die meubels vasklou as die polisie my probeer uitsleep!

Gelukkig is my Frans in hierdie stadium nog so swak dat die verskrikte klerk nie die helfte van my desperate dreigemente verstaan nie. Wat sy wel verstaan, is dat sy te doen het met 'n vrou op die rand van waansin. Sy gryp die telefoon en prewel 'n paar benoude woorde in die gehoorbuis. Sien jy, roep ek uit teenoor Alain (wat my rug staan en vryf asof ek 'n kwaai hond is wat gekalmeer moet word), soms moet mens onbeskof wees om jou sin te kry! Daar bel sy nou die kantoorhoof! Hy's nie seker nie, mompel Alain, hy dink sy bel 'n veiligheidswag om my te kom verwyder.

Maar sy het inderdaad die kantoorhoof gebel. Wat steeds geweier het om ons te spreek, maar darem vir die klerk toestemming gegee het om die hoogs geheime telefoonnommer aan ons te verskaf. Alain stap dadelik met sy selfoon buitentoe, waar hy teen 'n venster gaan staan om sy lyf teen die tierende wind te beskerm, en skakel die nommer. Hy hoor 'n telefoon vlak agter sy rug lui, hy hoor hoe 'n vrouestem anderkant die venster die telefoon beantwoord, hy hoor dieselfde stem in sy oor. Hy vra of hy haar asseblief gou 'n paar oomblikke kan kom spreek. Nee, sê sy, sy is besig. Ja, sê hy, hy kan hoor sy is besig – om met hom te praat – daarom wil hy weet of hulle nie maar die praatwerk in haar kantoor kan doen nie. Toe sy weer probeer nee sê, dreig hy om deur die venster te klim.

Op die ou end het ons dit reggekry om die hoof 'n paar sekondes lank van aangesig tot aangesig te spreek.

Ongelukkig het dit ons nie gehelp om Daniel se reispermit in die hande te kry nie. Toe die Suid-Afrikaanse ambassade die volgende dag probeer om die beëdigde verklaring te faks, het die faksmasjien in Avignon nie gewerk nie. Die dag daarna het die masjien gewerk, maar die papier was op. En die dag daarna was die *préfecture* in Avignon gesluit. Teen die einde van die week het ons gelate op die vliegtuig na Kaapstad geklim – in die blinde geloof dat die volle gesin weer in Frankryk toegelaat sou word.

Die stertjie van die storie is dat die senutergende probleem binne een dag deur die Franse konsulaat in Kaapstad opgelos is. Miskien omdat die diplomatieke personeel in Afrika so ver verwyder is van die vaderland dat hulle 'n bietjie meer toegeeflik kan wees oor amptelike papiere. Miskien maar net omdat dinge anders werk in Afrika.

En toe gebeur dit tog oplaas. Twee jaar nadat ek die eerste keer aansoek gedoen het vir 'n tydelike verblyfpermit, kry ek 'n opgewonde oproep van die sekretaresse van die plaaslike *mairie.* Kom dadelik, sê Nathalie, jou permit het opgedaag.

Asof dit 'n roomys is wat kan smelt as ek nie opskud nie. Teen dié tyd voel die gesogte papiertjie vir my veel meer onwerklik as 'n smeltende roomys, eerder iets soos die Heilige Graal. Ek prop die baba in haar stootwaentjie en storm so vinnig in die keisteenstraatjie af dat die waentjie amper 'n wiel verloor. Bars uitasem by die *mairie* in en gryp die gelamineerde kaartjie uit Nathalie se hande – en voel 'n skokgolf van teleurstelling deur my lyf trek.

Iewers het iemand 'n fout gemaak! Dis my gesig op die foto. Dis my naam op die kaartjie. Maar dit kan nie my permit wees nie. Ek het aansoek gedoen vir 'n tweejaar-permit wat telkens hernu moet word. (Vóór my koms het die Franse my duidelik laat verstaan dat dit ál is waarvoor ek kan hoop.) En daar is 'n baie belangrike voorwaarde aan hierdie papiertjie verbonde. Ek mag nie in Frankryk werk nie. Of liewer, ek mag as skrywer werk – dit word seker nie werklik as wérk beskou nie – maar ek mag nie 'n Franse inkomste probeer verdien nie. En nou staan ek met 'n tiénjaar-verblyfpermit in my bewende hande. Wat my boonop toestemming gee om te werk.

"Hulle het 'n fout gemaak," prewel ek teenoor Nathalie.

"Moenie vrae vra nie," sê Nathalie met 'n tipiese Galliese skouerophaling. "Vat die permit en maak dat jy wegkom."

Wat ek toe ook dadelik doen.

Maar die volgende dag het ek tog begin vrae vra. Versigtig, aan Franse kennisse, beslis nie aan Franse burokratiese amptenare wat dalk die permit kon terugvat nie. En dis hoe ek agtergekom het dat die onverwagse vrygewigheid van die Franse regering nie 'n wonderwerk was nie, bloot 'n praktiese reëling ter wille van die baba in die stootwaentjie met die stukkende wiel. Ek was nie meer 'n ongewenste *étrangère* uit Afrika nie, ek was die ma van 'n Franse kind. Ek het 'n sekere status verwerf. Die Franse het hulle arms vir my oopgemaak. En ek wou hulle arms afskop van woede.

"Hoekom het niemand dit vir my gesê nie?!" het ek teenoor die baba se Franse pa uitgevaar. "Hulle kon mos sién ek's swanger elke keer as ek nog 'n simpel papier by die *préfecture* moes gaan inlewer! En nou kom ek agter al daardie papiere was onnodig!"

Maar Alain het net sy skouers opgetrek, soos Nathalie in die *mairie,* met 'n uitdrukking wat sê: Moenie vrae vra nie.

Marita van der Vyver is 'n veelsydige skrywer vir lesers van alle ouderdomme. Onder haar bekroonde boeke is die romans *Griet skryf 'n sprokie* en *Stiltetyd*; die kortverhaalbundel *Bestemmings*; die jeugromans *Eenkantkind* en *Die ongelooflike avonture van Hanna Hoekom*; asook die kinderboeke *Olinosters op die dak* en *Mia se ma*. Haar romans is reeds in 'n dosyn tale vertaal, onder meer Chinees en Yslands. Sy woon op die Franse platteland saam met haar Franse man en vier kinders.

*"Papier rym met paniek" is 'n verwerkte hoofstuk uit *Die hart van ons huis* (Tafelberg, 2004).

Swaarverkeer

Gabeba Baderoon

Daardie nag het ek 'n rooi serpie gedra;
'n verwonde kleur, die bloed onsigbaar, die hart wat nie klop nie.

Vanaf Duiwelspiek en die universiteit se rooibaksteengeboue, wat aan mekaar gehou word deur die gom van 'n klimop, ry ek afdraand die middaghitte binne, en by die verkeersligte draai ek regs in die rigting van Claremont. My ma se familie het altyd in Claremont gewoon, in 'n smal huisie net agter wat nou die slingerende glas-en-baksteen-gebou van Cavendish Square is. Wanneer jy by die voordeur van hul huis ingestap het, kon jy met 'n lang gang af reg tot in die agtertuin kyk.

Toe ek in die 1970's in Athlone grootgeword het, het ek stories gehoor van my ouers se onmoontlike buurt, met sy mengelmoes gelowe, nerings en kleure, en die kil klasseverskil tussen Bo- en Onder-Claremont, onder die spoorlyn. Ek sou luister na hoe my ma se oudste suster, Antie Faranaaz, vertel van 'n sekere winkel in die buurt waar hulle meel en bone gekoop het wat uit groot staanblikke in bruinpapiersakke geskep is; oor 'n tyd voor handelsname vir sout en brood; en die lang oorlogsjare toe melk en vleis gerantsoeneer is.

Die gebedsroep van die bilal – die Kaapse woord vir die adhaan, wat kom van die naam van die slaaf wat in die eerste Moslemgemeenskap in Mekka die gelowiges opgeroep het vir gebed – kon uit twee rigtings gehoor word, van die Hoofweg- én Stegmanweg-moskees. My ouma was 'n naaldwerkster en my oupa het in 'n fotograafsateljee gewerk – hul huis was altyd behang met wonderse gordyne en verkleurde portrette van die vyf kinders.

My ma was die jongste, die enigste een wat die bus met Hoofweg langs na die universiteit geneem het, die omgekeerde van die roete wat ek so pas gery het. In die mediese fakulteit se finalejaarklas van 1958 was sy die enigste swart vrou.

Die mans van die buurt het in skole, fabrieke en die boubedryf gewerk. Saterdagmiddae het 'n klomp van hulle altyd om 'n tafel in my grootouers se huis bymekaargekom om domino's te speel met 'n houtstel wat my oupa self gemaak het. Elke spel het geëindig met 'n uitroep en die harde neerplak van die laaste stuk op die tafelblad.

Hul woonbuurt is platgestoot toe dit in 1968 wit verklaar is. My ma en haar familie is uit die gebied verskuif en sak en pak met Ou Lansdowneweg afgestuur. Die nuwe huis wat hulle gebou het, was maar die tweede huis in 'n onherbergsame plek met die optimistiese naam Pinati Estate. Ek is so 'n jaar later gebore, en dus het ek die ou Square geken as 'n wit winkelsentrum waar ek uiteindelik flieks sou gaan kyk. Maar soms, wanneer sy ons by Cavendish Square kom oplaai het, het ek my ma in die parkeerterrein stil sien huil.

By Stanhopebrug swaai ek skerp links, loodreg weg van die berg, in die rigting van Lansdowne om vloerplanke te koop vir my ma se slaapkamer. In die plat kom aan die lykant van die berg, voel dit vir my asof ek deur my ma se herinnerings ry.

Laer af met Ou Lansdowneweg word die uitleg van die stad meer funksioneel en hoe nader jy aan Lansdowne kom, hoe meer boubedryfpersele sien jy. 'n Groot geel aanwysbord vir Target Tiles troon oor die pad wat loop tot by Islamia College se gouekoepelmoskee. Ek hou stil wanneer ek 'n skoolprefek in 'n uniform teëkom en kinders in lang wit gewade, hul koppe met wit koefiejas en serpe bedek. In laggende rye steek hulle die straat by Express Electrical oor.

Die boubedryf onderhou my hele familie – my broer is 'n teëllêer, my ooms loodgieters, pleisteraars en boukontrakteurs, my pa was 'n skrynwerker – ek weet dus van die geheime gelykvormigheid in die stad se uiteenlopende argitektuur. Daar is 'n onverwagse skoonheid in sommige huise in die armer gebiede, met versierings aan die nederige vensteromlysings en lieflike kroonlyste – die gelyke van enige vername stadsgebou. En die rede is omdat dit deur dieselfde vakmanne gebou is.

Om van Ou Lansdowneweg by die brug uit te kom, glip ek met die bog verby Artistic Aluminium met sy sameloop van estetika en konstruksie. Langs die pad, naby die swart deel van Lansdowne, stoot mans en vroue winkeltrollies wat hoog gestapel is met metaal en hout wat op bouterreine versamel is, of uit die hopies op sypaadjiehope – uitgesit vir die munisipale werkers in hul oranje uniforms. Met hul vraggies weggooigoed delikaat gebalanseer, beweeg hulle stadig oor die brug en selfs nog versigtiger met die skuinste af na Pearce's Scrap langs die rooi verkeerslig.

Waar jy by New Lansdowneweg indraai, verander dié soort sake-onderneming na 'n mengsel van tandartsspreekkamers en halaal-kitskoswinkels wat die fabriekswerkers daar naby voorsien. Naby die kruising van Lansdowne- en Vleiweg is die torinkie van die Mohammadeyah-moskee, wat liggies bo die uitgeskulpte tweeverdiepingmuur swewe.

Net voor Ernie's Ferrous Metals – die effe onthutsende kombinasie van voornaamfamiliariteit en vakkundige presisie maak dit my gunsteling-naambord – ry ek om die hoek om by Lansdowne Boards stil te hou.

Dit is die derde keer dat ek hierheen kom en soos die vorige kere moet ek wag. Hierdie keer kyk ek meer oplettend rond, my gedagtes nie vasgeknoop in die feit dat ek nog nie Tatamkhulu Afrika se *The Innocents* klaar gelees het nie. Ek sien opnuut die groot glansteëls op die vloer wat my die eerste keer opgeval het, omdat dit die voetverkeer so goed dra.

Verkeer is 'n belangrike konsep hier rond. Vir óns vloerplanke moes ek en my broer Immie kies tussen die 6-mm- en 8-mm-dikte, laasgenoemde vir swaarverkeer-oppervlakke soos drumpels en voorportale. Ons besluit toe op die 6-mm-planke, wat honderde rande goedkoper uitwerk, maar Lansdowne Boards se voorraad was op. Toe moes ons maar die swaarverkeerplanke vat, al is my ma se slaapkamer 'n baie stil plek. Meestal 'n plek waar gebid word.

Twee millimeter! Die hele stoor is vol allerhande fyn spesifikasies en manne wat weet wat dit beteken. Swart mans, wit mans, bouers, arbeiders, ambagsmanne – hulle praat 'n taal van die oog, hoe om die hoek waaruit jy kyk te verander sodat jy in 'n vertrek vol laatmiddaglig die plekke op 'n muur kan sien wat 'n tikkie aandag nodig het, watter gereedskap om te gebruik, presies hoe hard jy 'n hamer moet slaan, of jy 'n spykerkop op 'n kasdeur sal kan sien of nie – die lyn, die hoek, die afwerking. Dis 'n taal waarmee hulle mekaar meet volgens die behendigheid van hande, of die vermoë om 'n vlak glipglad te skaaf, die gevoel vir haaksheid en reguit lyne. Hier besin mans in stilte oor verskille, trek die vinger langs 'n houtgrein af, maak hul besluite.

Die binneruimte van Lansdowne Boards bestaan uit 'n groot pakhuis met afsonderlike afdelings – vir bestellings, betalings en afhalings. Die kassier laat trippel sy vingers freneties oor die toetsbord om 'n lang bestellys te prosesseer, want die klant voor my moet vandag nog lewer ten einde 'n werk betyds klaar te kry. My oë dwaal na 'n rits uitgestalde beslagwerk en deurhandvatsels links van die kassier. "Add the subtle beauty of wood", nooi 'n bordjie. Die woord "beauty" lyk effens onvanpas hier, maar tog spreek die presisie van gesaagde planke, bypassende deurhandvatsels, vloerlyste en die keuse van spykers van niks anders as skoonheid nie, sonder om dit by die naam te noem.

Ek plaas my bestelling vir vier Kronotex Dyno- gelamineerde vloerplanke, en word vir betaling na die vrou in die glashokkie om die hoek verwys. Ons het net genoeg planke nodig vir die onvoltooide strook naby die deur, en die winkel laat jou toe om planke een-een te koop pleks van die hele boks van agt. Ook dít is 'n soort presisie wat mooi is.

Terwyl my ID-boekie nagegaan word en ek vir my kredietkaart wag om goedgekeur te word, loer ek gou in die agterkant van die winkel rond. In die deel agter my is die afhalingsruimte, waar 'n reuse-voorraad hout en saamgeperste hout gehou word. Die laaghout het lomp, saamgesperste name – "novoboard", "supawood", "lifeseal formica" – en in die dowwe lig het dit 'n laeglans-netheid wat meer afgerond lyk as die slanke, gewone houtplanke met hul gesplinterde, tandjiesagtige rande. Langs die vierkantige rakke agter in die winkel is 'n groot, oop stel deure waar bestellings gedoen word. 'n Stapel paletplate in die opening vang die agtermiddaglig. My oë sak en ek kom skielik agter, aan die plekke waar die verf afskilfer, dat die teëls op die vloer 'n *trompe l'oeil* is. Selfs die pleisterklei tussen die teëls is op die sement geverf.

In die afhalingsruimte waar 'n man my vloerplanke uit 'n oop boks haal, val my oë op die dun vloerlyste. Aangesien ons byna klaar is met die vloer, gaan ek terug na die toonbank en bestel vloerlyste en kwartrondings om die naat tussen vloer en muur af te werk. Ims het vooraf die kamer se afmetings aan die man by die toonbank verstrek, wat die inligting op die rekenaar onder die naam Imaan gestoor het, 'n foutiewe spelling van Imran se naam, maar "imaan" beteken "geloof", so die fout kan nie so sleg wees nie.

Benewens vloerplanke loop ek daar uit met sewe vloerlyste en twee kwartrondings. Die man wat die hele boel kar toe dra, word vergesel deur 'n helper wat nie ouer as negentien is nie. "Sit dit hier," sê hy liggies. "Nei, nie so nie, sit dit soes 'n visstok. 'n Mens kan sien jou pa vat jou nie vis nie." Hy draai een van my motorruite halfpad af en lê die dun latte teen 'n hoek sodat dit nie 'n gevaar is vir ander motoriste nie. "Paas net daai ding vir my hier, Juffrou," sê hy. Ek gee hom die buigbare sonskerm, en hy vou dit onder die latte in om die venster te beskerm.

Nou ry ek terug huis toe, en ek dra die planke in. Die volle vrag van agt sou te swaar wees, maar vier kan ek hanteer. Ek dra hulle agtertoe en plaas dit versigtig by die deuringang. Die instruksies op die boks sê die planke moet vooraf minstens agt en veertig uur lê in die ruimte waar hulle geïnstalleer gaan word, sodat dit kan aanpas by die atmosfeer en temperatuur van die nuwe omgewing. Maar ná die eerste keer, het ons dié voorskrif maar geïgnoreer. Ims sal die planke na hul regte lengte saag om nommerpas vir die oorblywende deel te wees, en dan sal ek en my sus Adela plat gaan lê om vir die eerste rukkie alles in hul plek te hou, soos papierdrukkers.

Dit is die grootste vertrek in die huis, deur my pa en ooms vir die vier meisies gebou. Destyds het die mans in die familie en die ander wat ons "oom" genoem het, maar dit nie was nie, elke naweek kom hand bysit met die bouery om die fondamente te help grawe, die beton te giet, en dan stadig, stadig die mure een vir een hoër te bou. Nou het dit my ma se kamer geword, wat sy en haar nuwe man, die Imam, deel.

Die kamer word slegs vir belangrike geleenthede leeggemaak, soos met my pa se begrafnis, of my troue, toe ek saam met die ander vroue in die kamer langsaan gestaan en luister het hoe Asief, my aanstaande, die woorde sê wat ons 'n getroude paartjie maak: *Kabiltoen nikkahi . . . bien nafsie.* Ná die tyd het hy my senuweeagtig meegedeel: "Ek was nie seker of ek trou met die vyf-en-twintig ander mans in die kamer, of met jou nie." Zugtie, wat Asief van Kalkbaai gebring het na die huis waar ons ons wittebrood sou deurbring, het my vertel hoe Asief al die pad sy Arabiese woorde in sy Amerikaanse aksent geoefen het. Hy het nie een maal tydens die seremonie oor sy woorde gestruikel nie.

Vir daardie spesiale geleenthede word die beddens en die tafels uitgedra en die rooi Persiese tapyt word uitgerol en wit lakens neergesit vir mense om op te sit, en uiteindelik, ná die gebede, kom nog lakens by vir die kos. Maar ek het nog nooit die kamer so leeg gesien soos nou nie. Selfs die rakke en die ingeboude lessenaar langs die kant by die venster is weg. Miskien was dit sedert dit gebou is nog nooit só leeg nie.

Gewoonlik is my ma se kamer tot oorlopens toe vol, met die hangkaste wat uitpeul. Nou is haar mandjies breiwerk, my pa se klerepakpatrone wat hy van sy pa geërf het, haar bedtafeltjies, die honderde velle papier, pamflette en boeke van haar klasse in Continuing Medical Education, alles elders. In die deur weet ek nie of ek na niks kyk nie of na die begin van die volgende twintig jaar.

Ek het nog nie oor die nuwe vloer geloop nie. Adela het met haar balletskoene probeer vasstel of die vloer sal krap. Dit het, en ek het haar gevra om in 'n deel te oefen wat onder bidmatjies weggesteek kan word.

Elke gelamineerde paneel bestaan uit 'n vyftien sentimeter breë plank, wat saamgestel is uit vyf sentimeter breë plankies. Die kleiner blokkies in die groteres verbloem die nate tussen die panele, oëverblindery wat lieflik werk. Die voltooide vloer lyk soos 'n ysskaatsbaan – glad en onaangeraak.

Mama en die Imam sal binnekort terug wees uit Australië waar hulle gaan kuier het vir Rafia, met wie ek vyftien jaar lank in hierdie einste kamer in die donker gekibbel en gefluister het. Die middelkamer was my ouers se slaapkamer, en ná my pa se dood het dit Adela s'n geword. Nuraan, die jongste, het na die voorste kamer getrek en meer onlangs het Rafia en ek heeltemal uit die huis getrek. Hierdie omruiling van kamers ná my pa se dood het dinge op 'n dieper vlak ook laat verander – die vasgestelde uitleg van die huis, die wete dat die kinders op een plek hoort, en die grootmense op 'n ander.

Die klein strook by die deur is al wat nog gedoen moet word. Daarna sal die vloerlyste ingesit word, ook esdoringkleurig, maar regte esdoring hierdie keer, om die hoek tussen vloer en muur te seël. Vir tyd en wyl is die pragtige, vals esdoring omraam deur die bekende blou-en-wit boeke wat staangemaak is teen die muur. Ims het Adela se *Mills and Boon*-liefdesverhale tussen die planke en die muur ingedruk om 'n spasie te verkry wat oral presies ewe breed vir die vloerlys sal wees. Want dié boeke is almal ewe dik, hul beskouing van die liefde is altyd presies 210 bladsye lank. Liefde verleen dus sy eie presisie aan die vloer.

My pa het die kaste in hierdie kamer gebou, trouens in al die vertrekke, ook die kombuis. Ek onthou hoe ek as sewejarige na die bokant van my ma-hulle se hangkas staar. Op die boonste rak was 'n boks juwele met 'n pragtige seëlring in wat my voorletter op gehad het, en ek is slegs toegelaat om dit op spesiale geleenthede te dra. Op gewone dae sou ek verlangend opkyk en wens vir die tyd dat ek groot genoeg sal wees om self op te reik vir daardie ring. Toe hy daardie kaste gebou het, het my pa na Lansdowne Boards gegaan, 'n rukkie nagedink, en sy besluite geneem.

Toe my ouers die huis in 1972 op die advies van Imam Rashied van die St. Athansweg-moskee gekoop het, was al die vloere kiaat, 'n donker blokkiesvloer wat uit die mode was in die 1970's. In die kombuis en die ingang het hulle dus die blokkies gelig en teëls ingesit. Die agterkamer wat hulle laat aanbou het, het nooit enige vloeroppervlak gehad nie, net tapyt op die sement.

My ma sou altyd na die kombuis kyk en die dinge sien wat sy nie het nie. 'n Speseryrak teen die muur by die stoof, die kaste waarvan sy die boonste rakke nie kon bykom nie. Dikwels, in die agtermiddae, wanneer sy van Dr. Abdurahman-daghospitaal by die huis kom, sou Mama vanuit die kombuis roep: "Galiema, sal jy nie asseblief die kaneel vir my van die tweede rak afhaal nie?" Ek dink nou só daaraan: 'n Mens ken 'n huis aan die dinge wat daar nié was nie, die plekke wat jy nié kon bykom nie.

Dit was om my onthalwe dat ons in die restaurant was, daardie aand vyf jaar gelede. Dit was wel my ouers se huweliksherdenking, maar die familie was byeen om my te groet omdat ek vir 'n fellowship na Amerika op pad was. Ek was baie senuagtig, maar gereed en nooi hulle toe om dit saam met my in 'n restaurant te kom vier, hoewel my ouers nooit uitgeëet het nie. Dit was 'n Indiese plek, halaal, en almal het iets op die spyskaart gekry waarvan hulle hou. My vriende Farah en Zugtie was ook daar, en het Ali, slegs ses maande oud, ook saamgebring. Farah was eintlik soos 'n suster vir my. Daardie aand het ons gesels en grappies gemaak en my pa het met Ali vingerspeletjies gespeel.

Nadat ons ons bestellings geplaas het, gaan ek en Farah na die badkamer om

Ali se doek om te ruil. Toe ons terugkom, is die tafel eenkant geskuif, my pa op die vloer en 'n man van 'n ander tafel is besig om sy bors te pomp. My ma was bleek en sprakeloos. Ek onthou hoe ek probeer het om doeltreffend op te tree, my tantes te bel, die rekening te betaal, huis toe te ry. Ek was nooit weer terug in daardie restaurant nie, en vir 'n lang tyd daarna nie in enige restaurant nie.

Op die een of ander manier het ons daardie nag daarin geslaag om terug huis toe te gaan, nie om te slaap nie, maar om aan te hou dink aan wat ons nie gesien het nie, wat ons van nou af nooit meer sal sien nie.

In die huis het die kamers verander, alles het verander. Ek het 'n rooi serpie gedra. 'n Verwonde kleur, die bloed onsigbaar, die hart wat nie meer klop nie.

Nou is ek weer vir 'n rukkie tuis. En die uitleg van die huis word weer eens verander. Rafia gaan haar tweede kind kry, en Mama en haar man is hier om haar te help om aan te pas.

Kort voor lank sal ek terugkeer na die klein houthuisie in Amerika waar Asief en ek woon en waar ek Kaapstad onthou met die helderheid van verlange. Elke oggend, net voor ek wakker word, weet ek waar ek is. Wanneer ek my oë oopmaak, verras die gelykvormingheid van die landskap my. Waar is die berg om die dag se weer te voorspel? As dit met donker wolke bedek is, kan dit reën. As die plat rant duidelik sigbaar is, sal dit mooiweer wees. Maar ek leer om hierdie nuwe plek op sy eie voorwaardes te ken, met sy anderste insekte, sonbesies se crescendo teen die middaguur. In die agtermiddag, die stil breë strate en hul waaierende esdorings, die gebrom van grassnyers en kinders wat oefen op hul skaatsplanke. Tog, as ek saans aan die slaap raak, hoor ek weer die geklater van koppies wat in die bure se kombuis weggepak word, die honde se geblaf wat stil word, 'n kar op 'n nat oprit – klanke wat hier onmoontlik is waar ons 'n sokkerveld weg van die naaste bure woon. Elke nag raak ek aan die slaap in Lansdowne, agtduisend kilometer weg.

By Lansdowne Boards word helaas niks weggesteek nie. Daardie geverfde sementvloer is eenvoudig 'n ander manier om verkeer te hanteer.

Die groot kamer is kaal, maar miskien ook wagtend. Ons voeteval sal nuwe lae herinnerings op die vloere agterlaat.

Gabeba Baderoon is die outeur van *The Dream in the Next Body, The Museum of Ordinary Life* en *A Hundred Silences.* Sy het in 2005 die DaimlerChrysler-toekenning vir Suid-Afrikaanse poësie ontvang. In 2008 het sy 'n Civitella Ranieri-fellowship gehad, en was sy die eerste inwonende skrywer van die departement geesteswetenskappe van die Universiteit van Johannesburg. Sy doseer Women's Studies en African Studies aan Pennsylvania State University.

Poppie van 42nd Street

Achmat Dangor

Dis nou al dae dat Josh sukkel om die regte beeld te kry; 'n woord, 'n frase, volledig en suiwer, wat hom sal help om verby die punt in sy roman te kom waar hy vasgeval het. Dae al probeer hy daardie één eienskap in die vertelling inbring wat die bestaan daarvan as 'n boek kan regverdig: 'n stem wat geloofwaardig is in sy egtheid. In 'n vlaag van wanhoop wou hy al die storie tot niet maak, die rekenaar afsit asof dit 'n leweondersteunende-apparaat is, sonder om 'n snars om te gee om enige deel daarvan te red. Hy sal die honderd of so gedrukte bladsye saamknip en die hele bondel in die laai van sy lessenaar smyt. Daar, by al die ander geaborteerde stories wat deur die jare hul pad soontoe gevind het.

Die laaste keer dat hy dit gedoen het, was hy so kwaad vir homself dat hy die laai met sulke geweld toegeklap het dat die hout gekraak het. Die blote gedagte dat sy jongste poging ook die verdoemenis van daardie gekraakte kelder mag binnegaan, maak dat hy sy toevlug tot die strate neem.

Die geheelindruk van New York as rumoer en geraas; krioelende, smal systrate wat loop tussen die wye lanings, geboue wat inmekaar leun soos vertrouelinge, die eindelose stroom verkeer, daardie gevoel van om weggeswiep te word as 'n minuskule deeltjie in 'n reusagtige masjien van mense, dit gee hom nou die troos waarna hy soek. Weg van die smal skerfie lig wat op sy lessenaar val uit 'n selfs smaller hemel, voel hy bevry van die skeppingsplig. Vandag voel hy nie eens die dwang om waar te neem, om beelde vas te lê vir latere gebruik nie. Die grondige wêreldsheid van hierdie sypaadjies, meer as enige ander stad waarin hy gewoon het, daag die sin van die letterkunde uit, daardie onbeduidende menslike daad wat die lewe wil herverbeel.

Hy besluit om af te wyk van sy gewone roete langs die Oosrivier; die loom, ongedwonge stuwing van die water maak alles net te stadig, en dit verlei hom tot nadenke, wat weer sy hele uitstappie in skuldgevoelens dompel.

Hy stap met 2nd Avenue af, rigting Grand Central Station; in 'n plek vol onnatuurlike lig sal hy verpoos vir koffie, sy gesig in die *New York Post* (die *Times* vra deesdae te veel morele konsentrasie) wegsteek, en hom soos al die ander om hom met sy eie sake bemoei. Die sonlig, skerp ondanks die laatmiddag, por hom aan. Hy sien uit na die stasie se raserige, dofglimmende atmosfeer wat velkleure almal een kleur maak en aksente ewe stomp laat klink. Daar, in die frenetiese stroming van mense se eindelose kom en gaan, is anonimiteit g'n aanstellerigheid nie, maar 'n harde werklikheid.

Die waansinnige begeerte om te wil God speel sal hom wel weer beetpak en terugjaag lessenaar toe. Maar vir eers is hy veilig. Die vyfuur-spitsverkeer het begin, en die strate kom waarlik tot lewe.

Met 2nd Avenue kom hy veel vinniger op die hoek van 37th Street uit as wat hy verwag het. Die Suid-Afrikaanse konsulaat is naby geleë, maar hy weerstaan die verleiding om verby te stap en teen die vlagpaal op te kyk. Hy het sy tuisland as jong seun verlaat, weggeskeur van sy huis en sy ouma wat hy so vuriglik liefgehad het. Sy kennis van sy geboorteland is tweedehands, van sy pa geleer en van andere in die gemeenskap van uitgewekenes. Nietemin was dit 'n intensiewe skoling, ingehamer by hom deur elke woord en wens van sy pa, elke droom en vrees, en oplaas die gesig van sy pa wat stadig sterf, vol verlange na sy herkoms, jare voordat vryheid verwerf is. Al wat sy pa hom agtergelaat het, was sy status van vreemdeling-verblyfreg en dié aansporing: "Onthou, my seun, jy is 'n Suid-Afrikaner!"

Ná die 1994 verkiesing was hy besonder ingenome met die idee van bevryding, eerder as die werklikheid daarvan, hoofsaaklik omdat hy self nie kon stem nie. Daarna het hy dikwels die konsulaat by sy daaglikse wandeling gevoeg; dikwels sou hy die mense dophou wat die gebou verlaat en sou hy luister na hul gesprekke. Hy het die bekende, plat klinkers ingedrink, met groot aandag geluister elke keer wanneer hy Afrikaans hoor en probeer om sy ouma weer daarin te vind, die warmte van haar stem. Soms sou hy met 'n waarderende onbegrip luister na sy landsmense wat Zoeloe of Sotho praat, soos wat operabewonderaars na pragtige Italiaanse arias luister sonder om die betekenis van die woorde te ken.

Meestal was die gesprekke, in Engels, nie diepsinnig nie, nie oor politiek of die openbare toedrag van sake nie, maar oor gewone dinge soos treintye. Eenkeer het hy 'n swart man aan 'n wit kollega hoor vertel waar hy goeie "padkos" kan koop, bedoelende wegneem-etes wat die lang tog huis toe na die voorstede sal deurstaan.

Miskien was dit 'n sekere verstrooidheid, of 'n skielike en onverklaarbare begeerte om sy ouma weer tot lewe te roep – jonk, energiek – wat die ervaring meegebring het wat hy eers gedink het 'n hallusinasie moet wees. 'n Vrou stap in 2nd Avenue verby hom, slank en regop, met slierte grys in haar hare, wat 'n tekstuur soos growwe sy het en los maar nie onnet nie tot op haar skouers hang.

"Penorent," is die woord wat hom byval, uit 'n opgediepte herinnering, en toe skielik merk hy die onthutsende ooreenkoms tussen die vrou en sy ouma. Haar houding, haar ingetoë grasie, die kop so trots omhoog, lyf reguit, arms na aan haar sye, 'n handsak wat sy styf vasklem met die een hand; en toe sy die straat oorsteek, die haastiger treë wat haar selfbeheersing geen duit versteur nie.

Sy kon ouma Poppie gewees het wat veertig jaar gelede Eloffstraat in Johannesburg oorsteek, terwyl sy nuuskierige verbygangers opsystoot. 'n Aantreklike vrou, lig van vel, en so statig in haar bewegings dat haar afkoms onmiskenbaar was. Maar die seuntjie aan haar sy wat sy liefdevol aan die hand vasgehou het, wel, mense was nie so seker oor hom nie. Sy blas vel en die kontras van sy blou oë het 'n dubbelsinnigheid van ras verklap. Soveel jare gelede toe dinge en mense, selfs kinders óf wit óf swart was, het so iets gemaak dat mense staar. Seks oor die kleurskeidslyn waarmee hier helder oordag te koop geloop word, was toentertyd alles waaarteen gewaarsku is, dit was die tasbare bewys van die stadige verbastering wat uiteindelik tot die einde van die wit ras sou lei.

En daardie seun, haar kleinseun Joshua, het gesukkel om by te hou by haar, omdat die nuuskierigheid van omstanders sy eie gewek het en hom heeltyd laat terugstaar het, met sy glimlag wat 'n onwillekeurige en ongewenste sagtheid aan die bot gesigte van die starendes verleen. Ouma sou hom agter haar aan trek, terwyl sy met hom in Afrikaans praat. "Kom Josh, ons is laat."

Die feit dat sy Afrikaans gepraat het, het dinge net erger gemaak. "Dit praat Afrikaans, nogal!"

Nou kyk hy wat Joshua is, weer na die vrou. Hy lyk nie soveel anders as sy nie, miskien 'n tikkie donkerder, maar hy het dieselfde helderblou oë.

Josh kyk hoe sy die breë laning oorsteek, dan loop hy saam, parallel aan dié kant van die boulevard. Hy is nie seker of sy uit die Suid-Afrikaanse konsulaat gekom het nie, weliswaar het sy met 37th Street opgekom, en in die buitelandse missies werk steeds baie Afrikaners. Hoe tipies Afrikaans kom sy nie oor nie, aantreklik dog stroef, afstandelik selfs. Maar hoe naatloos wyk die stugheid nie voor 'n amper roekelose warmte nie.

Hy raai sy moet in haar vroeë veertigs wees, dieselfde ouderdom as Ouma toe hy haar die laaste keer gesien het. Dit was toe sy lank afwesige pa besluit het om sy seun saam met hom te neem en uit te wyk buiteland toe.

Sy is helaas ook onberispelik geklee, dié vrou, 'n ware "poppie". Toe onthou hy sy grootmoeder se regte naam was Susanna – die "Poppie" was 'n bynaam, iets soos die Afrikaner-ekwivalent van die Joodse prinses, of die "familiejuweel" van 'n Indiërgesin – maar spoedig het dit 'n eienaam geword. In Ouma se geval omdat sy so klassiek mooi was, reg deur haar meisie- én vrouejare. Die gerug was dat sy al as klein dogtertjie die mans op hol gehad het.

"Dis jou lewe, Pop," onthou Josh destyds in die kafee die vrou se woorde aan sy ouma. "Maar dink nou, dink 'n bietjie. Dit kan alles so anders wees!"

Die vrou het effens treurig geglimlag, om haar heen gekyk en oorgeleun na waar Ouma gesit het; hy kon haar ruik, haar warmte was baie soos Ouma s'n. Instinktief het hy geweet hulle is susters, hoewel hulle hard probeer het om nie in die openbaar te wys hulle is sibbe nie.

"Jy is 'n wáre Poppie, kyk na jouself, kyk na óns, kyk om jou! Ons is nie verskillend van hulle nie. En dit is die toekoms hierdie, Poppie. Wit, Pop, die toekoms is WIT! Loop *nou*, klim op die bus, kom huis toe. Niemand daar sal die verskil sien nie . . ."

Ouma Poppie het geglimlag, maar die wrangerige trek van haar mond het dit moeilik gemaak om te sê of sy treurig of gelukkig is. Die vrou het vlugtig na Josh gekyk, en haar eie glimlag het droef geword. Sy het Ouma 'n druk gegee, haar wang gestreel en plotseling vertrek. Weer was hy die een wat besef het hoe mense hulle aanstaar.

Ouma Poppie het die vrou agternagekyk en baklei teen die trane; sy kon sien hoe oplettend haar kleinseun is. Om aangestaar te word het hom egter nie skrikgemaak nie, net sy sintuie laat ontwaak. Sy het hom toe in haar arms getel, om hom te troos en ook om troos van hom te kry. Josh was 'n serene kind, nes oupa Vincent.

Oupa Vincent. Hy't dikwels die naam gehoor, altyd in gedempte toon, asof dit 'n sprokieskarakter was, iemand uit 'n fabel, een van dié wat Ouma hom altyd vertel het as hy nie kon slaap nie. Hy het oupa Vincent nog net op 'n foto gesien. 'n Aantreklike man, met sy hare so opgestapel aan die een kant van sy gesig.

Die vrou staan stil op die hoek van 42nd Street, kyk vlugtige om haar rond, dan na haar horlosie. Sy leun teen 'n winkelvenster, om haar geduld te herwin; klaarblyklik wag sy op iemand. Van oorkant die straat lyk dit of sy agter daardie winkelvenster hoort, so elegant en slank is sy, die toonbeeld van die aantreklike middeljarige vrou. Daar soek sy nou iets in haar handsak, tuur met neergeslane oë oor die pad. Haar kop lyk skielik swaar op haar skouers en haar hele houding lyk uit plek uit.

Josh draai sy gesig weg, gee voor hy het hom pas verdiep in die tentoonstelling van reistasse in die winkelvenster agter hom: *Sleek. Rolls Along. Easy to Handle. Elegant.* Hy lees die etikette op elke sak of tas noulettend. Hy sou 'n skaflike lewe kon maak as kopieskrywer, om poëtiese beskrywings te vind vir handbagasie. Dis tog ook 'n skeppende strewe, en jy hoef nie al die demone van die gees en die eensaamheid van die siel te verduur nie!

Hy draai om. Sy is steeds daar, steeds angstig en effe ongemaklik. Sy kyk die hele tyd op in 2nd Avenue, met geskreefde oë. Dan vorm 'n ligte glimlag op haar lippe, 'n uitdrukking van geantisipeerde genot, sy begin ontspan, en swaai haar handsak liggies. Josh merk 'n man wat deur die skare beur en sy pad na haar baan. Sy trek haar lyf op, trots en regop soos sy voorheen was.

Die man groet haar met 'n pleitende gebaar, met sy palms oop, sy hand uitgestrek. Sy lag, haar "vergifnis" lighartig. Hulle draai om en loop sy aan sy by

42nd Street af; op pad na Grand Central. Hul pas is gemaklik, hulle gesels saggies, raak skaars aan mekaar. Net een keer sit hy sy hand op haar arm en trek dit dan gou weer terug. Maar juis die afstandelikheid het 'n intimiteit verraai, iets meer as broer en suster of platoniese warmte tussen vriende. 'n Affair? Een van hulle met 'n ander getroud, of albei dalk? Tog was hulle nie bang om saam gesien te word nie, hulle het nie senuweeagtig rondgeloer nie, nog minder gee hulle voor om onbewus te wees van wat om hulle aangaan. Mense wat wil wegkruip het baie geleentheid daarvoor in hierdie stad, in die gang van skares, so tussen pendelaars wat aan niks anders aandag gee as die afstand na hul eie bestemming nie. Hulle stop selfs, en die vrou wys na iets in 'n winkelvenster. Hulle lyk so heeltemal sonder misleiding dat Josh wonder of hulle ingehoue gebare nie deel is van 'n uitgebreide liefdesritueel nie. Weerhouding is in baie kulture die basis van voorspel.

Hy volg hulle op 'n veilige afstand, en skielik slaan die verkeersligte oor na groen en Josh bevind hom in die middel van die besige straat. Hy besin vir 'n oomblik, en besef dan dat hy hom op 'n waansinnige speurtog begeef het. Hier agtervolg hy, wat gewoonlik sober van daad en gedagte is, 'n vrou wat lyk na sy gestorwe ouma Poppie – asof sy sy vleesgeworde ouma is – deur die strate van New York! Sulke heimwee is nie in sy aard nie, en nog meer onvanpas is die manier waarop hy 'n seksuele kleurtjie gee aan wat moontlik 'n heel onskuldige ontmoeting tussen twee mense is. Hy vrees nou dat as hy sou aanhou om hierdie man en vrou te agtervolg hy gedwing sal word om om lank verdrongde en pynlike herinneringe te konfronteer.

Maar die verkeer neem die besluit vir hom. 'n Taxibestuurder blaas sy toeter hard en wuif styf vir Josh. Ander volg sy voorbeeld, 'n hele battery toeters gaan nou af. Hy haas hom oor die pad en verdwyn in die menslike maalkolk van die spitsuur. Hy word meegesleur, iets groters as hy besluit hier watter rigting ingeslaan word.

Wat is dit waaraan hy nie herinnner wil word nie? Sy ma, Celia, wat vir hom by sy ouma se huis kom kuier. Sy het hom vasgehou, maar nie met dieselfde warmte as sy ouma nie. Haar reuk was meer freneties, haar hartklop nie so rustig nie. Toe hy terugdeins, het sy dit vir 'n gebrek aan toenadering aangesien. Sy gee toe vir hom 'n klein houtkarretjie, so mooi gekerf dat dit meer na 'n ornament gelyk het as 'n speelding. Hy het 'n rukkie daarmee gespeel, totdat die knarsende wieletjies en die traagheid daarvan vir hom vervelig geword het.

Celia het na Ouma gelyk, net 'n titsel donkerder. "Die bloedlyn word nou verryk," het sy pa hom jare later ingelig. Hy het geluister hoe hulle praat, eers teer, selfs liefderik, toe meer intens. Later kon hy sien hy het nie heeltemal die inhoud of konteks van die gesprek daardie dag verstaan nie. Ouma wou blykbaar hê Celia moet oornag en vir Josh oppas.

"Gaan jy uit, Ma?"

"Ja."

"'n Date?"

"Ja."

"Met 'n man?"

"Ja."

"Ma, jy's nou 'n ouma."

"En wat daarvan? Ek's net een-en-veertig."

"Én 'n ouma!"

"En wie se skuld is dit? As jy nie so vroeg begin het nie . . . "

"Wel, ek aard na jou . . . naai 'n getroude man op agtien, kry my op negentien . . . "

"Celia!"

"Wat?"

"Josh . . . Vergeet jy . . . ?"

"Ma . . . ek's jammer, maar ek kan jou net nie met 'n man sien nie."

"Ek is 'n vrou, Celia."

"Ja , ek weet, en maar net een-en-veertig . . . en steeds 'n Poppie!"

'n Gelag, die versoenende geklink van koppies. Josh het in sy speelhoekie gesit met die vooruitsig van nog vreugdelose speelgoed om die tyd mee te verwyl. Die stemme het weer opgeklink.

"Wie is hy?"

'n Naam word genoem.

"Ma! Jy weet hulle sê hy werk vir die cops."

"Hulle . . . ? En wie is hulle?"

"Abe se mense."

"En waar is hierdie Abe van jou?"

"Hy veg, Ma, vir ons, vir hom ... vir Josh ... "

"Hy veg, sê jy. Hy gebruik die struggle om sy verantwoordelikhede te ontduik."

"Ma, hierdie ou pomp jou net vir inligting."

"Dis 'n baie lelike manier om dit te sê."

"Daar is nie 'n ander manier nie ... "

"Miskien pomp hy my oor hy van my hou, en omdat ek wil hê hy moet!"

Hy het gesien hoe sy ouma haar rustigheid verloor daardie aand. Dis iets wat hy van sy ma verwag het, hy het haar al voorheen kwaad en onbehoorlik gesien. Maar nie sy sagte ouma nie. Hulle het op mekaar geskreeu, en toe die skreeuery ophou, toe bly daar net droewigheid oor.

"Ek wens ek kan Josh met my saamneem, maar ek deel 'n kamer met vyf ander, dis 'n verpleegsterstehuis, jy weet."

"Ek's jammer ek het op jou geskreeu."

"So gou ek afgestudeer en 'n pos het ... sal ek hom kom haal ... "

"My kind, moenie bekommer nie, ek sal na hom kyk."

Hulle het mekaar omhels en 'n rukkie vasgehou. Toe draai Celia om, tel hom op uit sy speelhoekie in die skaduwee, en druk hom teen haar vas, veels te hard, voor sy vertrek.

Toe hulle alleen is, praat Ouma met hom. Sy gaan nie meer uitgaan nie; "Oom Peter" gaan eerder hier kom kuier. Sal hy omgee om ná aandete bed toe te gaan? Hy sal glad nie omgee om enige iets vir sy ouma te doen nie; sy gee aan hom veiligheid, en beskerm hom teen daardie warrelwind wat sy ma is.

Oom Peter het aangekom, hulle het saam geëet; die twee grootmense het wyn gedrink, na mekaar gekyk, en saggies gelag. Hulle het nie aan mekaar geraak nie, nie eens een keer nie. Dit was die eerste keer dat Josh terughoudendheid as 'n uiting van begeerte aanskou het. Hy is bed toe, maar 'n woord het by hom bly vassteek: "pomp". Hy wou sien wat is dit omtrent "pomp" wat sy ouma so senuweeagtig soos 'n jong meisie kan maak. Daardie aand het hy hulle afgekyk deur een van sy vele loergaatjies – 'n seun van sy ouderdom het nodig om die wêreld op vele maniere te beskou.

Hy het gesien hoe Ouma uittrek. Hy het haar al voorheen kaal gesien; niks ongewoons dat hy rondhang terwyl sy regmaak vir die bed of om uit te gaan. Maar hierdie keer was dit anders. Dit het gelyk of haar lyf die lig opsuig en gelyktydig weerkaats en haar gelaat was nie meer warm nie, nader aan kwaad wees, het hy gedink, behalwe haar glimlag wat glansend was en baie, baie vriendelik. Sy het haar oë toegemaak toe oom Peter nader kom. Maar sy kaalheid was grof en lelik en Josh moes sy eie oë toeknyp om oom Peter se beeld uit die prentjie te sny, terwyl hy ouma Poppie s'n bewaar soos sy gelyk het oomblikke voor sy haar oë toemaak. Dit is die beeld wat hy tot vandag toe van haar oorhou, met haar gesig vol afwagting. Dié frase het as 'n grootmens by hom opgekom, nadat hy jare lank probeer het om sy kinderlike indrukke van daardie nag te beskryf.

Afwagting. Dit is die emosie wat hierdie vrou ook op haar gesig het. En dis so bepalend vir die fisieke ooreenkoms met ouma Poppie dat Josh oortuig is sy moet 'n familielid wees. Daar word gesê dat die menslike genepoel maar klein is, en in 'n land soos Suid-Afrika waar daar in die beginjare soveel ondertrouery was, is so iets nie onmoontlik nie. Nietemin, die onwaarskynlike toeval was vir hom intimiderend. Stel jou voor, 'n verlangse niggie op die strate van New York!

Hulle loop die stasiegebou binne. Gaan hulle per trein iewers heen? Sal hy opskud, hulle inhaal en "verskoon my tog" sê op daardie unieke New Yorkse manier wat altyd gevolg word deur die skaamteloos opdringerige vraag: "Is julle Suid-Afrikaners?"

Hy sou haar in Afrikaans kon aanspreek, die man 'n apologetiese kyk gee terwyl hy vir haar wag om te antwoord. As sy nie in Afrikaans antwoord nie, sal daar geen punt wees om verder 'n gesprek te probeer voer nie, al is sy Suid-Afrikaans. Sy sal dan nie 'n familielid wees nie en haar ooreenkoms met ouma bloot kosmiese toeval. Dan sal hy terugstaan, 'n halwe buiginkie maak, omdraai en loop; geen skade nie. Hy lyk tog nie soos 'n molesteerder of boemelaar nie, altans hy hoop nie so nie. En hulle sal dit maar net afmaak as nog 'n vreemde voorval, iets om hul vriende te vertel.

Maar wat as sy ja sê? Dan sal hy in 'n dilemma wees. Sal hy oorslaan na Engels sodat die man kan verstaan wat hulle sê en nie beledig of bedreig voel nie? Sal hy haar dan vertel dat sy so ongelooflik baie soos sy ouma lyk dat hy wonder of hulle twee nie dalk familie is nie?

Die kranksinnigheid van die gedagte maak hom skoon bedruk, tog loop hy na hulle – daar is nou geen omdraai nie – maar skielik verander hulle van rigting, weg van die treine, om die trappe te klim na een van die uitgange. Dalk om liefs 'n taxi te neem. Dié moontlikheid stel opnuut aan hom die uitdaging om vinnig te besluit om op te tree of nie.

Genadiglik draai hulle links, en stuur af op die Campbell Apartment. Dit is een van Josh se gunsteling-drinkplekke; in die ornate skemerte van wat eens 'n ryk man se huis was, kan 'n mens so anoniem soos in enige bistro op die binneplein van die stasie iets drink, en hier is nou die bykomende voordeel dat die klein tafeltjie se lamplig jou afsluit in 'n ondeurdringbare kring. Diskresie is hier die opperste deug. Hy sal dus sy plan van aksie oor 'n beskaafde drankie kan oorweeg.

Hy maak hom netjies, steek sy hemp in, trek sy vingers deur sy hare en stap nonchalant na die ontvangsdame. Hy is bewus daarvan dat sy drag nie juis aan die kode "elegant-informeel" voldoen nie, maar hy word ingelaat. Die plek was nog nie vol nie, en die vrou se glimlag het gewys sy onthou hom van vorige kere. Moet nooit 'n gereelde klant wegwys nie, dis die goue reël van enige "bogemiddelde drinkplek", het sy pa altyd gesê.

Hy sit by die kroegtoonbank en bestel 'n drankie. Hy fynkam die vertrek, en daar sien hy hulle in 'n hoekie sit. 'n Kelner neem 'n bottel sjampanje oor en laat klap die kurkprop, wat na ietwat van 'n onnodige ritueel lyk, want die geluid trek onmiddellik die aandag van ander oë. Die sjampanje word met die nodige sorg geskink, en die bottel in 'n emmer in 'n staanhouer langs hul tafel geplaas; die kelner staan terug, en laat die paartjie met rus. Hulle was nou ten volle sigbaar en Josh kon hulle op sy gemak bestudeer.

Hy het aan sy whisky geteug, die oomblik gekoester vir die bitter troos daarin, toe sien hy die vrou opstaan. Sy begin haar baadjie uittrek en haar metgesel is vinnig aan haar sy om haar te help om dit af te glip. Toe staan hy terug en die vrou se glimmende, kaal skouers word aan Josh se oog ontbloot; niks sedert die nag dat hy sy ouma afgeloer het, kon die naaktheid daarvan ewenaar nie.

Die man laat gly sy hande oor die lengte van haar arms; sy lig haar kop op en soen hom op die lippe, liggies, voordat hulle albei verleë rondkyk. Die vrou vang Josh se oog, en 'n uitdrukking van onthutsing val oor haar gesig. Sy gaan sit en haar vriend doen dieselfde. Hy laat sy blik oor die kamer gly, maar gou is hulle aandag weer by mekaar.

Dit tref Josh dat die naaktheid – as 'n mens dit so kan noem – wat hy so pas aanskou het, die naaktheid is van elke vrou wat hy tot dusver sonder sukses probeer beskryf het. Dit is presies daar waar hy in sy huidige werk weer vasgeval het, by 'n vrou met so 'n ontwykende skoonheid dat alle pogings om dit vas te vang misluk. Skielik word hy deur 'n onverklaarbare vrees oorweldig, hy móét haar teenwoordigheid – hoe op 'n afstand ook al – verlaat. As sy nou sou opkyk en sy oog vang sal iets verskrikliks openbaar word. Hy verlaat die vertrek voor sy drankie klaar is, betaal by die toonbank op pad uit en haas hom in aller yl van die plek.

Hy loop nou baie vinnig, terug na sy woonstel, stel hom reeds voor hoe hy na binne sal gaan, die lig sal aanskakel wat die lessenaar in goud sal baai sodat die houtoppervlak blink asof dit gepoets is. Maak gou, por hy homself aan, voor die prentjie vervaag: 'n vrou en 'n man in 'n kroeg, hulle geniet 'n drankie, en die tyd vir geoefende weerhouding is amper op 'n einde. Ná die paar drankies sal hulle opstaan, die rekening betaal en vertrek, ongeduldig. Hulle sal haastig stap na 'n hotel, 'n kamer vir die nag huur of na die woonstel gaan wat aan een van hulle behoort (hulle "behoort" nie aan mekaar nie, nie amptelik nie, in elk geval); want hulle kans vir naai het uiteindelik aangebreek.

Uiteindelik is hy tuis. Maar pleks van by sy lessenaar gaan sit en opskryf wat hy waargeneem het, kniel hy, maak die laai oop, trek dit heeltemal van die spoortjies af. Hy maak die laai in 'n vullisssak leeg, en begin aanstryk na die rivier toe. Onder die rumoer van FDR-rylaan loop hy, die water se musikale geklots help om sy hartklop 'n bietjie te kalmeer; sagte reën het die rivier se eie skouers bedek.

Hy gaan na 'n plek in die park waar 'n groep haweloses rondhang; op hierdie oomblik sal hulle besig wees om 'n vuurtjie aan te steek om hulself by te verwarm. Hulle is die regulars wat die roetine ken, en vriendelik die park sal verlaat as die opsigters hul rondes doen om gereed te maak om die hekke vir die nag te sluit. Toe hy aankom, maak hulle vir hom plek en verwelkom hom in hul midde. Sy oë, indien dan nie sy algemene voorkoms nie, het 'n desperaatheid wat hulle alte goed ken.

Stadig voed hy die vlamme, manuskrip ná manuskrip; hy wil nie hê dit moet te hoog opvlam nie. Die dansende vlamme sal die aandag trek, en hy wil nie hê die haweloses moet voor vertrektyd uitgejaag word nie.

Uiteindelik is die sak leeg; die kole hou nie lank nie, papier brand baie vinnig, die as daarvan is bleek en onsubstantief so tussen die dennekeëls en hout wat die parkslapers vir vuurmaakhout bymekaarmaak.

Hy het huis toe geloop met 'n ligte tred wat hy nie heeltemal begryp het nie, maar nogtans verwelkom het. Daardie versameling manuskripte was 'n leeftyd se ondersoek na buitensporige lewensverhale. Dit was 'n verligting om daarvan ontslae te wees; buitendien – volgens sy geordende denkwyse – het hy nou 'n leë laai gehad wat hy vir iets beters kon gebruik.

Ouma Poppie het uiteindelik haar rus gevind, al was dit in die arms van 'n minnaar wat nie aan haar behoort nie.

Achmat Dangor is 'n aktivis en skrywer wie se passie vir literatuur en ontwikkeling gelei het tot verblyf in afgeleë dele van Suid-Afrika en in wêreldstede soos Londen, New York en Genève. Sy werk weerspieël dié byna nomadiese lewe. Hy het vier romans die lig laat sien, onder meer *Kafka's Curse* (wenner van die Herman Charles Bosman-prys) en *Bitter Fruit* (op die kortlys vir die 2003 Dublin Impac-toekenning en 2004 Booker-prys), asook kortverhaal- en digbundels. Hy is tans die uitvoerende hoof van die Nelson Mandela-stigting.

Brief aan Ariadne

Jean Meiring

To: ariadne@absamail.co.za
From: jeanmeiring@hotmail.co.uk
Re: Dagsê . . . ná 'n hele ruk

Blompot,

Jy't onlangs 'n goeie ruk lank my e-posse met stilte begroet. Ná die tyd rafeldun verskonings (moet jy toegee) uitgedink oor jou werkgewer se IT-stelsel wat soms oorgretig boodskappe uit allerlei oorde keer of firewall of wat ook al. Maar toe ek uiteindelik deurdring, toe bars jy soos 'n tienerpuisie, 'n raps voor die matriekafskeid, my skerm vol. (Hehe. Verskoon die beeld.)

Op my hoë ouderdom, het jy laat spat, het ek nog nie my lewe uitgesorteer nie en is ek allermins op koers êrens heen – my "oorvloed talente" ten spyt. Én, gaan jy toe voort, laas keer toe ek in Suid-Afrika besoek afgelê het – in Januarie vanjaar – was ek hééltyd in Johannesburg, en ná ek einde ten laaste die Kaap van Storms binnegevaar het, toe kon ek nie eens 'n tydjie afknyp om jou te sien nie . . .

Ek't jou sewe harde sinne gelees, en stadig herlees. My gesig het onwillekeurig begin gloei. Wat weet jy van my lewe? Wat weet jy wérklik van my daaglikse oppe en affe hiér? Van my verhouding wat verlede jaar onverwags – of so't ek gemeen – aanskoulik uiteen geskiet het en 'n kolkende emosionele vaarwater agtergelaat het waarin ek nou nog dobber?

Met my oë verstar, vas teen die skerm, het ek jou vinnig en vurig só swart gedink dat die hele Atlantiese Oseaan, wat genadiglik tussen ons lê, jou nie weer kon skoon kry nie. Ek't gewens die kuberruim, waaruit jy daardie oggend ongenooid gekom het, sluk jou met een gulsige Pacman-hap in. (Hehe. Jy ken my swakheid vir melodrama.) Maar dié gedagtes het maar 'n minuut of tien geduur.

Jou brief het my verras, ja. Geskok, ook. Maar tog op 'n manier nié. As ek eerlik is, toe ek daaroor nadink, was ek meer geskok dat my oombliklike gebelgdheid saggies oorgewaai het – dat ek inderdaad, onderliggend, ligweg afgetrokke voel.

Dis nie dat ek nie omgee nie. Inteendeel. Ons is al so lank vriende dat ek vermoed ons altyd op 'n manier deel van mekaar se lewens sal wees, en nie net as onuitwisbare voetnote in die vroeë hoofstukke nie. Al wys ek dit nie aldag nie, al praat ons die afgelope jaar redelik min mond tot oor en oor tot mond, om dit so te stel, is die feit dat jy daar is – dáár is – tog geweldig belangrik vir my.

Die outydse metafoor van 'n fondasie skiet my te binne. (Deesdae is "main frame" seker meer gepas?) Dis geyk, ja, maar seker omdat dit steeds so sprekend is, nie waar nie?

(Gaan kyk gerus maar na die uitspraak van die House of Lords in *Murphy* v. *Brentwood District Council* (1991) as jy twyfel oor hoe belangrik fondasies is – en as jy 'n bietjie wil sien waarmee ek my vanoggend hier besig gehou het.)

Waarom, wonder ek toe, waarom dié koelheid oor jou heftige reaksie? Dit rym tog nie met wat ek pas kwytgeraak het nie. Ek sê jy's my hoeksteen, maar ek's skielik nie ontsteld as jy wil-wil in die modderige aarde insak nie? Ek kom toe – tipies akademikus – met 'n klompie alternatiewe teorieë vorendag.

Eerstens is daar die moontlikheid dat jou samewerking nie meer nodig is nie. Wat jy ook al doen of sê, jy's 'n klein flitsende tekentjie op my rekenaarskerm, jy's drie- of vierhonderd e-posse in my reuse-inboks, jy's hope foto's geliasseer op my hardeskyf. Dááraan kan jou gedrag, jou keuses, niks maak nie. As ek wil hoor hoe dit gaan, is daar oorgenoeg briewe om te lees. As ek by nommer vierhonderd kom, het ek al skoon vergeet wat in nommer een staan. Dan katrol ek terug, begin ek maar weer van voor af.

Jy dink dít klink laf? Ja, dalk. Maar as die groot gros van die tyd wat ons die afgelope tien jaar in mekaar se geselskap deurgebring het, agter ons onderskeie lessenaars was, met ons oë op 'n blink skermpie gerig, of met ons stemme wat skril en dun uit 'n stukkie metaal suis, dan kán ons keuses tog niks aan ons vriendskap maak nie. Ons vriendskap is vir ewig in en op stukke bomenslike apparatuur beliggaam – of ons dit nou so wil hê of nie.

Teorie nommer twee? Ten spye van al my vleiwoorde is ons doodgewoon nie meer vriende nie. Of laat ek dit anders stel: Die vriendskap wat ons gedeel het voor ek in Junie 1997 hierheen gekom het, bestaan nie meer nie. Dis deur 'n ander, moeiliker verhouding vervang; ons is nóú maar eers besig om oor die reëls van dié nuwe verhouding te onderhandel en dit te karteer. Vandaar jou stilte, gevolg deur die uitbarsting; vandaar my gloeiende woede wat vinnig en pynloos deur my huidige ongereptheid verdring is.

Ons is twee peuters wat die gepastheid van verskillende emosies en reaksies toets en meet. Ons is seevaarders uit die sestiende eeu – óók deel van my leesbestek vandag! – en steek stukkie vir stukkie die uitgestrekte oseaan tussen ons oor; tentatief, blindelings skuif ons, elkeen op sy eie, die swart alles binne . . .

En dan's daar, derdens, die heelwat minder dramatiese teorie dat 'n vriendskap wat oor etlike duisende kilometer heen bedryf word heel eenvoudig baie meer aandag en water en bemesting en liefde verg as enige ander – baie meer as wat ons die afgelope jare daaraan gegee het. Ná so lank hier in die spreekwoordelike vreemde, het ek 'n sekere ritme van beweeg en dink en praat aangeleer wat nie sommer maar net – sonder 'n verklaring, met voetnote en al – verstaanbaar is nie.

Toe ek hierheen gekom het, het ek geen idee gehad hoe lank ek sou bly nie. (*Vae mihi*, o gode: Ek swot stééds, ingekerker in 'n doolhof wat by die dag net meer en meer gangetjies bykry.) Ons het nooit behoorlik vaarwel gesê aan dit wat ons agterlaat het nie, nooit gesit en stilletjies beplan hoe ons sake – ons vriendskap – voortaan sou inrig nie. Ons het dit nooit in 'n ander, meer gepaste versnelling versit nie. Pragtig naïef het ek gedink als sou nes voorheen kon voortgaan. En nou's tien jaar – nee, langer! – al verby.

Jy's steeds fisiek waar jy was, maar gedagtig aan hoe jou lewe ontwikkel het, was jy sekerlik op 'n helse trip, nes ek. Jy's al deur hoeveel fases van (alleen) ma-wees, van 'n beroep in die wrede wêreld uitkerf. Maar ons tweetjies maak nog asof Stellenbosch 'n jaar terug is, en die Kaap nog Hollands is.

En die ysere ironie is natuurlik dat e-pos en selfone en Skype en MSN-messenger – ek weier stééds volstrek om my genetiese kode en my siel aan Facebook oor te gee – dit als op 'n manier moéiliker maak. Al die tegnologiese middele is tog net 'n vorm van oëverblindery. Ons dink, ag moenie worrie nie, ons praat môre op die foon, of stuur 'n mailtjie, of praat weer oor Skype soos twee ruimtevaarders.

Maar ons besef nie lekker hoe ánders dit is om met iemand te praat wat op 'n ander kontinent is nie, want ons sit mos albei met koppies koffie in die hand en kyk mekaar, nou wel op skerms, vól in die gesig. Poskaarte en daardie ou lugposbriewe, die dun blou papier hakerig oopgeskeur, het nooit op onmiddellikheid, op meer as wat hulle was, aanspraak gemaak nie. As ons maar nét elke maand 'n brief – op die outydse manier – aan mekaar geskryf het, was als waarskynlik makliker en duideliker.

Vandaar dan, dink ek, my afgetrokkenheid: weens dié besef.

Ons vriendskap is nou wel effe in duie, soos die ruïne wat ek verlede week by Knossos in Kreta besoek het. Maar weet jy wat? Sommige ruïnes, soos daardie een, is gemaak om te hóú. Ná die krenellering deur die wind afgelek is, en ná stukke muur stadig, steen vir steen, na benede getuimel het, staan daar eeue nog 'n beduidende stuk gebou wat die wêreld toeroep: Verder takel jy my nie af nie; iemand gaan weer hier, op hierdie ou patroon, wil bou.

Dis daarom dat ek nou hierdie e-pos gaan uitdruk, dit netjies gaan toevou en in 'n mooi koevert inskuif, voordat ek – heel outyds – 'n seël gaan koop, en hierdie brief aan jou gaan pos.

Met liefde, ja,
Jean

Jean Meiring is 'n regsgeleerde wat twaalf jaar aan die Universiteite van Oxford en Cambridge in Brittanje verbonde was, as student sowel as dosent. Tans is hy besig om metterwoon na Suid-Afrika terug te keer. Sedert 2002 skryf hy vir 'n verskeidenheid van Suid-Afrikaanse publikasies, in Engels en Afrikaans.

Die keuses wat jy maak . . .

Corlia Fourie

Ek begin gewoonlik my dag met minstens een persoonlike e-pos aan een van my kinders, een in New Jersey en een in Londen en/of my suster in Auckland, Nieu-Seeland.

Dis nie werklik so verskriklik erg as 'n mens se kinders en jou suster in ander lande woon nie, vertel ek dan vir myself. Daar is verskillende maniere waarop 'n mens deesdae met hulle kontak kan behou: e-pos is goedkoop, en vir vinnige boodskappe word ge-SMS. Ons Skype nie. Ons wil ons nie spesiaal gaan mooimaak nie. Dis lekkerder om net die stemme te hoor en 'n halfuur, soms selfs 'n uur oor die telefoon te kuier, oor groter en kleiner dinge te praat en grappies te vertel.

En terwyl my kinders in Suid-Afrika was, was ek altyd bekommerd oor hulle. Hulle het laatnag huis toe gekom, nagklubs besoek wat my die horries gegee het en hulle oor die algemeen gedra asof hulle in 'n vry, misdaadlose samelewing bly.

My oudste dogter, Marianne, 'n kunstenares in haar middel-dertigerjare, is al twaalf jaar landuit. Die jongste, Carina, woon reeds vyf jaar lank in Londen. My enigste suster het in 2008 Auckland toe getrek om naby haar enigste dogter te wees. Ek het baie min naby-familie in die land oor. My ma en my pa (albei oorlede) was die jongste van baie groot gesinne. En daar was 'n groot ouderdomsverskil tussen my ma en my pa. My niggies aan my pa se kant was byna so oud soos my ma. Die niggies is nou al baie ou mense, of dood.

Ek, as geskeide middeljarige vrou, is dus feitlik alleen – as dit nie vir vriende was nie. Iets wat my nogal nie hinder nie, buiten as ek daaraan dink dat ek siek kan word en daar in Suid-Afrika niemand sal wees om byvoorbeeld beheer oor my geldsake oor te neem nie. Maar nogtans dink ek nie daaraan om agter my kinders aan te trek nie. Ek hou daarvan om my eie besluite te neem en vir myself verantwoordelik te wees. Dit is waarskynlik moontlik om in 'n ander land 'n loopbaan as vryskut-joernalis en toevallige skrywer voort te sit. Maar ek is lief vir hierdie land. Ek sien geen rede hoekom ek nie hier moet bly nie. Die Afrikalandskap is deel van my; die grond, die bome, die blou-blou lug, die vlaktes, die berge, die see, die helder kleure, die son. En Afrikaans. Ek wil nie in 'n ander taal sukkel-skryf nie.

As ek dan moet sukkel (en sukkel ken nie grense nie) doen ek dit eerder hier.

My suster is weg oor die misdaadsituasie. Volgens haar gaan ons (wat agterbly) nog almal een nag wens ons was ook landuit as ons wakker word met 'n mes teen ons keel.

Om bang te wees is 'n slegte ding en veroorsaak stres. Maar dis ook stres om in 'n ander land te moet aanpas. En uiteindelik is die dood al waarvan jy seker kan wees, soos die cliché dit wil hê. Maak nie saak in watter land jy bly en hoe ver jy wegvlug nie.

In my en my twee dogters se geval, is dit dalk nie net die politieke situasie wat ons op verskillende kontinente laat beland het nie. Dis ook goed wat lank, lank gelede gebeur het, wat uiteindelik 'n invloed het op wat jy in die hede kies en is. So is ek Afrikaans en bly ek uit eie vrye keuse in Suid-Afrika, maar my kinders is kosmopolities. My oudste dogter, verlief op Frankryk en lief vir 'n Fransman, bly op die oomblik in Hoboken in New Jersey en my jongste dogter in haar hartstad, Londen.

Die gebeure, glo ek, wat ons drie se keuses van blyplek beïnvloed het, het te doen met 'n verblyf van drie jaar in die vroeë tagtigerjare in Londen waar my eks vir die toentertydse Nasionale Tydskrifte gewerk het.

Nou moet ek bysê dat ek nou nog mal is oor Londen. Ek verheug my in die kunsuitstallings, die teaters, die musiekkonserte en die boekwinkels.

Maar ek het terselfdertyd in Londen die eerste keer uitgevind wat depressie is. Want in die winter het ek soms, sonder enige rede, sit en huil wanneer man werk toe en kinders skool toe is. En die winter in Londen is baie lank en baie donker. Seisoenale depressie word dit genoem – en ek ly erg daaraan. Ek sou wel in Londen kon bly as ek genoeg geld gehad het om in die winter iewers anders heen te vlug, soos na 'n villa in Italië of 'n wildplaas in Namibië. Maar ongelukkig het ek nie naastenby die geld daarvoor nie.

As kind in Londen het Marianne erg na Suid-Afrika verlang, na 'n huis met 'n tuin, diere, die familie en vriende. Carina, die jongste, was vier jaar toe ons in Londen aangekom het en het selde oor Suid-Afrika gepraat. Daardie tyd, tydens die apartheidsjare, was my kinders in 'n Anglikaanse kerkskool waar kinders van baie verskillende nasionaliteite skoolgegaan het. Dit het my opgeval dat hulle nooit na mense se kleur verwys het nie. Selfs as hulle gevra het of 'n kind ná skool by hulle kan kom speel, het hulle gepraat van "die maatjie met die groen jas", nie die Indiërmeisie nie.

Ek het dit toe nie so bedoel nie (of dalk tog?), maar met ons terugkeer het ek 'n proses aan die gang gesit wat my kinders van Afrikaans sou vervreem. Ek het albei by 'n Engelse laerskool ingeskryf. Ek het vir almal gesê dis omdat hulle dit gekies het (waar), maar wat ek nie bygesê het nie, is dat ek dit ook gekies het. Ek het dit gekies omdat ek gedink het dat dit vir hulle makliker sou wees om in 'n ander land te gaan woon, indien hulle sou wou, as hulle deur medium van Engels skoolgaan. Makliker dus om te ontsnap van die politieke situasie. Afrikaans was steeds ons huistaal en ek het myself wysgemaak dat die kinders nou volkome tweetalig sou grootword.

Maar die Engelse invloed was so sterk dat Carina nou Afrikaans met 'n Engelse aksent praat. Selfs Marianne, wat in 'n Afrikaanse hoërskool was, moet dink oor die regte woordgebruik as sy Afrikaans praat. (Eintlik, sê Marianne, moet sy konsentreer as sy enige taal praat, ook Frans – nou haar huistaal.)

Die skoolkeuse het tot gevolg gehad dat Carina haar so 'n bietjie geskaam het vir haar Afrikaanse gesin. Haar suster het dit geweet en wanneer Carina soggens by die skool uit die motor klim, het Marianne geskree: "Rockspider ons kom jou vanmiddag met die ossewa haal!"

Terug in Johannesburg het Marianne weer jare lank getreur oor Londen. Sy het haar skoolmaats vertel dat die skole in Londen baie lekkerder is en die winkels baie mooier. Iets wat haar nie noodwendig geliefd gemaak het nie. Carina het nie gekla nie. Sy het net geweier om Afrikaans te praat. Dit het 'n ongemaklikheid tussen haar en ons Afrikaanse familie veroorsaak. Later jare het sy vir my gesê: "Dit was my protes omdat ek eerder in Londen wou wees as in Johannesburg."

Marianne, met Frans as skoolvak, het ná skool 'n jaar lank as au pair in Parys gaan werk. Want reeds op agt, op haar tweede dag in Parys, het Marianne gesê: "Mamma, ek wil eendag as ek groot is in Frankryk woon. Ek hou van die stad en die kos is lekker en die taal is vir my so mooi." Op vier en twintig het sy vir verdere studie Frankryk toe vertrek en benewens vakansies, nooit weer na Suid-Afrika teruggekeer nie.

Terwyl sy besig was met haar doktorale studie het die Franse ambassade in Suid-Afrika gesê dat sy moet terugkom en haar tesis in Suid-Afrika klaarmaak. Maar Marianne wou nie. (Sy het toe reeds 'n ernstige verhouding met Seb gehad.) Sy het teen daardie tyd geweet hoe om die Franse stelsel te gebruik om langer in Frankryk aan te bly. Sy het haar tesis laat vaar en vir Russies ingeskryf by die Universiteit van Bourgogne. Saans en bedags het sy, as sy nie klas gehad het nie, as kelner by 'n restaurant gewerk. Só het sy dit reggekry om nog drie jaar in Frankryk aan te bly. Daarna is sy getroud en het 'n Franse burger geword.

Dit klink of dit alles baie maklik was. Marianne het gedoen wat sy gesê het sy gaan doen toe sy klein was. Maar dis nie so eenvoudig nie. 'n Deel van haar lewe sal altyd in Suid-Afrika wees. Sy het die meeste van haar Suid-Afrikaanse vriende afgesterf, maar haar ouers en van haar familie is nog in Suid-Afrika. En alle Suid-Afrikaners mis sekere goed as hulle in die buiteland woon. So het Marianne al met sakke vol Ceres-mango- en -lietsjiesappe die terugtog Frankryk toe aangepak. En voordat rooibostee oral oorsee beskikbaar was (ja, ons het dit selfs in 'n supermark in Boedapest raakgeloop), moes ek baie rooibostee saamneem. Voor snuffelhonde by lughawens gebruik is, het ek pakke biltong en droëwors saamgevlieg. Verlede jaar was die eerste keer dat sy nie baie emosioneel en in trane afskeid geneem het nie – en moontlik net oor kommer omdat daar probleme was met die vliegkaartjies.

Carina se ongemaklikheid met Afrikaans het grootliks verdwyn toe sy kennis begin maak het met Afrikaanse kunstenaars. Eers was daar Johannes Kerkorrel en Koos Kombuis, wie se musiek sy oor en oor gespeel het. Toe het sy een aand, terwyl sy by die destydse RAU was, *Boklied* van Breyten Breytenbach gaan sien en daarna stralend gesê: "Dis só goed, en om te dink hy is Afrikaans!" (Teen daardie tyd het sy met my Afrikaans gepraat.) Daarna het sy Antjie Krog en Marlene van Niekerk ontdek en vandag sê sy met trots dat sy Afrikaans is en haar moedertaal Afrikaans (ondanks daai Engelse aksent).

Carina is ook landuit met 'n studiebeurs vir haar Ph.D. in filosofie aan die Universiteit van Londen. En nadat sy die graad behaal het, het sy in Londen werk gekry. Sy dink nie aan terugkeer nie. "Ek hou meer van hoe die Britte dink en wat vir hulle belangrik is. Ek voel tuis daar," sê sy.

Omdat albei my kinders in letterkunde en rolprente belang stel, het ons altyd iets om oor te gesels. Wanneer hulle kom kuier, koop albei Afrikaanse boeke. Veral boeke wat aandag trek: *Die swye van Mario Salvati, Bidsprinkaan, Agaat, Die boek van toeval en toeverlaat.*

En as hulle in Suid-Afrika is, is daar 'n paar "rituele" wat uitgevoer moet word, soos 'n besoek aan 'n wildtuin (ook om my Franse skoonseun se onthalwe), 'n besoek aan Kaapstad, 'n Steers-burger (volgens Marianne die beste in die wêreld) en Nando's hoender.

Marianne en Carina reis graag en hou daarvan om ander kulture te ontdek. En ek reis met 'n geruste hart saam, wanneer ek ook al kan. Vir my wat geen rigting het nie en selfs in Johannesburg verdwaal het toe ek hier aangekom het, is dit heerlik om saam met mense rond te loop wat rigting kan hou, in alle omstandighede.

Maar tog . . . Ai tog! Tog is daar kere dat ek geografies nader aan hulle sou wou wees. Soos met Marianne se onlangse hospitaalbesoek in Amerika sou ek haar wou neem en gaan haal – haar man was daardie tyd vir sy werk in Frankryk. (Maar natuurlik, as sy in die Kaap gebly het, sou ek dit ook nie kon doen nie.) Soos om 'n eenvrou- of selfs 'n groep-uitstalling van haar werk te kon bywoon.

Die enigste keer dat Carina haar graad gaan haal het, was ek nie daar om die Ph.D. saam te vier nie. In Suid-Afrika het sy elke keer gevra dat hulle haar sertifikaat pos. Sy het nooit self oor die verhoog gestap nie. Buiten daardie een keer . . . in Londen.

En ek was nie daar nie.

Maar haar suster het spesiaal van Amerika gevlieg om die geleentheid by te woon.

Vir haar ouers het sy laat weet: "Moenie bekommerd wees nie. Ek verteenwoordig die familie."

Saans voor ek gaan slaap, kyk ek vir oulaas na my e-posse vir 'n boodskap van ver, amper soos 'n alkoholis wat nie tot rus kan kom voor daardie laaste fix nie. Het my suster, ná 'n jaar in Aucland, al 'n werk gekry? Gaan een van my kinders vanjaar kom kuier?

En gelukkig, in hierdie tegnologiese eeu, kom die antwoorde heel vinnig.

Corlia Fourie skryf in verskillende genres: dramas, kinderboeke, kortverhale en romans. Van haar bekendste werke is die drama *Moeders en dogters*, wat verskeie kere opgevoer is – vir die verhoog sowel as vir radio en televisie – asook die kinderboeke *Die meisie wat soos 'n bottervoël sing* en *Die towersak*. Vir laasgenoemde twee boeke het sy talle literêre pryse ontvang. Sy is 'n vryskutjoernalis en *Rooi Rose* se verhaleredakteur. Onlangse werke is *Stories met stertjies* (2007) en *Alle paaie lei deur die Strand* (2008).

De avonden

Solet Scheeres

"Gaan ons fiets of met die kar?" wil my man weet. "Want as ons met die kar gaan, moet jy ry. Ek wil vanaand drink."

Die wind waai verskriklik. Al die hele ganse dag. Vanoggend is daar 'n weerwaarskuwing afgekondig. Hollanders is dol op weerwaarskuwings; dan kan hulle op die ergste voorberei. Die ongelyke stryd tussen die mens en water sluip altyd in die ondergrond van hulle gedagtes rond.

"Kom ons loop eerder," sê ek. "As ons met die kar ry, kry ons weer nie 'n plek om dit te parkeer nie en my fietslig is nog steeds stukkend. Buitendien is ek bang die wind waai my van my fiets af."

"Jy maak seker 'n grap," lag hy.

Ek hou my mond en trek my jas aan, draai 'n sjaal om my nek en steek my warm hande in handskoene.

Ons loop in die paadjie langs ons huis af. "Binnendoor." Halfpad deur die stadstuin agter ons huis draai ons om en kyk terug. Ons huis skyn soos 'n ligtoring in die donker nag.

"Ons sal seker nooit leer om die ligte af te sit nie," sê my man met 'n sug. Ons is al deur vriende oor die vingers geraps oor ons gebrekkige deelname aan *energiebezuiniging*.

Die Katolieke kerk se klokke speel 'n ingewikkelde deuntjie en beier dan nege slae uit. Die wind waai die geluid deur die dorp. 'n Mens kan blykbaar aan die manier waarop die klokke lui, agterkom of dit 'n begrafnis, 'n troue of 'n krisis is wat aangekondig word. Volgens my oor word daar op ons dorp net begrafnis gehou.

Die kortpad-stegie waarop ons loop, ingewikkel tussen die hoë mure van twee rye *rijtjeshuizen*, is stikdonker.

"Hier moenie nou 'n fiets om die draai gejaag kom nie," sê my man.

"Ek is banger om in hondestront te trap," sê ek.

"Die rand het vandag weer sy gat gesien," sê my man swaarmoedig. "Een of ander tyd moet dit tog weer draai." Ons woon nog met ons koppe in Suid-Afrika. Danksy die wêreldwye web kan ons deur MWeb se donkerbril die gebeure in ons moederland op 'n "minute to minute"-basis volg.

Die *jarige job*, Jan Hendrik, maak self die voordeur oop. Kinders in slaapklere hardloop giggelend die trap op. Die warmte van die vertrek vou ons toe na die ysige byt van die aandlug.

"Ha, Han! Ha, Solet!" sê hy jolig. Hy vat ons jasse en hang dit op. Dan skud ons blad. Ek soen drie denkbeeldige maar luidrugtige soene in die lug weerskante van sy wange.

Ons loop deur die voorportaal na die binnekamer. Die kamer is vol geel lig en gesprekke wat stop om te kyk wie binnekom. Dit ruik na koffie en gebak.

Dit is goeie maniere om elke persoon in die vertrek se hand te skud en te *feliciteren* met die verjaarsdagman. Eerste aan die beurt is meneer Peter wat as gevolg van gevorderde MS in sy elektries-aangedrewe *schootmobiel* sit. Hy woon nog in sy eie huis met hulp wat deur die staat betaal word. Langs hom sit Franka. Sy het alleen gekom, want haar man se sewe-en-negentig-jarige moeder lê op sterwe. Karin en Paul is 'n ongetroude paartjie wat nou al jare lank saamwoon. Hy noem haar sy vriendin, nie sy vrou nie. Yvonne sit oorkant hulle. Haar man is by PSV se Champions League-wedstryd teen die een of ander belangrike Britse klub.

"Appeltaart of kwarktaart met bessen?" vra die gasvrou, Ilze, uit die kombuis.

Ek is te vet om *appeltaart* te eet. Dit sal net die oë laat rek as ek vra om so 'n stuk koek met 'n berg slagroom op. "Kwarktaart, seblief," sê ek dus. Ilze knik goedkeurend.

Ons drink klein koppies swart koffie en eet ons gebak.

"Die spesialiteitswinkel op die dorp verkoop nou organiese rooibostee uit Suid-Afrika," kondig meneer Peter aan. Ek vermoed hy stem vir die Groenparty of dalk selfs vir die radikale Partij van de Dieren.

"Wat is organiese rooibostee nou eintlik," lag Han. "Sover ek weet word die bossies nie met gifstowwe gespuit nie."

Meneer Peter kyk geïrriteerd na Han, maar sê niks.

"Dit is byna soos die organiese heuning wat hulle ook verkoop," sê Paul.

"Ja, wat die mensdom nie sal uitdink om geld te maak nie," sê die verjaarsdagman terwyl hy die vuil koppies en bordjies wegruim.

"Die bossies word mos in die son gedroog," sê meneer Peter. Daar is verlange in sy stem toe hy van die son praat.

"Ja," sê ek, "soos perskes en koejawels." Ons is al weke lank lus vir gedroogde koejawelrolle. Daai groot vet rolle wat jy op skool verkoop het om geld in te samel.

Niemand hier het al ooit gedroogde perskes geëet nie. Niemand weet wat 'n koejawel is nie. Al wat hulle ken, is die klein suur gedroogde appelkosies.

Die gasvrou dra die *borrelhappjes* uit. Dun wielietjies met *worst*, blokkies kaas, 'n tapenade van ietsie groens, kraakbeskuitjies en flertse gerookte salm. Die verjaardagman skink bolglase vol rooiwyn.

"Prost!" sê almal vir mekaar.

"Wat noem julle 'n 'borrel' in Afrikaans?" vra Yvonne.

"'n Drankie."

"Een drôônkie," spot die verjaarsdagman. "Dit klink so 'n bietjie Vlaams."

"Of Brabants," sê ek hoopvol.

Niemand reageer nie.

"'n Dogter van 'n vriendin werk op die oomblik in Johannesbrug by 'n weeshuis," sê Yvonne. "Sy het haar ma gebel en vertel dat sy met 'n drankie sit. Maar die ma kon nie die woord onthou nie. Daarom vra ek."

"Is dit veilig by so 'n weeshuis?" vra Ilze

"Blykbaar nie, die mense het haar gewaarsku dat dit heel gevaarlik is. Daar is hoë draadheinigs om die geboue en sy mag net met begeleiding uitgaan."

"Ja," sê ek, dan is dit seker gevaarlik.

"Ha," lag die verjaarsdagman, "as Suid-Afrikaners sê dit is gevaarlik, dan bedoel hulle dit."

Die dominee en die fietsryer kom by die deur in. Hulle skud entoesiasties blad.

"Dié naweek is dit die nasionale scrabble-kampioenskappe," kondig die dominee aan. Hy is die huidige scrabble-kampioen van Nederland.

"Hoe berei jy jou daarop voor?" vra die verjaarsdagman.

"'n Ruk gelede het ek al die Nederlandse woorde wat met 'n z en x begin uit my hoof geleer," sê die dominee.

Die geselskap lag.

"Is die res van jou familie ook sulke goeie scrabble-spelers?" vra Karin.

"Nee, my twee broers maak beurte om Nederlandse *sjoelkampioen* te wees."

"Ken julle *sjoelen* in Suid-Afrika?" vra Ilze.

"Ek weet nie, ek ken dit in elk geval nie."

Dit word stil in die geselskap.

Die fietsryer ruk 'n gekleurde blaadjie uit sy bosak. "Julle moet my nog borg," kondig hy opgewonde aan. "Ons gaan in vier en twintig uur tot in Unna fietsry vir 'n goeie doel."

Goeie doele help Nederlanders om die knaende vermoede dat dit met hulle beter gaan as met die res van die wêreld in toom te hou.

Die blaadjie word rondgestuur.

"Hoekom fiets julle na Unna toe?" vra my man.

"O, ons en Unna is al van die jare sestig af *partnersteden*," verduidelik die fietsryer.

Wie sou Johannesburg se *partnerstad* wees? wonder ek.

Die geselskap verval in 'n sagte geruis van klanke. Dit raak al hoe moeiliker om woorde te herken. Die vrouens praat twee-twee met hulle koppe dig bymekaar. Die mans lag oor die dominee se onvermoë om by te hou as daar gefiets word. Die gasvrou deel kraakbeskuitjies met patee uit.

Meneer Peter groet. Hy maak behendig 'n U-draai in die klein vertrekkie en ry dan by die kombuis uit.

"Die deur by die portaal is te smal vir hom," verduidelik Ilze.

Kom ons waai ook, beduie my man vir my oor die gaste heen.

Die grond is lig gevries toe ons straataf stap. Die kerkklok slaan een lang slag. Die antieke keisteentjies glim onder die straatligte. Die wind het gaan lê. Die dorp slaap. Ons blaas rookwolkies terwyl ons praat.

"Het jy vanaand geniet?" vra my man.

"Ja," sê ek sonder oortuiging.

"Ek het huis toe verlang," sê my man. "Ek mis my mense."

"Ja, ek ook," sê ek.

Ons sit die ligte van ons ligtoringhuis af. Sluit die agterdeur. Pak die skoon skottelgoed weg. Trek ons pajamas aan en klim in die bed.

De avonden van Gerard Reve lê langs my bed. Vir die soveelste keer lees ek weer die laaste stukkie uit die boek:

> *"Konijn, ik ben levend. Ik adem, en ik beweeg, dus ik leef. Is dat duidelijk? Welke beproevingen ook komen, ik leef." Hij zoog de borst vol adem en stapte in bed. "Het is gezien," mompelde hij, "het is niet onopgemerkt gebleven." Hij strekte zich uit en viel in een diepe slaap.*

Solet Scheeres woon die afgelope vyf jaar in Nederland met 'n man, drie kinders en twee waterskilpaaie. Die meeste van haar tyd word gebruik om huis te hou en tuin te maak, maar sy doen ook vryskutwerk vir tydskrifte en koerante. Haar groot liefde is kinderliteratuur en sy probeer om vanuit die koue noorde tred te hou met die opwindende dinge wat in die Suid-Afrikaanse kinderboekwêreld gebeur. In die verlede het sy vir die SABC gewerk en storie-uurtjies vir kleuters aangebied.

Van digter tot *podiumbeest**

Antjie Krog

"Dis die taal," sê 'n vrou op Hollands. "Toe jy jou mond oopmaak, skiet die Afrikaans my deur die hart." Sy tik haar oë met 'n tissue droog. Tom Lanoye en ek kry skaars kans om op te kyk. Mense drom saam om boeke te koop en ons skryf ons name neer langs dié van Mieke of Luc of Marjan of Greet.

Agter hierdie suksesvolle moment lê egter 'n goed geoliede, eerstewêreldse masjien vol deurslaggewende kleppe. Een daarvan is 'n onafhanklik kunsliggaam, Behoud de Begeerte, oftewel BdB, wat hom uitsluitlik beywer vir die bevordering van Nederlandse/Vlaamse literatuur. BdB bied gereeld programme aan waarin een of meer skrywers saamtoer en uit hulle werk voorlees. Hoewel ek en Tom Lanoye die agt en twintigste aanbieding is, verskil ons s'n van die voriges in ons meertaligheid asook deur die gebruik van dekor, beligting en video-insetsels.

Dit was byna twee jaar gelede dat Tom gevra het of ek saam met hom so 'n toer sou onderneem. Natuurlik, het ek geesdriftig gesê. 'n Jaar later vra hy: Die toer gaan voort; sal ek ses weke Vlaandere toe kan kom? Natuurlik, sê ek, effe strammer as wat ek bedoel het.

Die eerste aanduiding dat ek nie 'n benul gehad het van wat ek afbyt nie, was die aangestuurde toerrooster: "Opening en tweede vertoning: Brussel". Vervolgens 'n lys name wat klink asof iemand grappies maak. "Optredes: de Mol in Lier, de Velinx in Tongeren, de Werf in Aalst, 't Vondel in Halle, het Bolwerk in Vilvoorde, de Herbakker in Eeklo, de Spil in Roeselaarde, de Brakke Grond in Amsterdam" en ja, waarom klink Oude Libertas in Stellenbosch skielik boaards van normaalheid?

Angstig bel ek Antwerpen: "Hemel, Tom, twee en twintig optredes en ons het nog nie eers 'n teks nie."

"Moenie worry nie, skattie," sê Tom, "kom jy maar net."

Na byna tien jaar saam, was Tom en die blonde jong ekonomie-onderwyser René Los die eerste gay paartjie wat hulle saamleefkontrak laat registreer het in die nuwe simboliese opspraakwekkende register van Antwerpen. Hulle woon doelbewus in 'n minder gegoede buurt as wat hulle kan bekostig, maar hulle woon daar omdat die straat se naam Broederminstraat is. Op die voorkant van die woonstelgebou, het hulle die visuele woordeboekteks laat aanbring van die woord "fasade". So bots die lopendes in die straat voortdurend teen dié wat verbysterend staan en lees. Tom het verskeie pragtige liefdesgedig-siklusse aan René opgedra.

Ek arriver in 'n uitgelate Antwerpen. Die linkses het pas die opmars van die regses in die munisipale verkiesing gestop deur die kandidaat van die Sosialistiese Party, Patrick Janssens, vir 'n sesjaartermyn as burgemeester te verkies.

Behoud de Begeerte, bestaande uit drie mense, kom my afhaal. Dié drie doen alles: taxi, posman, teemaker, pamfletuitdeler, boekhouer, rentmeester, programbeplanner, koördineerder, literêre kenner – alles tot op die fynste besonderhede uitgewerk.

Eers woon ek in 'n hotel en doen een onderhoud na die ander. Voor elke onderhoud lig Tom my noukeurig in oor die volgende koerant of tydskrif, joernalis en fotograaf en hy formuleer vir ons 'n invalshoek. Omdat Tom ook as *politiek beest* hier bekend staan, word topjoernaliste gestuur om veral sy opinie oor die verkiesing te kry. Dis iets om dop te hou. Hy gee sy mening in heerlike skerp sardoniese soundbites, terwyl hy terselfdertyd die aandag skuif na my. Gedurende die onderhoud dirigeer hy: Dis baie belangrik wat sy nou net daar gesê het. Of: Vra haar waarom sy dit sê, want vir ons hier maak dit nie sin nie.

Ek verduur fotograwe. Tom omskep dit in 'n kreatiewe ervaring waarin net soveel noukeurige sorg gaan, as die onderhoud self. Tom sorg dat daar genoeg tyd is, dat interessante teksture as agtergrond beskibaar is en dit word 'n uitbundige plesierigheid vir almal. Tom kontroleer elke storie. Maak nie saak waar ons is nie, as hy ge SMS word, hou ons op werk, maak hy sy laptop oop, lees, korrigeer, sny en voeg by.

"Ek sal nooit 'n joernalis vra om 'n storie terug te stuur nie – dit maak inbreuk op sy vryheid en vat buitendien te veel energie," sê ek. Tom kyk my simpatiek dog berispend deur sy brilletjie aan: "In die era van die internet verg dit baie *meer* energie om verkeerde feite of aannamens te korrigeer as dit eers een maal verskyn het."

Soos beplan, tel die radio ná twee dae ons storie uit die koerante op. Ons begin hoor van kaartjies wat goed verkoop en na twee gloeiende openingsresensies maak die televisie kontak.

Intussen verhuis ek na 'n woonstel. Soggens word ek en Tom deurgeneem na Brussel waar ons saam met Hildegard werk – 'n lang vrou met die rustige grasie van 'n pragtige blonde kameelperd. Sy sit tekste aan mekaar sodat dit dramaties werk en het alles gelees wat in Nederlands verskyn het van my en Tom. Drie dae lank laat sy ons begaan, maar lig dan op 'n oggend haar langvingerige hand en lei ons na 'n stuk waarvan die verskillende en komplekse raakpunte eers mettertyd vir ons merkbaar geword het.

Ek ontmoet die ander lede van die span. Joep, wat na die klankproduksie omsien en alles met sy lyf aandui: Is iets nie na wense nie, stoot hy sy onderkaak uit; werk iets goed, lig hy sy regterwysvinger. Dimi vir beligting en Ief vir die elektroniese teks.

En dan is daar Harry: blink geklink van die ringe, met 'n klein baardjie op die onderlip, en haartjies wat soos ystervarkpennetjies orent gejel is. Harry is ons sjef. Ja, sjef, soos in kos. Ek word ingelig oor die belang van goeie voeding voor 'n opvoering en luister met verbystering na wat vir my na blote verskonings klink om smulpaperig te kere te gaan.

Met die tyd saam leer ek egter: Dis belangrik dat mense dieselfde kos eet voor 'n opvoering. Ek kan nie 'n tere Medea-toneel lees terwyl ek na knoffel en Tom na *ballekes* ruik nie. Ons moet as 't ware dieselfde uit ons monde geur. Die tegniese mense is jonk. Na 'n week van vars slaai, groente, kragtige vleis en sop klaar hulle velle op, hulle hare blink en hulle is vriendelike, hulpvaardige wesens.

Wat ek egter nooit sou kon raai nie, is dat Harry snel sou ontwikkel tot die middelpunt van ons toerende bestaan. Ons sal laatmiddag, mistroostig en nat, by 'n koue nuwe saal afklim met veelkleurige pype en industriële trappe, of in 'n vergulde fluwelige baarmoeder uit die negentiende eeu en onmiddellik agter die geur van hemelse spyse aanspeur, tot ons Harry vind. Met sy gestreepte voorskoot sal hy ons inwag – gul van trots – die tafel netjies gedek met linne, lapservette en verskeie glasvase waaruit hiasint-bolle hul eerste groen punte steek.

Harry maak kos met die konsentrasie waarmee ander mense oogoperasies doen. Dis alles vir ons. Ons glimlag. Ons voel geborge. Terwyl ons ons verslingerd eet aan 'n keurige delikate driegang-maal, vou Harry sy enkelplaat-stofie op, pak die vuil skottelgoed alles in 'n enkele dra-tassie en ná ons elk twee kragtige koppietjies espresso gedrink het, voor ons oë deur hom ingeskuim, pak hy op en vertrek. Waar hy gewerk het, silwerskoon.

Aanvanklik drink niemand wyn nie, want dit "gaan sit" op die stembande, maar ná 'n week drink ons skaamteloos die hele bottel rooiwyn leeg. Behalwe dat dit uitstekende sagte Italiaanse wyn is, was dit 'n sonde om sulke kos sonder wyn te eet.

Tom wil 'n insetsel van Helmut Lotti in die program inwerk waar hy "Shosholoza" sing. Ek steek vas. Ons is nou wel besig om 'n program te maak wat die oorsteek van grense besing, maar 'n *Duitser* wat 'n reeds deur-rugby-verkragte lied sing, is waar ek absoluut die streep trek. "Helmut Lotti kom van Gent!" skreeu almal tegelyk. "Hy's *Vlaams*."

Die bestuurder van Helmut Lotti bel. Hulle is nie onwillig om toestemming te gee nie, maar nouja, wie wil belaglik gemaak word deur Tom Lanoye? Glad nie, verseker Tom. Dis 'n serieuse voorstelling van gerespekteerde Suid-Afrikaners en Vlaminge. Tog is die video iets om te aanskou – geskiet êrens in die Drakensberge met 'n opgetofde swart koor en simfonie orkes.

Tom lees sy tekste uit sy groot galery boeke voor. Ek fotostateer alles en bind dit in 'n netjiese swart lêer – dan hoef ek nie so rond te blaai nie. "Dis nie baie slim nie," sê Tom versigtig. Mense wil agterna dikwels die boeke koop. Die eerste aand verkoop ek een boek en Tom by die dertig. Ek plak die vergrote fotostate in die werklike boeke in en verkoop die volgende aand by die twintig.

Ek word genooi om op televisie te verskyn saam met 'n bekende akademikus. Ek sê nee. My program is te vol en Amsterdam is te ver. "Dis nie baie slim nie," sê Tom versigtig. Die taxi's wat hulle stuur, ry so stil dat jy agterin kan werk of slaap, maar om saam met 'n akademikus op televisie te wees, is goed vir jou en goed vir hom. Dit blyk toe agterna inderdaad een van die beste kontakte wat ek in 'n lang tyd gemaak het.

Ná die vierde optrede besluit ek dat ek my tekste wil verander. "Dis nie baie slim nie," sê Tom versigtig. Jou kreatiwiteit moenie nou ingaan om die *tekste* te verander nie, maar om die *interpretasie* te verdiep. Enige verandering beteken dat die hele elektroniese weergawe oorgedoen sal moet word en dit kos geld.

Ek besluit om deur te byt, maar teen die veertiende opvoering voel dit my ek bars uit my skedel van irritasie met my eie werk, my eie stem. Op 'n sekere punt in die *Mamma Medea*-teks staan Tom en ek albei op die tafel. Medea beveel Jason om pad te gee omdat hy 'n jonger meisie wil trou. Ek is veronderstel om Tom hier met 'n lêer oor die kop te slaan om die ietwat dramatiese toneel tot 'n ligter einde te bring. Net voor ons opgaan, sê ek: "Ek gaan jou nie vanaand slaan nie. Ek weet nie hoe jy van die tafel tot op die stoel gaan kom nie, maar ek gaan jou nie slaan nie."

Met my rug na hom, beveel ek in epiese vyfvoetige jambes vir Jason om te trap. Dis doodstil agter my. Ek draai stadig om en word yskoud. Tom staan doodstil voor my, maar absoluut verwond. Hy kyk my so volslae weerloos aan dat dit voel asof alle tyd stil staan. Ek het te ver gegaan, dink ek verskrik. Skielik tree hy vorentoe, vat my gesig in sy hande vas en soen my teer op die mond, draai stadig om en stap die tafel af. Dis so stil, jy kan 'n speld hoor val. Ek is heeltemal in die war. Dramaties is dit korrek. In die stuk self soen Jason Medea pas nadat hulle hul twee kinders vermoor het om mekaar te vernietig.

Maar iets anders het ook hier gebeur. Die soen het meteens ons gesamentlike teks van veilig na gevaarlik laat kantel. Almal in Vlaandere weet dat Tom gay is. Almal is dus verruk oor die wonderlike verhouding wat ons op die verhoog het, die soort verhouding, dink ek, wat die meeste mense dalk eintlik van droom. Kreatief, emosioneel, gelykwaardig, sensitief, intens, verbaal elektries, maar sonder die moontlike verraad van die seksuele. 'n Verhouding selfs meer ideaal as met 'n broer of suster. En skielik, met 'n enkele gebaar van Tom, is die hele aand onveilig.

Niemand het 'n enkele woord met ons daaroor gepraat nie en ons het feitlik geen boeke daardie aand verkoop nie. Maar vir 'n oomblik het hy my in staat gestel om die ongelooflike mag van die teater met sy "suspension of disbelief" volkome te begryp.

"Om vir tye buite jou land te bly is goed vir 'n skrywer," sê Tom. "Jy leer jouself baie beter ken, asook jou land en kultuur. As jy my vra wat die Nederlandstalige kultuur vir julle sou kon bied, sou ek sê, eerstens, die ryk invloed van ons vertalingskultuur. Die Angelsakse is baie monokultureel gefokus op alles wat voorheen deel van die Empire was, met ander woorde wat in Senegal aangaan of die ongelooflike veranderinge in Brasilië is irrelevant. Nederlands en die Skandinawiese tale het die grootste vertalingskulture ter wêreld. Dit beteken dat 'n groot verskeidenheid denkpatrone en perspektiewe voortdurend ons tale binnevloei wat 'n mens se kultuur geweldig kragtig, oop, sterk, diep en elasties maak. Ek vind dit jammer dat Suid-Afrikaanse uitgewers dikwels vertaalde boeke sien as ekonomiese kompetisie vir plaaslike skrywers, terwyl dit eintlik die teenoorgestelde kan wees.

"Die tweede ding is ekonomies. Die Angel-Saksiese wêreld ondersteun die sogenaamde vrye mark, vry wanneer hulle daarby baat kan vind, terwyl ons van die uitgangspunt gaan dat jy heelwat sosiale voorsiening kan maak voordat 'n land bankrot gaan. As die Amerikaners en Engelse jou enigste invloedsfeer is, hoe raak jy bekend met die Rheinlandse model wat aanvaar dat die vrye mark onafwendbaar is, maar dat jy terselfdertyd van die kapitalistiese strukture en prosesse moet korrigeer om te verhoed dat die armes armer en die swakkes swakker word. Die Rheinlandse model staan vir 'n beter kwaliteit lewe vir almal. Sommige van ons Belgiese wette sal as suiwer Kommunisme afgeskiet word in Amerika."

Tydens ons laaste twee etes het die hiasinte in die glasvase in witte bloei gestaan.

Antjie Krog is 'n digter, skrywer, joernalis en tans buitengewone professor aan die Universiteit van Wes-Kaapland. Sy het twaalf digbundels gepubliseer en twee niefiksie-boeke wat handel oor die veranderinge wat sedert 1990 in Suid-Afrika plaasgevind het. Nege boeke van Krog het ook as vertalings in Nederland en België verskyn wat maak dat sy gereeld voorlesings daar gee saam met Nederlandssprekende skrywers en digters.

*Die essay het oorspronklik in *By* verskyn.

Die twee lewens van Johannes Jakobus (Japie) Leonard

Eben Venter

[i]

Vat nou die geld wat Oupa vir jou gelos het, Japie, en gaan bekyk 'n bietjie die wêreld. Jy verdien dit.

Wat lol Ma nou weer so vanoggend? Hy kyk na sy ma. Sy't reeds haar Jodphoers aan en is nou besig om seemsleer-handskoene aan te glip. Sy en sy pa en 'n klomp mans gaan nou-nou jag.

Ek is lief vir jou, my kind.

Ma lol. Japie en sy ma ken mekaar van binne-uit, vlees van mekaar se vlees. Alles, álles sal sy ma vir hom doen, maar dis nie te sê sy wil hom in die nes hou nie. Daarvoor is sy te wys, te onafhanklik, te oud.

Wat draai die mans nou so? Sy skiet die vingers van haar regterhandskoen een vir een in posisie en kyk by die venster van die sonkamer uit oor wit winterkikoejoe.

Ek weet dit help nie eers om jou saam te nooi vir die jag nie. Jy't ander idees gekry met jou filosofie-studies. Dit hinder jou pa, nie vir my nie. Maar ek wil hê daar moet ten minste biltong droog wees as jy Europa toe gaan.

Wie't gesê ek gaan Europa toe?

Ek weet jy sal, Japie. Jy moet. Daar's hulle nou, sê sy toe sy die klomp mans in kakie en kamoefleerbroeke en -baadjies met die paadjie sien opgeloop kom. Die mans korswil, dis 'n skoon, helderblou wintersoggend in die Oos-Kaap. Sy ma sit haar koppie koffie halfgedrink neer en spring op soos 'n dogtertjie, opgewonde.

Japie kyk haar agterna, hoe sy tussen die mans inloop, tussen die ou, donkergroen sipresse weerskante van die paadjie wat sy wil laat afkap. (Sy vra jaar ná jaar en elke keer weier sy pa.)

Hy merk haar drif daar tussen die mans, al is hulle almal 'n kop of wat langer en hulle manslywe veel breër as hare. Hy merk haar kordate rug soos sy wegstap, die .207 oor haar linkerskouer gehaak. Sy ma het 'n parmantigheid wat moedswillig kan word as sy maar net uitgelok word. Jare later, toe sy goeie huwelik en stabiele werk grysvoos begin raak het, het selfs die bruisende energie van sy ma daardie dag tussen die jagters, iets wat hy altyd bly vashou het, begin vervaag.

Die energie in Europa het 'n ander vorm aangeneem en hy het dit gretig ingeneem. Die beste manier hoe hy dit kan beskryf, is die middag daar voor die Rudolfinum Teater in Praag. Jong Tsjeggiese mans in swart hemde en swart broeke was besig om die konsertsaal vir die aand se uitvoering van Antonin Dvořák se Negende Simfonie op te tooi. Die son het geskyn, maar dit was nie warm nie. In die middel van die stel trappe het hulle 'n rooi loper uitgerol en tussen die Neo-Renaissance-pilare het hulle fladderende moesliengordyne opgehang. Die werkers het opgeskud en tussenin gelag en met 'n sigaret in die mond aangewerk sonder om een keer 'n blaaskans te vat.

Op die heldergroen grasperk voor die gebou het Japie hulle staan en dophou. Hy het hom wysgemaak dat dit nie die koue of die tyd is wat hulle aanjaag nie, maar eie energie. Hulle hou doodeenvoudig daarvan om hierdie teater reg te maak vir hulle geliefde volkskomponis. En alles waarna hy gekyk het, het geskitter: die blou, onbesoedelde hemel oor Praag en die vol Vilatava-rivier en die rooi van die tapyt en die goue beslag op die torings van die fantastiese Rudolfinum.

Die skoonheid van die stad en die energie van die werkers het hom drif vir sy toekoms gegee. Hy was geseënd met 'n sterk gebeente, hy kon drie tale praat en hy het 'n leeskennis van Klassieke Grieks en Latyn gehad, sy analitiese vermoë het in die filosofieklas na vore getree – sy pa het inderdaad die beste opvoeding moontlik aan hom gegee – hy het 'n sekere sjarme gehad, vroue het van sy geselskap gehou, hy kon hulle laat lag: Die deure het oopgestaan, hy kon enigiets aanpak wat hy wou. Dus, toe die oproep op sy selfoon kom, was dit byna vooraf bestem (so het hy jare later daaroor gedink) dat hy ja sou sê op die uitnodiging om die volgende akademiese jaar te begin as junior dosent in die filosofie aan die Noordwes-universiteit.

Daardie aand in 'n kroeg naby die ou Joodse begraafplaas het hy met ene Jiří aan die praat geraak. Jiří kon so 'n bietjie Engels praat, vlot Russies, en hy kon byna enige van die ander Slawiese tale verstaan. Hy was ook 'n student, altans so het Jakobus verstaan. (Hy het hom daar en elders op die kontinent telkens as Jakobus voorgestel, dit was die naam waarmee Europeërs hulself kon vereenselwig.) Jiří was min of meer sy ouderdom, lank en nie onaantreklik nie en stinkerig, sê so twee, drie dae sonder stort. Jakobus het vir Jiří probeer vertel dat hy binnekort filosofie gaan doseer, informele logika, dit was sy spesialisering. En selfs toe hy al in 'n euforiese beswyming was ná al die kort, vet glasies vodka, die Poolse Zubrowka, die beste volgens Jiří en hy enige kant toe kon swenk, het hy nie een keer aan sy toekomsbesluit getwyfel nie. Die belangrikste wat hy egter van Jiří oorgehou het, was die naam Bohumil Hrabal, die Tsjeggiese skrywer.

Die volgende dag, sy laaste, het hy by die Engelse boekwinkel Hrabal se meesterwerk gaan aanskaf met die Engelse titel *Too Loud a Solitude*. Op die terugvlug het hy die novelle van net onder die honderd bladsye klaargelees – in sy kop het hy reeds ingetrek by 'n woonstel naby Tomstraat in Potchefstroom, boekrakke van vloer tot plafon, hy't mos nou verdien, en sy ma het die gordyne kom hang – en toe begin die twyfel hom bekruip.

Twyfel oor die beperkinge van 'n lewe op 'n groot plattelandse dorp soos Potchefstroom, maar veral twyfel oor sy ambisie. Op sy sitplek, ry 40D langs die paadjie, met die dofglans van die leesliggie op sy skoot op die toegemaakte boek van Hrabal en die ander passasiers soos snorkende halfmense om hom, moes hy pasop of sy keel trek van angs toe. Sy ambisie om nog ver te kom, soos sy ma sal sê, om internasionaal te publiseer, om hom gewild te maak onder die studente sodat hulle by hom kom kuier vir ekstra klasse en bespiegelinge oor die sin van die lewe waarmee hy hulle dan met vrug sou kon help, het alles leeg gelyk. Nutteloos.

As 'n geringe mens met 'n beskeie taak nes die Hant'a-karakter in Hrabal se storie – hy't sommer afvalpapier verpulp – kan jy ook sin kry uit jou lewe, miskien selfs meer. Hant'a kon aanhaal uit F.W. Hegel en Immanuel Kant en Lao-Tsoe sonder dat hy ooit naby 'n universiteit gekom het. Hy het 'n melancholiese maar komiese aanslag tot die lewe gehad. Bowenal het hy die vermoë gehad om hom te verwonder aan alle stoflike dinge, veral die boeke wat hy moes verpulp, en aan alle mense groot en klein, maar veral vroue met lieflike borste. En lank na filosofie-professore weggebêre onder die kluite lê, ambisies inkluis, sal Bohumil Hrabal se wonderlike karakter waarskynlik nog voortlewe.

My seun, ons is so trots op jou, het sy pa gesê toe hulle hom op Bloemfontein Lughawe kom afhaal, sy hand lekker warm van in sy broeksak lê. Albei sy ouers was aangedaan oor sy terugkoms en oor sy benoeming as juniordosent in die filosofie.

Hy het 'n ontwerpers-kakiebaadjie met ritse en stiksels wat hy nog in Praag aangeskaf het, klas toe gedra. "Cool," het sy studente van hom gesê. Hy het gou agtergekom dat hy nooit briljant sou wees soos sy seniorkollega dr. J.C. Luiendijk, wat Theodor Adorno so knap beheers het dat hy in enkele paragrawe sy filosofie van die estetika aan 'n leek kon uitlê. Desnieteenstaande was sy klasse in informele logika gewild en het getalle getrek. Die besondere dissipline het hom geleen tot toepassing op politiek en populêre kultuur. Studente het gelag in sy klasse, hulle was in hulle noppies oor die slim greep op die taal wat hulle in tydskrifte of op reklameborde gelees of in die parlement gehoor het. "Ad hominem, modus tollens, modus ponens, twee maal verkeerd is nie reg nie" – hulle kon spoedig self die drogredes of *fallacies* in omgangstaal en redenasies uitwys. Hulle kon verduidelik waarom die presidentskandidaat Jacob Zuma 'n gat van homself maak as hy die die opposisie afmaak as "an amalgam of those who have exercised power and enjoyed privilege in one form or another" sonder om naby hulle goed gefundeerde argumente teen die ANC-beleid uit te kom.

En daar het toe studente in sy sitkamer opgedaag. Lui en gesellig het hulle daar kom uithang, chardonnay in die somer gedrink en na Kerkorrel geluister of Amy Winehouse. Amy was Chantal se bydrae, sy was skerp van verstand en energiek, 'n regte tomboy in haar cargo-broeke. In die lente het die akkerbome langs

Tomstraat vir hom na seks geruik, die jasmyn ook, die paddas en langbeenkiewiete op die sportgronde waar hy en Chantal in die donkerte gaan stap het, alles net die ene seks. Twee, drie keer kon hy en Chantal dit nie meer uithou nie. Haar mede-honneursstudente in sy klas het seker maar aan haar hupsheid geweet waarmee hulle besig was; gelukkig het dit nooit uitgekom nie, anders het sy kop gewaai.

Toe Chantal afgestudeer het, kon hulle nie wag om te trou nie. Vaderland, my kind, jy't dan met my getrou, het sy ma een keer in die spens op die plaas vir hom gesê toe sy Chantal beter leer ken het. Haal daai bottel daar vir my af. Nee, daai een, die ingelegde perskes van laas jaar.

Hy was bitter erg oor Janie, hulle eerste, maar toe die seuntjie kom, was dit anders. In sy wieg het hy hardegat na sy pa gelê en kyk. Kom kyk self as julle dit nie wil glo nie, het Japie vir sy kollegas gesê.

Frans was net dertien toe vang hy hom met porno op sy rekenaar en hy weet nie waar de hel vandaan nie, maar hy't wragtig iewers 'n .22 in die hande gekry waarmee hy naweke randjies toe is saam met ouer seunsvriende. Vir sy verjaardag wou hy die gewelddadigste game hê, Grand Theft Auto. Hy het woorde gebruik wat nooit aan hulle tafel gebruik is nie, wat hy nie in hulle huis kon gehoor het nie. Japie kon hoor dat sy seun se politiek in sy kiem reeds na regs geneig het.

Hy's nie saad van my saad nie, het hy in die stort aan Chantal gesê.

Jy kan nie so iets sê nie, Jaap. Dit is jou kind. Toe, kom nou. Sy het hom van agter met haar jeans nog aan en hy nog sopnat begin opvryf. Ja, hulle kon nog lekker kry, liefde maak, noem dit wat jy wil, maar sy blus vir die lewe was uit.

Hy het die verkeerde velkleur gehad om ten spyte van 'n doktorsgraad summa cum laude, bevordering te kry. Dat dit die minste van sy sorge was, was juis wat hom gekwel het. Of nie gekwel het nie. Hy het Potchefstroom en sy mense meer provinsialisties as ooit te vore ervaar, die polititici was geneig tot diktatorskap, die polisiemag tot rampokkery – en wat daarvan. Chantal se behoue slankheid, sy was nou 'n gevorderde joga-student, Janie se skoonheid, die on ding wat Frans besig was om te word, niks kon hom meer traak nie. Sy môre en oormôre het soos gister en eergister geword, 'n sluier het oor hom toegesak, dig en grys, en hy kon nie 'n moer omgee nie.

In die skeerspieëltjie het hy sy das 'n Windsor-knoop gegee en in sy oë na homself gekyk, skaam oor die geroetineerdheid van sy lewe, nors oor hy niks meer aan die saaiheid wou doen nie. Hy het sy kop gedraai en 'n grys haartjie uit sy sideburn getrek, teruggedraai en verby homself in die spieëltjie agter toe gekyk na die oop badkamerdeur en na die hoek van sy en Chantal se bed en nog verder agtertoe, hy kon voorwerpe uitmaak net omdat hy bekend was met hulle plek en voorkoms; hy het die bedompige huislikheid geruik van gekookte tee. Hy het teruggekyk in die bitter donkerheid van sy eie oë en kon nie meer sin daaruit kry as net dat dit was wat dit was nie.

[ii]

Die mans wat die rooi tapyt voor die Rudolfinum Konsertsaal uitgerol het, het gewerk met sigarette wat by hulle monde uitgehang het en hulle het die hele tyd gepraat en gelag, miskien oor yshokkie, die Tsjegge se nasionale sport, of miskien oor iets kru. Hoe ook al, hulle was gewone werkers van die stad van Praag en dis hulle gesindheid wat Jakobus, so het hy hom in Europa voorgestel, juis verwonder het. Dat hulle met soveel entoesiasme en vreugde kon werk aan die konsertsaal waar die Negende Simfonie van Antonin Dvořák daardie aand uitgevoer sou word.

Hy was ook besig om een van die Tsjeggiese skrywers, Hrabal, in Engelse vertaling te lees en die aweregse en melancholiese blik wat hy op die lewe het, het 'n uitwerking op Jakobus gehad. Toe hy daardie aand by sy hotel sy e-pos oopmaak, was daar 'n uitnodiging om as junior dosent in die filosofie aan die Noordwes-universiteit te begin. As hy die uitnodiging aanneem, sou hy elke maand 'n stewige salaris huis toe vat, sy pos sou hom status gee, sy pa en sy ma vreeslik in hulle noppies maak. Hy sou ook sy Europese toer moes kortknip.

Net voor hy aan die slaap geraak het, of terwyl hy reeds in die eerste fase van slaap was, het hy homself sien sit in die kantoor van 'n eiendomsagent op die Bult, die winkelstraat naaste aan die kampus van die Noordwes-universiteit. Daar was vyf rooi stoele en 'n tafeltjie met ou *Huisgenote* en *Saries* en 'n kraffie met vars blomme, twee se koppe het gehang. Teen die muur was 'n aanplakbord met 'n lys van beskikbare huurwoonstelle, maar langs elkeen in rooi tjap het gestaan: *gehuur*. Hy het op die ontvangsdame gewag en aan 'n vel by sy nael gekou.

Toe dit sy beurt was, het hy sy bes probeer om iets uit haar te kry, iets wat miskien daardie oggend ingekom het en nog nie op die lys ingetik is nie. Chantal, die ontvangsdame, sy het 'n naamplaatjie op haar rooi baadjielapel gedra, het sy sjarme verkeerd vertolk. Toe hy aanstaltes maak om te loop omdat daar werklik niks beskikbaar was nie, het sy 'n kaartjie vir hom gegee met haar telefoonnommer op. En sy het die punt van haar pienk tongetjie in en uit by haar mond geglip soos sy seker in films gesien het.

Toe hy die volgende oggend in sy hostel in Praag wakker word, het hy onmiddellik ná 'n kava en 'n omelet sy e-pos oopgemaak en geskryf: "Beste dr. Luiendijk, hartlik dank vir u aanbod, maar dit is onmoontlik vir my om in dié stadium die beskikbare pos te aanvaar. Daar is verskeie redes vir my besluit, maar ek het 'n sterk vermoede dat hulle ongegrond aan u sou voorkom en daarom sal ek hulle eerder nie opnoem nie. Ek hoop dat u my dalk in die toekoms weer vir 'n moontlike pos sal oorweeg." (Jakobus wou nie brûe verbrand nie).

Ná sy terugkeer na Suid-Afrika het hy die media power gevind, aanvalle deur politici op die liberale grondwet was aan die orde van die dag, die opkomende leiers, die meeste half-geletterd, het op hulle beurt die demokrasie in hulle visier gehad. Japie het redes gesoek om te emigreer en omdat hy bedrewe was met konklusies en projeksies, kon hy gou 'n lang lys opstel.

Ek is geskok, my kind. Sy ma het met sy hande in hare op sy bed gesit. Die laewatt gloeilamp, almal het krag probeer spaar om aanhoudende kragonderbrekings te probeer keer, het die punt van haar neus en ken lelik gevang. Dié keer, het sy gevoel, gaan hy te ver met sy besluit. Net sy pa het gesê hy gee boggherol om, dis beter so, hy sou ook padgegee het as hy Japie was. Maar Japie was nie so seker oor sy werklike gevoelens nie, want een keer oor wors en eiers het sy pa gevra: Nou wat van al jou jare en jare se studies, my kind. Wat gaan nou daarvan word?

In die twee jaar dat hy gewag het vir permanente verblyfreg in Australië het hy soms op sy ouers se plaas gewerk, soms los werk in die stad gekry. Om verskillende redes het hy dit op al twee plekke ondraaglik gevind en hy het neerslagtig geraak. Hy het nog probeer om 'n artikel in 'n internasionale politieke tydskrif oor die drogrede-deurdrenkte taalgebruik van die ANC-leiers te publiseer, maar dit was 'n saak van onmoontlikheid noudat hy buite die universiteitsfeer gestaan het.

Toe die verblyfpermit ná 'n gesukkel en teen 'n prys uiteindelik deurkom, het Japie begin afskeid neem van die plaas. Op die laaste middag, sy tas was reeds gepak, het hy wes geloop na klipkoppies wat soos rûe teen die dieporanje horison gelê het. Nader aan hulle het hy gaan staan om teen die hang op te kyk. Op die onderste laag van die koppies het donkergroen besembos gegroei. Dit het gelyk of die sagte, suisende bosse deur 'n groot hand in die hemel lukraak laat val en gelos is. Bokant die besembosstrook verrys die kranse van waksbruin rots en gebrande ysterklip. In die krake van die krans groei wilde witstinkhout. Met hulle kronkeltakke en rots-verstrengelde wortels lyk hulle presies na bonsaibome in die grote. Op die rotse het daar ook dassies in die laaste sonstrale gesit en bak en piepskreeu na hom daar onder. Bokant die kranskim het die blou van die lug gevolg met vlekke oranje soos juweel-insetsels. Hy kon aan geen ander landskap dink wat hy so intiem kon vashou, tot op die laaste skakering en vorm en afwyking van vorm nie. Sy hart wou skeur.

Sydney was oordadig met sy aanbod van boekwinkels, kultuur, strande en bosreservate en oorrompelend met sy aanbod van vryheid. Ses of sewe of agt keer het hy met meisies geslaap gedurende sy universiteitsjare, dié keer het hy op 'n man verlief geraak. Het dit te make gehad met die vryheid wat hy ervaar het of was hy altyd so ingestem? Of het dit te make met Billy se gee-nie-om-wat-kom-geaardheid: impulsief, voortvarend, bedonnerd-waaghalsig en altyd, nog voor hý kon begin dink, die juiste woord op die tong. Die Afrikaanse woord, (hy het van Afrikaanse woorde begin boekhou) was "gevat". Die verkwikkendste aspek van sy keuse van Billy as lewensmaat was dat hy nie oor 'n rede daarvoor moes tob nie. Dit was irrelevant, 'n mors van tyd.

Manly, Bondi, Tamarama, Lady Jane – hulle het op al Sydney se strande geboer. Jacobus, sy naam het hy nou met 'n "c" gespel – het gevoel hoe sy liggaam sterker as ooit te vore word. Maar sy gees het onrustig gebly, sy gedagtes dwalend en rondspringerig soos 'n blouapie. Hy het Suid-Afrikaners opgesoek en 'n paar keer met Jannie en Suzette en Petrus en Stéfan en Jaco en Annemarie 'n

Tooheys New gaan drink, maar hulle was almal soorte met wie hy nie in Suid-Afrika sou vriende maak nie. Suzette het nog net 'n paar banaliteite uit haar Afrikaanse herkoms oorgehou, "kak" en "doos" en "beskuit" en "Bobbejaan klim die berg" en almal van hulle het na die Springbokke gaan kyk as hulle teen die Wallabies kom speel het, maar verder het niks van Suid-Afrika meer saak gemaak en hulle het niks meer geweet van die ou geboorteland nie; hulle het hulle Aussie gehou.

Jacobus het nie sleg verdien nie en het naderhand maître d' geword by 'n welbekende brasserie in Darlinghurst. As brein-gimnastiek het hy James Miller se *The Passion of Michel Foucault* gelees. Een aanhaling het by hom vasgesteek: "I think people in both (the Western and Socialist) worlds are feeling more and more discomfort, difficulty and impatience with the way they are led." Hy het die beskrywings op sy persoonlike lewe van toepassing gemaak, hoewel Foucault dit natuurlik in 'n politieke konteks bedoel het. Maar die betragting van filosofiese idees het tot 'n wêreld behoort wat al hoe vreemder vir hom gevoel het. Hy was darem nie ongelukkig nie, nee, dit sou hy nie sê nie.

Twee aande voor die viering van Billy se veertigste verjaardag is Jacobus na hulle huisdokter. Die voorskrif was 'n formaliteit en dr. Goldberg praterig soos gewoonlik. Hy en 'n klomp van sy vriende was op pad na die Kgalagadi-oorgrensreservaat. Hulle sou tot op Gaborone Lughawe vlieg en dan met 'n safarijeep die woestyn aandurf. Met sy geringde pinkie hy het vir hom die brosjure gewys: vyfster-akkommodasie met luukse tent, muskietnet en koedoe-biefstuk en shiraz saans. Foto'tjies van gemsbokke en springbokke was gesuperponeer op die hoek van elke glansbladsy.

Toe Jacobus die spreekkamer verlaat het, het hy in die parkie langs die Anglikaanse kerk in Oxfordstraat, Paddington, gaan sit. Hy weet nie waarom nie, maar die foto'tjies van die bokke het hom ontstel. Miskien omdat elke bok uitgesny was en buite die konteks van sy habitat soos 'n truspieëltjie-tierlantyntjie daar geswewe het. Toe onthou hy plotseling die springbokke destyds op hulle plaas en hoe hulle die keer na 'n sewejaar-droogte almal gevrek het. Die bokke het geweier om die droë lusern wat sy pa vir hulle van sy bakkie af in die veld gestrooi het, te vreet. Maande later het hy daar tussen die bokgeraamtes gaan stap, net die stelle horings is deur Xhosa-seuntjies weggedra om te gaan verkoop.

Hy onthou hoe volkome verganklik, stoflik, die verbleikte ribbetjie-bene van die arme, arme bokkies daar gelê het.

Die voorskrif in sy broeksak. Hy het dit uitgehaal, oopgevou en weer gelees: Dit was 'n herhaalbare voorskrif vir Cialis, twee pille op 'n slag, duur, maar nogtans goedkoper as Viagra en volgens Goldberg baie meer doeltreffend. Hy het die preskripsie gevat en opgeskeur en in die vullisdrom gaan gooi. Op die basbestrooide grond om die vullisdrom het coorawong-voëls na hom geloer, tussen die banksiastruike ingestap en uitgelate gegorrel-gorrel.

Jacobus het weer op die bankie gaan sit: Oxfordstraat se verkeer reg voor hom, op en af, druk, vuil. Hy wou een van die pille vat op Billy se verjaardagnag om langdurige plesier aan hom te verskaf, maar nou het hy anders daaroor gevoel. Hy het probeer dink hoe hy homself op daardie oomblik kon beskryf, hoe hy tot in sy murg, nee sy siel toe, gevoel het. "Oes", nee, hy kon nie die regte word vind nie. Daar was 'n ander, raker woord. Hy het sy voorkop gekrap, kon nie op die woord kom nie.

Eers teen die aand in die bed toe hy vir Billy nag gesoen en sy leeslamp afgeskakel het en in die donker op sy gedagtes kon let, het hy die woord onthou: "beskimmeld". Sy ma het dit altyd van ou oom Lampinon se dogter op hulle dorp gesê. So 'n valetjie, nêrens ingepas nie.

Eben Venter word op 'n skaapplaas in die Oos-Kaap groot. Hy spesialiseer op universiteit in filosofie en in 1986, die jaar van die noodtoestand, emigreer hy na Australië. Daar werk hy vir meer as twintig jaar as sjef. Hy het onlangs na Suid-Afrika teruggekeer en woon soms op Prince Albert en soms aan die ooskus van Australië. Venter het twee kortverhaalbundels en vier romans gepubliseer. Hy het al drie keer die W.A. Hofmeyr-prys vir Afrikaanse roman van die jaar verower. Sy romans is in Nederlands, Duits en Engels vertaal.

'n Man stap – David Kramer

'n Man stap deur die strate
Jy kan sien hy's van die stad
Hy dra 'n donkerbril en Calvin Klein
Sy baard is kort en glad
Hy dink: Hoekom is ek terug?
Na wat is ek op soek?
Was hier nie 'n klein kafeetjie nie?
Net hier om die hoek?
Waar is die Scala-bioskoop
Het hulle dit gesloop?
Die sinagoge was in die gebou
Waar jy nou meubels koop
Die Jode het almal weggetrek
Die ou mense is dood
En laaities sit sonder werk
Hul voete in die sloot

KOOR: Wat maak ek in die dorpie
Hier kan ek nie bly nie
Ek bly in Toronto
Maar Toronto's nie vir my nie
Die somers is bedompig
Die winters is te koud
Jou hele lewe hardloop jy
En eendag is jy oud

Hy stap by die Pandora in
Bestel koffie en tjoklitkoek
Hy dink: Hier't ek eers vir Elvis gehoor
Op 'n jukebox in die hoek
Tussen die verlepte varings
Staan 'n tenk vol goue vissies
Die vrou agter die toonbank
Dink haar naam is Missies

(Herhaal KOOR)

Hy stap met die Hoogstraat af
Tot by die Central Hotel
Hy luister na die prediker
Wat met sy Bybel skree en skel:
Die duiwel het jou beet
Hy lei jou om die bos
Hy dink: Wanneer gaan die spoke
Van die ou dae my los?

(Herhaal KOOR)

Die hek is nog dieselfde
Maar die stoep is 'n ander kleur
Hy stap oor die Krazy Paving
En klop liggies aan die deur
'n Mooi jong vrou maak effens oop
En vra: Kan ek help meneer?
Hy sê: Jammer, maar ek's 'n vreemdeling
En my hart is in twee geskeur

Vir altyd weg

Waar die hadidas roep*

Dana Snyman

Oorlede Ouma was reg: God slaap nie. New York ook nie.

Ek sit in 'n kamer op die dertigste verdieping van 'n hotel in Lexington Avenue. Die gordyne is oop. Regs af in die straat gloei die Empire State in die donker, langs 'n gebou waarvan die boonste verdieping soos my oom Apie se ou Chrysler se grill lyk. Times Square, verder wes, is die ene ligte en sonde.

Die televisiestel op die laaikas het sestig kanale.

Elf mense in Kaapstad dood, sê CNN se man in Afrika. Tien in Tokoza naby Johannesburg. In KwaZulu een: 'n ou vrou, lewend verbrand.

Op elke bulletin sedert sesuur sê hy dit al terwyl dieselfde beelde op die skerm kom: 'n Skare storm in 'n townshipstraat af, weg van polisiemanne met gewere en honde en knuppels.

Ek sit op die bed en dink aan Nat Nakasa. Ek dink die laaste dag of twee knaend aan Nat. Iewers doer onder moet hy begrawe lê.

In die asblik in die hoek van die kamer lê vier leë Budweiser-blikkies.

Ek haal die foongids uit die bedkassie. Dit help nie veel nie, want in New York is baie begraafplase. Ek bel die hotel se inligtingstoonbank. 'n Vrou antwoord. Waar dink sy sal iemand uit Suid-Afrika in hierdie stad begrawe wees? vra ek.

"You been drink'in, Sir?" wil sy weet.

"It was a black guy," sê ek. "A political exile from Africa."

Sy gaan saam met my deur 'n lys van begraafplase. "Ferncliff," sê sy. "Why don't you try Ferncliff. That's were Malcolm X is buried."

Ek slaap onrustig. Ek is slegs drie dae in New York. Môre-aand vlieg ek terug Suid-Afrika toe, terug huis toe.

Net ná ses stap ek uit in 42nd Street wat dié tyd van oggend al vol taxi's en Japannese toeriste is. Grand Central Station is twee blokke weg. Ek koop 'n kaartjie na Hartsdale, die naaste stasie aan Ferncliff.

Die treinwa is skoon en oorbelig en vol mense. 'n Maer ou skuif langs my in. Luke Berry, stel hy homself voor. Hy is hopeloos te geselserig. "Cool," sê hy toe hy hoor ek is op pad na 'n begraafplaas toe.

Een na die ander glip die stasies verby. Ek verwonder my telkens hoe 'n mens altyd na die bekende in die onbekende hunker. Ek dink aan al daardie haltetjies in die Karoo waarby 'n mens altyd verbyry: Pietersfontein, Dwaal, Koup, Koo.

"But why?" vra Luke Berry. "You're going for a funeral?"

"No," sê ek. "No, no, no. I guess I'm one of those fools who believe the possibility always exists that you can heal something in your soul if you undertake a journey to the appropriate spot."

Toe vertel ek vir Luke Berry van Nat Nakasa.

Nathaniel Ndazana Nakasa.

Hoe Nat as 'n jong man uit Durban met 'n koffer en 'n tennisraket in 1961 in Johannesburg aangekom het om as joernalis by *Drum* te werk. Hoe hy in 1964 die gesogte Nieman Fellowship ontvang om 'n jaar lank aan die Harvard-universiteit hier in Amerika te studeer. Hoe die regering weier om 'n paspoort aan hom uit te reik, want dis mos die era van Bantu Education, en vir wat wil 'n swart man nou oorsee loop slim word?

Nat kan wel 'n permit kry om Amerika toe te gaan, besluit die regering, maar dan mag hy nie weer terugkom Suid-Afrika toe nie. Nooit weer nie.

"Shit," sê Luke Berry langs my. "That's a bummer."

Hy lig sy hemp op. Dis net littekens waar jy kyk. Vietnam, 1964.

By Hartsdale klim ek af. 'n Tannietjie beduie vir my die pad na Ferncliff Cemetery toe. Ek stap, want busse en taxi's is hier nie.

So twee ure later lê die grootste begraafplaas wat ek nog gesien het, voor my uitgestrek: morge en morge grafte – Amerikaanse grafte sonder grafstene. Op elke graf is net 'n koperplaat, plat op die grond.

Die lug is vol wolke.

Ek besef dit gaan meer as 'n dag duur om Nat se graf hier te kry. Dis nou as Nat hier begrawe is. Ek sit plat op my boude onder 'n boom. Dit lyk na 'n plataan.

"Can I help?" vra 'n stem agter my. Dis 'n man in 'n grys oorpak.

"I'm looking for a grave," sê ek.

"Indeed," sê hy.

Ek skryf vir hom Nat se volle name op 'n stukkie papier neer. Hy kyk daarna en vra waar is die ou gebore.

"Lusikisiki," sê ek, en terwyl ek dit sê, dink ek: Nes mense is party woorde ook burgers van lande. Lusikisiki woon in die Transkei, en daar is koorsbome en hadidas wat laatmiddag oorgevlieg kom.

Die man stap voor my uit met die papiertjie in die hand. Hy gaan blaai deur 'n vrag rekenaaruitdrukke in sy kantoortjie.

Ná Nat se jaar as Nieman Fellow is hy New York toe. Hy skryf hier en daar vir koerante, maar dit raak al minder. New York maak hom al neerslagtiger. Nat wil huis toe, Suid-Afrika toe, na sy mense toe.

"Here we are," sê die man in die grys oorpak, en tik met sy vinger op 'n naam in een van die rekenaaruitdrukke.

Nathaniel Ndazana Nakasa. Graf 1302.

Ons stap terug die begraafplaas in. Dit begin sag reën en die los gras klou aan my skoensole vas.

Graf 1302 moet in dié ry wees, beduie die man.

Hy stap, en ek stap agter hom aan. Ons stap onder die wolke deur, van graf na graf. Ek probeer die naam op elke plaat lees. Dan is daar 'n oop stuk gras: 'n graf sonder 'n plaat.

Dis graf 1302, sê die man en wys daarna.

Op die oggend van 14 Julie 1965 klim Nat sewe verdiepings op in 'n gebou in New York. Hy maak 'n venster oop, klouter na buite, en spring af.

Ek gaan sit op my hurke. Dit reën nou harder.

Glo ek nie dis graf 1302 dié nie? vra die man.

Hy bied aan om 'n kaart te gaan haal en dit presies vir my uit te meet.

Toe maar, sê ek, toe maar, dis nie nodig nie, terwyl daar nêrens hadidas roep nie.

**Nadat hierdie storie op 1 September 1993 in* Beeld *verskyn het, het Tim du Plessis en ander Nieman-beurswenners geld ingesamel en 'n plaat op Nat Nakasa se graf laat oprig.*

Dana Snyman was negentien jaar lank joernalis by koerante en tydskrifte in Pretoria en Kaapstad, maar sedert die einde van 2008 woon hy op Jacobsbaai aan die Kaapse Weskus. Drie boeke met van sy stories het al verskyn: *Uit die binneland, Anderkant die scrap, Op die agterpaaie*, en 'n Engelse vertaling, *On the backroads.*

Nie my voorland nie

Leslie Stelfox

Dit was politiek wat my my vaderland teen die einde van die jare tagtig laat verlaat het, en dit was toe weer politiek wat my in Frankryk laat bly het.

My Franse verblyf was onbepland. Dit moes net 'n avontuur wees, 'n respyt na die harde jare as vryheidsvegter, 'n halfwegstasie op my omweg terug na Suid-Afrika, van Bristol, waar ek 'n jaar deurgebring het om 'n meestersgraad in die onderwys te verwerf.

Toe word dit 'n permanente verblyf. Ek is nou gevestig in Bordeaux, in die suidweste van Frankryk, waar ek klasgee aan 'n taalskool – basiese Engels vir volwassenes.

Maar hoe het ek hier beland? Laat ek voor begin:

In Suid-Afrika het ek die tipiese Christelike opvoeding vir wit kinders gekry; ek het gesag nie durf bevraagteken nie. In die vroeë sewentigerjare, toe ek hoërskool toe is, kon leerlinge aan wit skole die eerste keer 'n swart taal as vak neem. Dit sou 'n belangrike invloed op my toekoms hê. Ná skool het ek werk in 'n drankwinkel gekry wat meestal swart pendelarbeiders bedien het. Hulle het dus nie die plaaslike taal goed begryp nie, en een van die gereelde klante, 'n Zoeloeman, het my Zoeloe begin leer. Daar was dadelik 'n verandering in die houding van die ander swart klante. Hulle was vriendeliker en wou my telkens meer

Zoeloe-woorde leer. Ek het toe die boek *Learn Zulu* deur Sibusiso Nyembezi aangeskaf en my kennis uitgebrei. Teen die tyd dat ek universiteit toe moes gaan, het ek dus 'n basiese kennis van Zoeloe gehad.

Aan die Universiteit van die Witwatersrand in Johannesburg het my oë oopgegaan vir die harde werklikhede van apartheid. Ek het Zoeloe as 'n eerstejaarvak geneem en vir die eerste keer is ek deur vaardige swart dosente onderrig, nie soos op skool nie. Die ander universiteitsvakke, soos argeologie, antropologie en aardrykskunde het studente se kennis oor hul swart landgenote aansienlik uitgebrei. My lewe het drasties verander.

As 'n wit Suid-Afrikaner sou ek weldra opgeroep word vir militêre diensplig, maar ek het reeds in 1982 besluit ek sal dit probeer ontduik. Ek was 'n ondersteuner van die End Conscription Campaign, want ek wou nie die apartheidbeleid op die slagveld gaan verdedig nie. In 1986 het ek my oproepinstruksies van die SAW ontvang en ek moes my nasionale diensplig op 7 Februarie 1987 begin. Dit sou twee jaar duur. Ek het begin om voorbereidings te tref om die land te verlaat en op 31 Januarie 1987 het 'n vriend en sy vrou my na Botswana geneem. Ons is in Gaborone op die ou lughawepad in hegtenis geneem. Ek het aan die soldaat probeer verduidelik waarom ons in sy land is, hom my oproepinstruksies gewys en gesê ek wil nie teen hom en sy landgenote veg nie, daarom is ek nou daar. Hy het dit steeds goedgedink om sy hoofde per radio te kontak, wat op hul beurt die polisie in kennis gestel het en ons is gearresteer.

Ons is aan ondervraging onderwerp en vir die nag in polisieselle opgesluit. Die Sondagoggend het ek gepleit by die sersant aan diens om my vriende vry te laat. Vroeg die middag is my vriende wel vrygelaat, maar ek is verder aangehou. Dit het darem gelyk of hulle my storie glo dat ek 'n gewetensbeswaarde is wat politieke asiel in Botswana soek.

Die Maandag is ek na die Verenigde Nasies se hoë kommissaris vir vlugtelinge geneem, waar 'n Ugandese kommissaris teësinnig aan my vlugtelingstatus toegeken het. (Hoe kan 'n wit Suid-Afrikaner 'n vlugteling wees?) Hy het my gestuur na 'n transitokamp net buite Gaborone wat bestuur is deur 'n Kwaker-orde, pleks van na die amptelike kamp Dukwe, noord van Francistown, want daar, het hy gesê, sal ek "maklik doodgemaak word".

Helaas, ná 'n week van probeer om my lewe te herorganiseer, het die veiligheidspolisie my by die Kwaker-kamp kom haal en my na 'n veiliger plek geneem: die sentrale gevangenis in Gaborone. Daar het ek ander Suid-Afrikaners ontmoet, lede van die ANC, wat "tyd uitgedien het" vir pogings om wapens via Botswana na Suid-Afrika te smokkel. Hulle het my in kontak gebring met hul plaaslike verteenwoordiger, wat my in my derde week in die gevangenis kom besoek het. In die sel vir verhoorafwagtendes het ek Sally Mugabe se nefie, George, ontmoet wat garresteer is vir vermeende dwelmsmokkelary na Suid-Afrika.

In die vierde week is ek na die gevangenis se ontvangs ontbied, aangesê om my besittings bymekaar te maak en om 'n ANC-verteenwoordiger te vergesel. Hy het my na die lughawe geneem en nadat tagtig pula van my afgerokkel is vir "oorgewig-bagasie", is ek op 'n vlug na Lusaka gesit. Hier is ek deur ANC-veiligheidspersoneellede ingewag. Aangekom in Lusaka, is ek na die ANC se transitokamp in die woonbuurt Cherlston waar ek 'n lid van die ANC en Umkhonto weSizwe, die gewapende vleuel, geword het. Ek moes ook my naam verander: my *nom de guerre* was David Smith.

Een aand het die ANC-veiligheidsmanne my vertroulik kom meedeel dat hulle my die guns sou doen om my dié aand uit te neem vir biere, hoewel hulle "nie gewoonlik met nuwe rekrute meng nie". Min het ek geweet dat hulle my geld wou gebruik om vir die biere te betaal, die donners.

Een maand later is 'n groot groep van ons na Luanda gevlieg waar ons 'n maand in 'n ander transitokamp, bekend as Viana, deurgebring het voordat ons na ons opleidingskamp in Quibaxe, omtrent tweehonderd en sestig kilometer noordoos van Luanda, sou gaan. Daar het ons harde opleiding gekry, en moes ons onder meer malaria en ander tropiese kwale trotseer om deur te druk.

In Januarie 1988, toe ek platgetrek was deur malaria, het 'n kameraad my omstreeks middernag in die siekeboeg kom meedeel dat my naam uitgelees is op 'n lys van kamerade wat teruggestuur gaan word na Luanda.

Met 'n sug van verligting het ek opgestaan, na die stoorkamer gegaan, en my sak afgehaal. (Die res van my besittings, onder meer drieduisend pula wat ek in die sorg van ANC-sekerheid in Lusaka agtergelaat het, sou ek nooit weer sien nie.) Ek het stadig geloop na die konvooi vragmotors wat gewag het om terug te gaan Luanda toe. Ek het geen benul gehad van wat op my wag nie.

Op die laaste nipper is ek ingelig dat ek na die Duitse Demokratiese Republiek gestuur word vir militêre opleiding in 'n basis in Teterow in die Mecklenburg-Vorpommern-distrik – 'n offisierskursus wat glo tien maande sou duur.

Hier in die vreemde is 'n klein groepie van ons in die logistieke sentrum ontplooi, en ek was "kommissar" van die onderdele-afdeling, waar ek onmiddellik begin het om 'n bietjie orde te bring. Ek het 'n inventaris van alle onderdele opgestel, selfs al het ek geen idee gehad waarvoor dit gebruik word nie, en selfs al kon ek geen woord Russies verstaan nie. Dit was nou verpligtend om 'n vorm te onderteken vir elke onderdeel wat uitgeneem word. Daar moes eenvoudig 'n einde kom aan die selfhelp-supermark vir onderdele wat bestaan het toe ek hier aangekom het. Korrupsie en anargie het hoogty gevier, oral waar jy kyk!

Wanhopige, ongemotiveerde soldate het rondgehang en niks anders gedoen nie as om op die uitkyk te wees vir 'n geldmaakgeleentheid sodat hulle alkohol of sigarette kon koop.

Een Sondagaand, as tweede in bevel in 'n amper leë kamp, het ek bitterlik by my bevelvoerder gekla dat die ANC nie sy eie kaderbeleid respekteer nie. Hier was ek, 'n gekwalifiseerde onderwyser, en ek werk in die onderdele-afdeling. Hy het die saak met die nuwe kampbevelvoerder bespreek. (Die vorige kampbevelvoerder is gearresteer op aanklag van diefstal en die verkoop van die weermag se vragmotorenjins.)

Ek is toe oorgeplaas na die Moses Kotane-bemagtigingsentrum om O- en A-vlak Engels en aardrykskunde te onderrig. Dit het ek tot Mei 1989 gedoen, waarna ek na Angola en Tanzanië vertrek het, ná die verdrae wat na die slag van Cuito Cuanavale tussen die Angolese en die Suid-Afrikaners gesluit is.

Op 18 Mei het ek saam met ander vryheidsvegters aan boord van 'n Russiese Iljoesjin-vragvliegtuig na Dar es Salaam in Tanzanië gevlieg. Min het ons geweet dat die enigste ander wit Suid-Afrikaner aan boord, George Hodges (dit was sy *nom de guerre*), beplan het om die vliegtuig te kaap en na Johannesburg te dwing. Iewers in die lug bo Afrika het ek van 'n geskree en 'n gehuil wakker geskrik. 'n Paniekbevange vryheidsvegter het desperaat die vragdeur agter in die vliegtuig probeer oopmaak om van die kaper te ontsnap.

Ek het hom kalm aangesê om op te hou, dat hy ons almal se dood sou veroorsaak. Gelukkig het die kaper se poging misluk omdat die ontsteker in sy hand ontplof het. Hy is uiteindelik deur 'n paar dapper manne in die voorste gedeelte van die vliegtuig oorrompel en vasgebind.

Die vliegtuig het voortgevlieg na Dar es Salaam, maar is na 'n spesiale lughawe weggedraai waar die polisie ons ingewag het. Grondpersoneel het die kaper vir mediese versorging weggeneem, maar toe hulle my sien, is ek summier as 'n medepligtige in hegtenis geneem. Wat kon ek antwoord? Een plus een is twee. But two whites don't necessarily make a wrong.

Ná die kaper se hofsaak, wat sowat drie weke geduur het, was ek onder 'n soort huisarres, saam met 'n swart kameraad wat van dieselfde misstap verdink is (dit was sy geluk om gedurende die gewraakte vlug langs "George" te sit).

Ons is amper drie maande lank aangehou terwyl die Tanzaniese owerhede die versekering probeer verkry dat ons nie deur die ANC gemartel sal word wanneer ons oorgelewer word nie. Gedurende hierdie tyd het ek twee keer op 'n hongerstaking gegaan om daarop aan te dring dat my menseregte gerespekteer word, veral in die lig daarvan dat ek nie 'n misdadiger was nie.

Die een of ander tyd in Augustus 1989 is ons oorgelewer aan die ANC en na die ANC se ontwikkelingsentrum in Dakawa geneem, omtrent 'n uur se ry van Morogoro.

Daar ontmoet ek toe weer my voormalige artillerie-bevelvoerder van Angola, Ntaba, wat nou onderwyser was aan die Solomon Mahlangu Freedom College se laerskool. Hy het geweet ek was 'n onderwyser en hy het my gesê hulle benodig leerkragte by die skool en dat ek soontoe moet kom.

Maar my bewegings binne die ANC is noukeurig gemonitor, veral ná die kapingsvoorval, en ná alles wat ons aan die Tanzaniese polisie verklap het oor wat in die ANC aangaan. In Januarie 1990 het ek finaal toestemming gekry om te gaan skoolhou by die laerskool nadat ek gepraat het met Chris Hani, en sodoende die ANC oorgehaal het om hul kaderbeleid – wat die bes moontlike ontplooiing van mensemateriaal voorskryf – toe te pas en daarby te hou. Ek is toe op 'n Sondagaand net voor die aanvang van die nuwe skooljaar vort na Somafco (Solomon Mahlangu Freedom College).

Nie lank daarna nie kry die ANC 'n uitnodiging van 'n Franse organisasie, Frances Libertés, waarvan madame Danielle Mitterrand, die voormalige presidentsvrou van Frankryk, die voorsitter was. Mev. Mitterrand wou 'n groep swart Suid-Afrikaanse skoolkinders oornooi om Frankryk te besoek sodat hulle 'n bietjie die Franse kultuur kon ervaar.

Samafco se skoolhoof, Dennis September, en die onderwysers het byeengekom en die seuns en meisies is vir die besoek uitgekies, sowel as die grootmense en onderwysers wat hulle sou vergesel. Ek was die skoolhoof se eerste keuse omdat ek die enigste Suid-Afrikaanse onderwyser van Europese afkoms aan die skool was.

Met ons terugkoms in Tanzanië was dinge in Suid-Afrika aan die verander. Die Suid-Afrikaanse regering het die noodtoestand opgehef en het met die ANC begin praat. Almal was opgewonde oor die moontlikheid om weer huis toe gaan, maar ons moes wag vir die algemene amnestie om afgekondig te word. Maar voor dit gebeur het, het ons reeds begin voorberei vir die repatriasie deur die VN.

Die luim was aan die verander, politieke standpunte is verklaar, maar nie alles was positief nie. Daar was skielik 'n opwelling van Zoeloe-nasionalisme onder sommige ANC-lede en dit het deur die opvoedingsentrum gespoel. Onvermydelik het dit uitgeloop op 'n mate van geweld. Dit het die presedent geskep vir latere moorddadige teenreaksie van kragdadige ANC-lede in Suid-Afrika.

Op 16 Junie 1991 het ek onder die algemene amnestie na Suid-Afrika teruggekeer. Ek kon nie wag om 'n koue Castle weg te slaan nie, om boerewors te proe, alles dinge wat ek intens gemis het sedert ek aan die begin van 1987 die land verlaat het.

Toe ek nog in Tanzanië was, het ek om 'n studiebeurs aansoek gedoen en die antwoord in September ontvang. Ek het gou reëlings getref deur die ANC se kantoor in Johannesburg om te vertrek na die Universiteit van Bristol in Brittanje. As wit persoon moes ek verduidelik waarom ek die beurs verdien, want dit was hoofsaaklik gemik op minderbevoorregtes. My lidmaatskap van die ANC het uiteraard gehelp.

Tydens my verblyf in Brittanje het vriende wat ek met my Franse besoek gemaak het, my na Hourtin genooi vir 'n vakansie. Toe kon ek die eerste keer my ware identiteit bekend maak: ek was nié David Smith nie, maar Leslie Stelfox. My Franse vriende was heel verras en geamuseerd, en nie die minste nie omdat Leslie in Frankryk meestal 'n meisienaam is. Die gesin het my toe gevra of ek wil kom druiwe pluk in Frankryk, en so het dit gebeur dat ek Bristol verlaat het vir die land van die Hane.

Nadat ek my proefskrif ingedien het, is ek dus weer terug na Frankryk. Ek kon skaars enige Frans praat en sou eers net vier weke, tot ná afloop van die oesseisoen, bly en dan terugvlieg na Suid-Afrika en bydra tot die opwindende veranderinge daar. Maar dit was nie my voorland nie. My vriende het voorgestel ek doen aansoek om 'n pos as Engelsonderwyser, en hulle het gehelp om my CV in Frans oor te skryf.

Ons het by die taalskole in Bordeaux aangeklop, en met die vriendelike hulp van 'n politikus, wat 'n brief ter ondersteuning geskryf het, het ek uiteindelik 'n werk gekry by 'n klein taalskool in die middestad van Bordeaux, waar my Suid-Afrikaanse aksent en ervaring my goed te staan gekom het omdat dit 'n immigrantestreek is. Hier het ek nou my eerste werkervaring buite die ANC of die studentesfeer gehad – en ek kon so lank bly as wat ek wou.

Maar, helaas, selfs hier het die skaduwee van korrupsie en wanbestuur my agtervolg. My nuwe baas, 'n vrou, het 'n spandabelrige streep gehad. En met betaaldag aan die einde van elke maand was daar dikwels nie genoeg geld in die bankrekening om ons salarisse mee te betaal nie. Ons moes so te sê bedel om betaal te word, en ons het soms gevra of sy minstens nie net 'n gedeelte kan betaal van wat sy ons skuld nie.

Min het ons ook geweet dat die uurlikse bedrag wat sy ons betaal kragtens Franse wetgewing die minimumloon was en nie die aanvaarde tarief vir opleidingsentrums nie – 'n verskil van amper drie euro per dag. Omdat almal van ons uitgewekenes uit ander lande was, het ons nie geweet ons het dieselfde regte as elke ander Franse werker nie. En sy het ons ook nie ingelig nie. Ses maande later kry ek toe 'n ander werk, maar vir lank moes ek teruggaan na hierdie werkgewer om my geld uit haar te probeer kry.

Op 'n dag besoek ek die skool en word vertel dat sy besig is met 'n klas. Ek loop toe sonder meer na die klas, klop aan die deur en vra haar voor al die studente vir my geld. Haastig gee sy toe die studente 'n paar oefeninge om te doen en stap saam met my na die naaste bank, waar sy die volle verskuldigde bedrag aan my betaal het.

Ek gebruik dikwels my taallesse om mense oor Suid-Afrika in te lig. Ek en die studente sal praat oor verskillende diere in Afrika, die wildparke wat besoek kan word, die wynroete en die feit dat die Franse Hugenote die wynboukultuur na Suid-Afrika gebring het, vandaar vanne soos De Villiers in my tuisland. Ek verduidelik oor die verskillende tale in Suid-Afrika en dat elkeen 'n amptelike taal is, maar dat Engels die aanvaarde taal van die sakesektor en die staatsdiens is. Dit maak dat sommige van hulle my dan vra wat die toekoms van Afrikaans is. Ek verduidelik dat 'n groot aantal Suid-Afrikaners van alle rasse steeds die taal praat, veral in die Kaap, en dat daar steeds Afrikaanse skole bestaan wat sal verseker dat die taal nie uitsterf nie.

Ek oefen soms my Afrikaans met 'n Nederlandse kollega wanneer ek nie wil hê ander mense moet weet wat ek sê nie. So ja, Afrikaans het sy plek selfs in hierdie land waar ek soms "Die Wit Zoeloe" genoem word omdat ek Zoeloe magtig is en omdat Johnny Clegg op universiteit my dosent was!

En wie sou dink dat Franse motorregistrasienommers my nostalgies sou maak? Die nommerplate hier begin met vier syfers, gevolg deur twee of drie letters. Die letterkombinasies wat begin met C, N, O of T herinner aan ou Suid-Afrikaanse registrasienommers van dorpe of stede: TJ, TG, ND. Ek is gedurig op die uitkyk...

Maar ek wil nie teruggaan nie. 'n Groot rede is die enorme hoë misdaadsyfers. En die indruk wat ek kry dat misdadigers nie na behore gestraf word nie, en dat die regstelsel verkrummel tot stam- en politieke verbondenhede. Seer sekerlik is dit nie waarvoor ons in bannelingskap in die ANC geveg het nie? Hier in Frankryk kan ek bed toe gaan met die geruste wete dat my vrou en dogters veilig is en my besittings nie afgevat gaan word nie. Ek hoef my nie te bekommer oor 'n alarmstelsel wat geaktiveer moet word voor ek gaan slaap nie. Wanneer ek in my kar ry, kan ek dit doen met die vensters oop, en ek kan die verkeersreëls gehoorsaam deur te stop by verkeersligte sonder om te vrees dat ek gekaap gaan word.

En nog 'n ding: Die politici en die rykes in Suid-Afrika het ryker geword, en die armes armer. As ek my leerlinge vra wat hulle dink die rede is vir agtergeblewenheid in ontwikkelende lande is die antwoord altyd dieselfde: korrupsie.

En dit verskaf my groot pyn. In Frankryk het ons ook korrupte politici, maar die mense het *reeds* hul klinieke, skole en 'n infrastruktuur...

Ondanks hierdie voorbehoud, voel ek nie Frans nie, maar 'n Afrikaan. Hier is dit nie die Franse met wie ek identifiseer nie, maar die immigrante uit Afrika. Maar my geboorteland, Suid-Afrika, was toe nié my voorland nie.

Leslie Stelfox is op 1 Desember 1960 in Vanderbijlpark gebore. Hy het 'n BA in Afrikatale en 'n Hoër Onderwysdiploma aan die Universiteit van die Witwatersrand behaal. Op 31 Januarie 1987 het hy Suid-Afrika verlaat om sy deel te probeer doen vir geregtigheid, waardigheid en menseregte. Aan die Universiteit van Bristol behaal hy in 1993 'n meestergraad in die opvoedkunde. Hy woon nou in Frankryk, waar hy aan 'n taalskool Engels onderrig.

Moet dit nie tuis probeer nie!

R.B. Jurgens

Die eerste woonplek in hierdie stad wat hy sy eie kon noem, was 'n solderkamer bo-op 'n vyfverdiepinggebou. Die vloer daarvan was die plafon van die woonstel benede, en ondanks die swaar tapyte kon jy alles hoor wat onder aangaan.

Die twee Russiese paartjies wat daar gewoon het, was lief vir ure lank fuif by die lywige koffietafel in hul woonkamer. Hulle sou vriende oornooi, pakkies goeie pluksel en 'n paar bottels vodka te voorskyn bring en lag en kraai tot in die vroeë oggendure. Wanneer die partytjie oplaas doodloop, het die mans hul meisies bed toe gevat, so 'n halfuur lank op die beddens gerits en daarna 'n diepe stilte verval. Eers wanneer die son opkom, met sy ore wat nog tuit van die glyende klinkers, sou hy aan die slaap val.

Hy het geen benul gehad hoe die bure ondervoets lyk nie. Maar wel geweet hoe hulle in die môre klink, of wanneer hulle dronk is of in die oorgawe van orgasme verkeer. Een van die mans het die irriterende gewoonte gehad om sy tandeborsel luid teen die wasbak te tik nadat hy geborsel het. 'n Ander een het op vreemde tye geoefen met gewigte wat aanhoudend klingel. Soms as een van die meisies haar runnik-lag gee, wou hy hom in aller yl na onder haas en haar gaan doodwurg.

Die lewensritmes is deur húlle bepaal. Dit was eers wanneer húlle uitgaan, in die dag, dat hy 'n paar uur vrede vir sy siel kon kry. Wanneer hulle weer tuis was, was dit 'n verligting om nie te kan verstaan wat hulle sê nie. Op daardie manier, ten minste, kon hy afskakel.

So het dinge 'n ruk lank aangehou.

Meer deur die toeval as iets anders het hy ná verskeie jare se geswerf deur Afrika in hierdie stad beland. Nou was hy deel van nog 'n gemeenskap uitgewekenes; en waar daar ook al Suid-Afrikaners was, was daar komitees, politieke debatte, kultuuraande en spesiale bewusmakingsgebeurtenisse. Helaas, is mense aan albei kante van 'n skeidslyn dikwels meer eenders as wat hulle in hul apartwees sou wou glo. Ierland, Israel . . . Suid-Afrika. Dit was die groot les van sy lewensreis. Daar was dus 'n sterk graad van pligsgevoel in sy betrokkenheid eerder as hoop.

Nogtans was dit gerusstellend om deel te wees van die wêreld van uitgewekenes, omdat dit hom in kontak kon bring met die geure en aksente van sy geboorteland. En dit was goed om van nut te kon wees, al was dit dan vanuit die veiligheid van 'n oorsese toevlug, om die ontberings van die mense tuis 'n bietjie te verlig. En hoewel die uitgewekenes in hierdie stad nooit sentraal was in die wêreldwye "stryd van buite" nie, was die gemeenskap sekerlik emblematies daarvan. Onvermydelik was daar die ideologiese skeure, die duistere verdenkings en die persoonlike vendettas. Daar was die opmerkings, insidente, voordoenery, ontmaskerings, dreigemente teen persone.

Dinge het streng gebeur soos *beplan,* of dit het glad nie gebeur nie. Veel het oënskynlik afgehang van vermoeiende onderhandelinge tussen partye met oogmerke en motiewe wat nie aldag duidelik was nie.

Die geskiedenis het sedertdien verskeie wendings geneem, en ek het verskeie ander lewens gelei. Ek kan dus beswaarlik aan myself soos ek toe was dink as "ek"; ek kan glad nie aan my eertydse self in die eerstepersoon dink nie.

Op 'n dag het hy die Russe op die trappe raakgeloop. Hy was glad nie verbaas om te merk dat die ouens siniese hardegatte was nie, en hul meisies ovaalvormig van gesig en beplak met helderrooi lipstiffie. Hulle was soos wilde diere wat in die jongste modedrag uitgevat is. Tog was daar iets omtrent hulle wat aandoenlik was. Hulle het elke minuut van hul lewe in hierdie stad geniet, met mening partytjie gehou en hulself aan dwelms oorgegee om aan die laaste oorblyfsels van die Kommunisme te ontsnap.

'n Paar weke later was hy verbaas om 'n nota op die trap te vind, geskryf in skaars leesbare Latynse letters, wat hom uitnooi om te kuier. Hy het die geleentheid aangegryp. Ja-nee, en daar sien hy toe die rusbanke met wit leer oorgetrek, nes hy hom dit verbeel het, splinternuut, en die gesette koffietafel met die glasblad. En daar was die skoongeskropte kombuis, en sigbaar deur kiere van half-oop slaapkamerdeure, die ysterkatelstyle. Die Russe was heel innemend, maar die doel van die uitnodiging was kennelik meer as 'n uitbarsting van goeie buurmanskap. En inderdaad, net toe die glase vol geskink staan met Stolichnaya, vra die mans hom, heel ernstig, of hy nie na die meisies sal "omsien" nie asseblief, terwyl hulle weggaan op sake.

Die meisies het egter gelyk of hulle heel goed na hulself kon omsien, en hulle hét ook. Terwyl kat en sy maat weg was, het die muise op eie houtjie laatnagpartytjies gehou, met die Rolling Stones en Madonna wat uit die luidsprekers weergalm en onbekende manstemme dreunend in die agtergrond, totdat oplaas die beddens aan die kraak sou gaan. En daardie vrou se irriterende lag, verdomp . . .

Een aand het hy 'n konsert bygewoon, gereël deur die "onverbonde, progressiewe" organisasie vir wie hy toe gewerk het – by die universiteit se kultuursentrum, waar die organisasie kantore gehad het sowel as gedeelde toegang tot 'n goed toegeruste kroeg. Die geleentheid was die Dag van die Volk, en die vertrek was gepak met swartes en wittes, sowel as plaaslike inwoners wat gretig deel wou wees van 'n eksotiese saak van aktuele belang. Die mense het gedans op die klanke van wit rasta en surf rock, verskaf deur twee bands bestaande uit oorlogweieraars, gejive op die energie van die grootse Thandi Vilakazi, en verbluf geluister na die ster van die aand. Mzwakhe Mbuli, in die stad vir 'n gig by die Melkweg, het die seëninge van sy enorme teenwoordigheid oor die gehoor uitgestort, en 'n gladde, kragtige vertoning gelewer.

'n Regte jol was aan die opbou. Die energie van daardie nag was 'n wegwyser na 'n nuwe kultuur, 'n roering of 'n tydsgees, noem dit wat jy wil, wat klaarblyklik die boodskap was van 'n land wat eendag wil verenig. Maar toe, teen die einde van die aand, kom 'n jong man op die verhoog en begin blues in Afrikaans sing, begelei deur 'n polsende boogie-klavier. Dit was Johannes Kerkorrel, reeds legendaries in sy eie land. Hy en sy Gereformeerde Blues Band het gehelp om die musikale en geesteslandskap "daar onder" vir ewig te verander, vir sommige van ons in ieder geval.

Vir omtrent dertig sekondes het die mense in stomme verbasing geluister. En toe roep iemand van agter, so half eksperimenteel: "Boer!" En vinnig gryp almal die kreet aan. Kort voor lank was die vertrek gevul met 'n gekoggel en uitjouery. Die musikant, wat reeds gehawend was ná 'n bottel whisky wat hy vooraf uitgedrink het, het in trane van die verhoog gesteier sonder om 'n liedjie te voltooi.

Hy – bedoelende die man wat ek toentertyd was – het daar en dan besluit om vir 'n ruk niks verder te doen te hê met die "progressiewe" Suid-Afrikaners van die "dorp" nie. Daar was oënskynlik niemand anders wat so gevoel het nie. Dit was min of meer dieselfde tyd dat hy besef het dinge raak stil in die woonstel onder. Geen partytjies meer nie, geen Sondagmaaltye wat die aromas laat styg nie.

'n Paar weke later kom hy op 'n beriggie in die koerant af. Heel klein. Die vorige dag het twee Russiese mans in hul twintigerjare en hul meisies op die strand in Scheveningen uitgespan. Volgens ooggetuies het 'n man in 'n pak klere na hulle oorgestap en 'n koeël deur die agterkop van elk van die mans gejaag, en doodluiters verdwyn.

So gaan dit maar. 'n Paar weke later het nuwe mense onder ingetrek.

Bevry nou van die kentekens van sy nasionale identiteit, was hy opeens vry om behoorlik rondom hom te begin waarneem. Hy het opgelet dat hy klein, buitengewone dingetjies begin raaksien. Een hiervan was dat mense in dié stad selde hul gordyne toetrek.

Vriende wat met dié gewoonte grootgeword het, het dit met 'n wrang glimlag toegeskryf aan Calvinisme se klem op 'n oop, blaamlose lewe – of ten minste die blyke daarvan. Maar hierdie ironiese bewustheid weerhou hulle nie om met die tradisie voort te gaan nie. So was dit vir hom soms moeilik om nie soos 'n voyeur te voel wanneer hy die strate bewandel nie, veral snags.

So in die stap, diep ingedagte, sou hy 'n verstrooide blik werp tot in 'n apartement in 'n gerestoureerde pakhuis en 'n kêrel in sy kamerjas skielik gewaar, verlig deur die flitse van 'n televisiestel, uitgestrek op sy rusbank, 'n hand in die broek wat afwesig sy balle weeg, miskien terwyl hy voetbal kyk, of dalk porno. Of wanneer hy by een van die herehuise wat op die park uitkyk verbystap, sou hy miskien 'n nimfagtige naaklyf van kamer tot kamer sien swewe, agtervolg deur 'n ander een in 'n tuxedo. Wie weet watter sielkundige drama hom daar afgespeel het – die liggies versteurde rykmansdogter, die siniese prokureur?

Later sou hy 'n vrou in trane by 'n tafel met 'n bak vrugte sien, haar oor teen 'n gehoorbuis. Verder aan, 'n gesin vergader om 'n snoesige aandete in 'n kelderkombuis, en elders weer twee minnaars wat op mekaar skel soos viswyve. En as die bewoners nie tuis was nie sou hulle gewoonlik 'n paar ligte aanlos sodat hy 'n vlietende beeld sou kry van hul smaak in muurversiering: muurplakkate van kultusfilms, Indonesiese maskers, abstrakte vetkrytdramas, vormvaste landelike tonele en familieportrette. Om nie van die plomp katte te vergeet nie, dromend op die vensterbanke.

Die mense van hierdie stad hou daarvan om hul lewe ten toon te stel, was sy gevolgtrekking. In 'n sin was dit onvermydelik. Apartemente word uitgekerf in die mees onwaarskynlike gedeelte van geboue: in omgeboude pakhuise, klam kelderverdiepings, in winderige solders. Mense hier woon in deurgange, winkels, gasfabrieke en voormalige hospitale. En in hierdie labirintagtige kolonie van kompartemente is daar vensters wat in elke denkbare rigting wys: groot slaapkamerluike wat die oggendson inlaat, dubbelglasrame wat na die rivier front, dakvensters wat die hemel inlaat en kombuisvensters wat afkyk op donker binnehoffies . . . en ander klein venstertjies.

Sodat waar jy ook al kyk, op enige tydstip, 'n ander lewe reg voor jou sou afspeel, netjies geraam en helig – en dan skielik, sal dit weg wees.

Nog 'n feit: Hulle bou hul mure baie dun. Dikwels sal die bousels wat jou van jou bure skei, skaars dikker as papier wees. Dit het my voorgekom of hierdie land se mense eenvoudig nie privaatheid benodig nie.

Die ou bokant met die swaar voeteval. Die doos langsaan wat heelnag lank dieselfde rockmusiekstasie laat speel. Die arme drommel met die emfiseem, onder. By een van sy tuistes was daar 'n heroïenhandelaar twee vloere bo hom. Sy besigheidsure was tussen tienuur saans en sesuur soggens en die portaal het gedurig weergalm met die stemme van sy dwelmslaaf-klante – misbaksels van 'n heel afgeleë oewer, hoor almal, man en muis – die op en af se gesuiker nag ná nag. Toegegee, dit was nie een van die beter dele van die stad nie. Maar selfs in die portale van ryk blokke, in die gegoede suide, sien jy handgeskrewe kennisgewings wat vra dat besoekers asseblief nie die voordeur moet klap nie.

As jy naby een van die besige pleine bly, soos hý vir 'n rukkie, sal jy wakker gehou word deur die geroffel en gedruis van skares wat opwarm vir Vrydagnag, veral in die somer, met die vakansiegeure van hamburgers en steaks wat golwend dryf op die warm bries.

Wanneer daar 'n groot voetbalwedstryd aan die gang was, sal jy dit hoor aan die gebulk wat uit die sportkafees en oop vensters op straat kom.

Wanneer daar oproer was, wat soms gebeur wanneer die tuisspan verloor (of wen), het jy dit aan die geloei van sirenes gehoor, die gebulder van 'n verwoede skare wat kafees platstorm, die geskree van motorbande as die onlustepolisie arriveer, die geklepper van die skarebeheer-helikopter in die lug en die reuk van traanrook wat hang bo die bemorsde pleine.

Later sal dronkaards wat die klank van hul eie stemme bemin jou serenade tot in die vroegoggendure. Nog later word jy wakker gemaak deur die gerammel van die eerste trems.

Vir die meeste mense wat hy geken het, was die vernaamste oogmerk van die lewe nie 'n beroep en die bymekaarmaak van rykdom nie, maar selfvervulling en die vermenigvuldiging van plesier. Daar was uiteenlopende benaderings hiervoor, en hulle was nie altyd op die oog af versoenbaar nie, hoewel 'n mens by nader beskouing verras kon wees.

Die punks met hul leerbaadjies het so gevaarlik soos oorlogskrygers gelyk, maar was taamlik vriendelik wanneer hulle nie skoor soek met die polisie en die fanatieke vegetariërs nie. Die krakers (plakkers) het geruik en gelyk asof hulle jare nie seep gesien het nie, het in kommunes gelewe en was uithalers met die maak van handgemaakte ware, die oopforseer van deure, die onwettige tap van elektrisiteit, om watertoevoer skelmpies te herlei en om intensiewe boerderytjies op piepklein oppervlakke te bedryf.

Die spul by die Westergasfabriek het gelyk of hulle permanent babelas was, maar het die beste happenings gereël; nuwe gabba-musiek het kompulsiewe masjienagtige dansroetines geïnspireer en artieste in vreemdsoortige kostuums het van hoë koorde geswaai terwyl hulle geld in wolke oor die ekstatiese skares uitstrooi – geld wat later geblyk het swak vervalste "banknote uit die hel" was . . . Jy kon die geluk tref om te sien hoe Anna Palaver die kaalkoekiekotiljôns doen by die een of ander galery se opening, en later dieselfde aand Fifi L'Amour, 'n Australiese diva, hoor Belle Epoque-liedere sing in die ruim van 'n ou skip wat The Ship of Fools genoem is.

Die spil waarom alles gedraai het, was om jouself ten beste uit te druk – en as jy 'n nis kon vind waarbinne daardie selfuitdrukking plaasvind, het jy dit gemelk. Daar was Fabiola, die lewende kunswerk, wat rojale bedrae betaal is (volgens gerugte) om verskynings te maak by kultureel-belangrike geleenthede, in sulke buitenissige Boy George-uitrustings. Daar was die ou hippie wat in die oostelike hawe in 'n kothuis op 'n vlot van polistireen gewoon het. Hy was 'n profeet van die "Polistireen-Era", 'n tyd in die toekoms wanneer die mensdom drywende stede op dié wonderstof sal bou. Daar was die "*stand-up*"-komediante uit Chicago, wat pas die stad se eerste komediekafee begin het, en daar was die groep akteurs van St. Petersburg, wat surrealistiese toneelstukke in stoorkamers en badhuise opgevoer het.

Die hoogtepunt van elke jaar, in hierdie alternatiewe universum, was 'n fees wat elke herfs gehou is op 'n dorpie net buite die stad. Dan het duisende reisigers, hippies, "aardkunstenaars" en sogenaamde "new tribalists" (oftewel "wedergebore inboorlinge") vir drie of vier dae kamp opgeslaan tussen die duine en musiek gemaak, dwelms gebruik, roetes na Nepal bespreek en vlieërs so hoog gevlieg dat vlieëniers op pad om daar naby te land dit soms woedend gerapporteer het. Die passasiers kon waarskynlik nie hul oë geglo het nie as hulle die Middeleeuse kamp op die grond gade slaan, met sy brandende fakkels, gepunte tente en wapperende baniere.

Die klimaks van die hele okkasie was die optog op die laaste aand wat met die dag-en-nag-eweninge saamgeval het, wanneer groepe artieste ritualistiese opvoerings sou hou wat gevaarlike atletiese aksies, 'n gesluk van vuur en naaktheid ingesluit het. Dit was 'n waarlik Bacchiese gebeurtenis. 'n Mens het die volgende dag wakker geword totaal geledig van binne, gesuiwer en gretig vir die koms van nog 'n jaar.

Daar was 'n algemene gebrek aan geld, maar altyd veel om te doen. Mense het altyd vorendag gekom met nuwe idees. Maar soos die jaar verbygaan, en dan nog een, het hy begin besef dat daar perke aan alles is. Want selfs die mees energieke kleure, klanke, geure, grappe en idees uit 'n lewenskragtige kontrakultuur kon nie die gruwels wat skuilgegaan het in sommige gemoedere verdryf nie, die lyding wat sommige mense met hul saamdra, verlig nie.

> *You said, 'I will go to another land, I will go to another sea.*
> *Another city will be found, better than this . . .'*

Kavafis, daardie grootse eksponent van die ontwortelde siel.

'n Toentertydse vriend van hom, Engels of Wallies van afkoms, had 'n grintige staaltjie te vertelle: Op 'n dag is sy pa, toe nog 'n jong seun, na *sy* pa se studeerkamer ontbied. "Wees nou 'n goeie seun vir jou moeder," het die pa (dus die verteller se oupa) gesê. Toe stop hy die seun 'n fooitjie in die hand, en blaas kort daarna sy brein weg met 'n haelgeweer.

Hy het glo pas gehoor dat die seun wat hy altyd gedink het sy eie is, die seun van sy broer is. Sodat, uit die seun se oogpunt gesien, die man wat hy gedink het sy pa is, sy oom was: die man wat hom gevorm het, meestal met sy vuiste . . .
Ja, daar was momente dat dit onveilig gevoel het vir die man om alleen met die kleinseun te sit, die man se vriend, in dié se swart, graffiti-oortrekte kombuis.

Daar was ook die vrou wat hy geken het, skouspelagtig mooi, 'n visioen direk uit Botticelli, wat jare lank in 'n kultuskommune gelewe het waar die lede nie toegelaat is om vaste paartjies te vorm nie. Sy is as kind by die sekte betrek en moes jare lank volgens 'n tydrooster elke nag by 'n ander man slaap. Uiteindelik het sy ontsnap, om na hierdie stad te kom en 'n nuwe lewe te begin. Maar seks? Verhoudings? Nee, dit was nie vir haar nie . . .

Dan was daar ook die man wie se pa hom, toe hy nog kind was, aan 'n weeshuis wou oorhandig. Dit was nadat sy ma 'n pynlike dood aan kanker gesterf het. Die pa se rede was dat sy droefheid net te groot was, en die seun hom herinner het aan wat hy verloor het. Hulle het sowaar al na die weeshuis gery, en was in die kar besig om finaal afskeid te neem, toe die pa so na die grys mure en die doringdraad kyk, en bes gegee het.

Mense het nie met hul stories op hul mou geloop nie; inteendeel, hulle het hul verhale styf teen die bors gehou. Dit was eers as jy iemand heel goed leer ken het dat jy iets persoonliks oor hom of haar sou verneem, en selfs dan kon jy nie heeltemal seker wees nie.

Intussen was die stad maar altyd daar, soos 'n rots, bedek deur 'n gedurig veranderende tapyt van seisoene, altyd anders, altyd dieselfde. As dit die dag winderig en grys is, wat heel dikwels was, is mense iesegrimmig, en wend hulle geen poging aan om dit weg te steek nie. Dit was 'n verloëning van al daardie wintertonele van die ou meesters waarin dit lyk asof dit 'n nasie is hierdie wat werklik verlief is op noorderweer, op daardie yshelder dae wanneer die lug blou is en die wind stil, en dit 'n ieder se instink is om in Friesland te gaan ysskaats.

Gebakkramen, glühwein, serpe wimpelend in die wind . . . Helaas, die winters is maar vervelig en lank, en die meeste mense het eintlik 'n renons daarin. Diens in winkels, nooit 'n sterk punt in hierdie stad nie, sal dan nog bruusker wees. Die sypaadjies is dan 'n gevaarsone, met sambrele wat geswaai word deur verbygangers wat stip op die grond kyk. Busbestuurders gryns wind in, en skuif die voudeur in jou gesig toe voor jy kan opklim.

Maar gee nou hierdie noorderlinge 'n sonnige dag, en alles is anders. Met die eerste sweempie van warmte sal mense 'n tafel buite hul voordeure opstel en in die buitelug bier drink en boeke lees. Of hulle sal gaan windsurf in die windverwaaide see naby kragstasies, of in hegte, uniforme troppe op plaaspaaie gaan fiets ry. Of hulle sal reguit mik vir die parke en bal skop of frisbee speel. Hulle verafgod eenvoudig die son.

zie lady met uw gevaarlijke lippen
kust u de groene grootwijze wereld
kust u en siddert
– Lucebert (uit: "Ik zing de aarde aarde")

En as die weer so gunstig is, sien jy hoe eg menslik hulle eintlik is, met die helfte van die stedelinge wat op rondvaarte op die gragte ronddobber, terwyl draagbare stereo's romantiese ballades uitblêr oor die water.

Die hoofstroom-wêreld had ook sy seisoene. Hy, synde 'n buitestander, het nie daaraan deelgeneem nie, maar die feestelikhede was daar en dit het aan die jaar betekenis gegee. Een so 'n viering was daardie spesiale dag in Mei wanneer die stad in 'n reuse-straatparty en rommelverkoping verander. Die amptelike rede is dan glo dat dit die Koningin se verjaardag is (wat inderwaarheid 'n gans ander dag is). Maar vir die meeste mense is dit eenvoudig 'n geleentheid om solder-uitskot te verkoop, of in die strate te dwaal in juigende, al dronker wordende bendes.

Dinge kan nogal taamlik van 'n samedromming word so in die stegies en op die gragte, tot die punt dat engtevrees jou beetpak as jy daarin opgevang raak. Niks is erger as daardie gevoel van vassit in 'n verstopte, onbeweeglike massa mense nie. Maar daar was selde enige insidente. Wanneer mense die kans gegun word om hul opsies op te weeg, is hulle nie dom nie. Elke jaar is die okkasie van begin tot einde 'n oefening in wedersydse vertroue.

Dan was daar die ander volkse geleenthede. Die viering van die eerste haringvangs. Die Prinsekonsert, 'n uitvoering op die dak van 'n boothuis op een van die gragte, altyd deur een van die wêreld se groot pianiste, vir die musiek-elite van die stad; en elke ster ken sy plek in die estetiese firmament. Die opening van die operaseisoen, bygewoon deur here met swierige moestasse in tweedbaadjies, venters uitgevat in strepiespakke, boere in kerkdrag wat styf en uit plek lyk, en vroue met allerlei soorte rokke en hoede, nes by die perderesies. Dit was die Boekebal, en as jy kaartjies gehad het, was jy regtig Iemand.

Een maal per jaar, ook in Mei, was daar 'n plegtige seremonie voor die paleis, wanneer 'n hele rits soldate, matrose en lugmagmanne van verskillende range, burgerlike amptenare, nasionale politici, lede van die ou families en die koninklike gesin vergader om die bevryding van die land van die Nazi-terreur te gedenk – en twee minute lank, terwyl die klokke twaalfuur slaan, heers totale stilte oor die stad. Selfs vir hom, met sy afkeer van formele byeenkomste, was dit altyd aandoenlik. Meer as een keer, op die perron van 'n kontreistasie, sou hy met die glimmende spore afkyk tot in die verte . . . en onthou dat dit vroeër gelei het na plekke soos Auschwitz. Hy het al op geleentheid met ou vroue gepraat wat nog goed die ontberings kan onthou van die Winter van Hongerte in 1945.

Maar die seremonies sou nie tipies wees van hierdie stad nie as dit nie ook iets surrealisties gehad het nie. Die oorlogsmonument, moet u verstaan, is 'n dik, al nouer wordende soliede suil van wit klip. (By geleentheid het hy 'n kelner die konstruksie soos volg aan 'n toeris hoor beskryf: "Ons noem dit die Groot Piel.") 'n Toekomstige galaktiese antropoloog wat deur sy verkyker tuur, sal dus vergewe word indien hy dink dat die mense van daardie plein millenia gelede onder heerskappy van een of ander vroueheerser en haar stam gestaan het, wat die groot god Fallus aanbid het . . .

Stadig maar seker het hy die gevoel gekry dat hy tuishoort. So sou dit voortduur, vir jare, stilweg. Hy sou 'n werk kry, 'n huis koop, wat ook al. En toe, een oggend, sit hy die televisie aan en aanskou die beëdiging van Nelson Mandela. Dit was nooit anders nie! Was hy só uit voeling? Soos hy die verbysterende tonele gade geslaan het, met wêreldleiers en meningsvormers van oral heen in sy land vergader om die gewigtige geleentheid te gedenk, besef hy: Alles het verander!

Jare tevore had hy die eer om Madiba se hand te skud. Dit was kort ná die ou man se vrylating uit die tronk toe hy, die man, deel was van 'n parade "goeie Suid-Afrikaners" – wat almal in 'n ry gemaak staan is in 'n agtervertrek van 'n lughawe om die leier se hand te skud tydens sy eerste blitsbesoek aan die Weste.

Sy indruk van die ou man was dat hy besonder skerp van gees was, en 'n baie groot man is (uiteraard). Sy indruk van die eertydse eggenote daarenteen, was effens anders: 'n vrou met die oë van 'n kobra . . . God behoede ons, het hy gedink. Dit is die geskiedenis hierdie, nie rock 'n roll nie. Gee dat net hierdie een maal die beste deuntjies nie die duiwel s'n sal wees nie.

Soos hy die beëdiging sien ontvou het, het hy teenstrydige emosies ervaar waaruit hy duidelik besef het dat hy deur homself so van sy gemeenskap af te sny, hy eintlik alle vaste begrip verloor het van wie hy is. Soos die gesegde lui: Ons is mense deur ander mense. Deur middel van mense, van *ons* mense, dus.

Wie hulle ook al mag wees.

R.B. Jurgens is gebore in Johannesburg en het Engels en filosofie aan die Universiteit van die Witwatersrand studeer. Nadat hy in Afrika en Europa vir die ANC gewerk het, het hy in 1994 teruggekeer na Johannesburg, waar hy as bemarker en joernalis gewerk het. Sy memoir oor sy jare as wit lid van die ANC, *The Many Houses of Exile*, is in 2000 gepubliseer. Hy is nou 'n skrywer en teksredigeerder in Amsterdam.

JOE DOG SE SEEPKIS BIED AAN BERLYN REIS-JOERNAAL

Dinsdag, 1 Mei 2007, 04h30:

Ek wil nou nie klink soos een van daai mense wat afshow met hulle reise deur die wêreld nie. Die waarheid is dat dit nie lekker is om te reis nie: eerstens moet jy met minder as 25kg van jou persoonlike besittings vir 'n lang tyd klaarkom; tweedens moet jy sorg dat al die tasse en irriterende handbagasie veilig by verskeie bestemmings opdaag (dikwels die tasse van jou vroumens en kind of kinders ook); derdens moet jy jouself blootstel aan deursoekings, soms 'n uittrek- en aantreksessie, jy word betig omdat jy tandepasta ingepak het, jou favourite naelskêrtjie wat jy by jou oumagrootjie geërf het, word by jou afgeneem (omdat jy moontlik 'n Boeing 747 daarmee gaan kaap – en dan gee hulle jou ewe vriendelik metaal-eetgerei tydens etes gedurende die vlug!?) en ten slotte sit jy soos 'n skaap op pad na die slaghuis saam met honderde ander nes jy vir die dood en wag om jou uit die lug te klap (wat soek jy anyway daarbo – jy het maybe 'n voël, maar jy is tog nie een nie?) Ek weet die lewe is nou nie exactly só great nie, en die dood gaan waarskynlik (soos Kurt Vonnegut jarre gelede in *Cat's Cradle* voorspel het) 'n "heerlike verlossing" wees, maar ons spartel soos enige ander lewendige skepsel om aan te hou met hierdie saai voortbestaan: hey, it's all I've got! My punt is dat reis nie glamorous is nie - maybe was dit toe ons ouers jonk was, mense met bote oor oseane gevaar het en die Rand eens "magtig" was.

Deesdae as iemand vir jou sê hulle kom nou net terug van " 'n reis deur Europa" (en veral Engeland) kan jy maar gerus jou kop skud en sê: "Ag shame, man!," en selfs byvoeg: "Is jy darem nou olraait?"

Woensdag, 2 Mei 2007, 02h45:

Ek moet skryf, maar wil eerder Hemingway se *For Whom the Bell Tolls* lees. Ja, ek weet, wanneer lees ek nou weer eendag 'n Afrikaanse boek? Wat van Suid-Afrika se eie Hemingway, Uys Krige – die "Seun met goue boude", of wat was daai biografie se naam nou weer? En Hemingway – is hy nie polities onkorrek nie? Het hy nie diere geskiet en met vrouens geslaap uitsluitlik omdat hulle mooi was vir hom nie?

Later, 08h47:

For Whom the Bell Tolls speel af in Spanje (tydens die burgeroorlog in die dertigerjare), maar ek bevind myself tans in Berlyn; een van die enigste twee stede in Duitsland waar 'n mens kan woon sonder om van verveeldheid te sterf (Hamburg is glo die ander stad). Ons Afrikaners het natuurlik 'n vreeslike skuldgevoel met die Duitsers gemeen, al is dit nie vir die dieselfde redes nie. Die Tweede Wêreldoorlog is al 62 jare gelede verby, maar die letsels van die Nazis se bewind is nog duidelik sigbaar in die stad, deels omdat die voormalige Oos-Duitsland baie dinge laat staan het nes dit was ná die oorlog. Dit is vir my duidelik dat die gevolge van Apartheid nie in my leeftyd uitgewis sal word nie. Jong (wit) Afrikaners sal, soos die jong Duitsers na die Tweede Wêreldoorlog, die las van Apartheid vir altyd met hulle saamdra, selfs al dink hulle dit het "niks met ons uit te waai nie."

En terloops, (soos ons almal weet) het wit Engelse mense in Suid-Afrika selfs meer finansiële voordeel uit Apartheid getrek as die Afrikaners. Hulle het vandag egter dikwels dieselfde benadering as die voormalige Oos-Duitsers: Hulle beskou hulself nie as verantwoordelik vir die skandes en die sondes van Apartheid (of fascisme) nie. In die post-1945 en sosialistiese Oos-Duitsland is strydvegters teen fascisme (tydens die Nazi-bewind) soos Rosa Luxemburg as helde vereer en die blaam vir die Nazis is op Westerse kapitalisme geplaas – wat tot gevolg gehad het dat daar al die jare 'n veel mindere bewussyn van skuld in Oos –Duitsland teenwoordig was. Die nadraai hiervan is dat daar huidiglik veel sterker konserwatiewe sentimente, intoleransie en steun vir neo-Nazisme vanuit die voormalige Oos-Duitsland as uit die voormalige Wes-Duitsland kom. Kan die meeste wit Engelse mense van Suid-Afrika ook skuld aanvaar?

Berlyn vertel dan ook die geskiedenis van die Koue Oorlog. Elke nou en dan kruis jy 'n dubbelry stene in die paaie of sypaadtjies wat aandui waar die "skandmuur" gestaan het. Dit is 'n fassinerende geskiedenis: Ná 1945 is die stad in vier sektore verdeel en deur onderskeidelik die Britte, Franse, Amerikaners en Russe bestuur. Omdat Stalin die enigste ou war horse tydens die na-oorlogse samesprekings was (beide Roosevelt en Churchill is met verkiesings tuis verslaan en De Gaulle van Frankryk, wat eers in Junie 1944 na Frankryk teruggekeer het, was blykbaar nog nie polities gehard genoeg om Stalin op sy

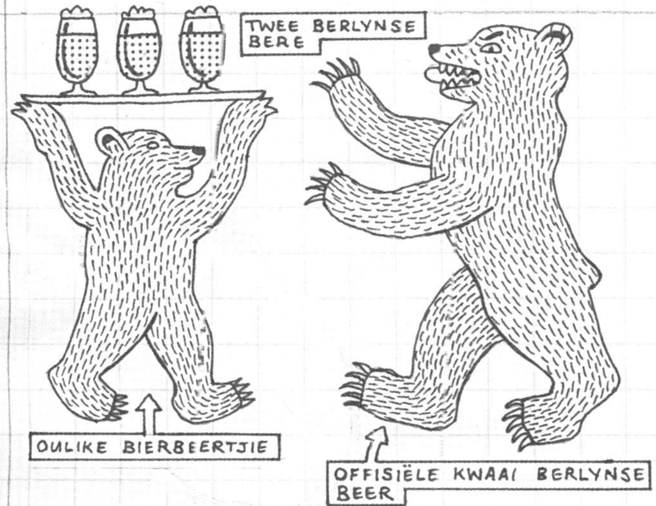

eentjie teë te staan nie – dis nou volgens my matriek-geskiedenisonderwyser), het hy die grootste en kultuur-histories belangrikste dele van Berlyn vir Rusland toegeëien (onder meer die Museum-eiland, waarop die Pergamon staan, en die Brandenburger Tor). In die vyftigerjare word dit egter duidelik dat mense van Rusland en laasgenoemde se satellietstate maklik deur Berlyn na die Weste kan ontsnap en op die oggend van 13 Augustus 1961 (om 2 v.m.) word die Berlynse muur opgerig. Die Muur was uiteindelik 155 km lank (43,1 km binne die stad en 111,9 km buite die stad, om die drie Westelike dele te skei van die voormalige Oos-Duitsland) en ten minste 3,6 m hoog (op plekke tot 4,1 m hoog)

Donderdag, 3 Mei 2007, 02h25:

Vroeg in 1987 kom woon my broer by my in Berlyn. Ek was 19 en het elke oggend 131 koerante afgelewer om die huur te betaal. My wyk was in Neukölln, reg langs Die Muur. In Februarie 1987 word dit -27°C – niks om oor sentimenteel te raak nie, glo my. In April 1987 vlieg ek terug na Joburg met my broer se return ticket. Tussen 1989 en 1993 stuur my broer tientalle pakkies vol comics van Berlyn na Stellenbosch, waar ek illustrasie studeer het. Destyds noem ek dit die "kulturele lugbrug" na Stellenbosch.

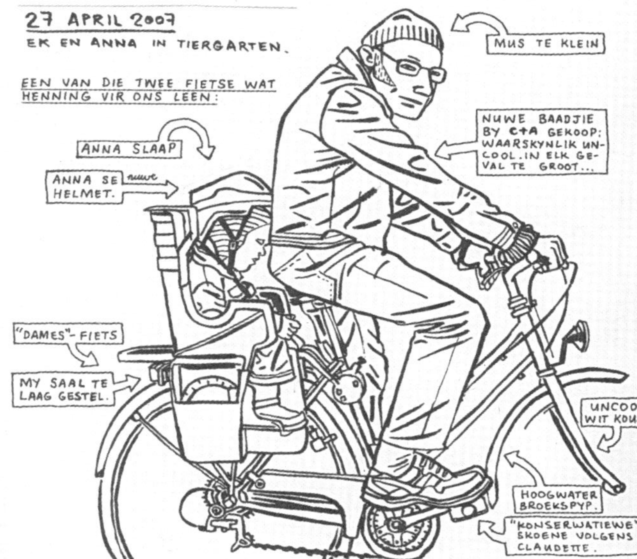

Ná 28 jaar van Die Muur se bestaan, in die nag van 9 November 1989, word die grense uiteindelik oopgestel en Die Muur stadigaan uitmekaar gekap (teen Desember 1990 is 'n miljoen ton beton van die muur al weggery!)

Ek moet seker ophou met dié geskiedenisles, maar nog een laaste Berlynse staaltjie: In 1989 sny my mal broer en sy Ierse vriend Lorcan een van Martin Kippenberger se paintings met steak knifes in 'n famous "kuns"-kafee (die sogenaamde Paris Bar). Surprisingly was my pa se reaksie destyds dat hy "waarskynlik 'n goeie rede gehad het om dit te doen." Die rede draai toe uit dat hulle "fokkin dronk" was (dit gebeur elke keer met Ierse vriende, leer ek toe later in my lewe.) Toe moes my broer vir 'n jaar ophou paint en geld verdien (skottelgoed gewas) – die skade was so ongeveer 15 000 Duitse Mark. Kippenberger was gaaf genoeg om geen kriminele klag teen hulle te lê nie. Anyway, vandag is Kippenberger dood, sy painting is herstel en my broer is nog net so mal soos altyd, maar hy sny nie meer paintings stukkend nie.

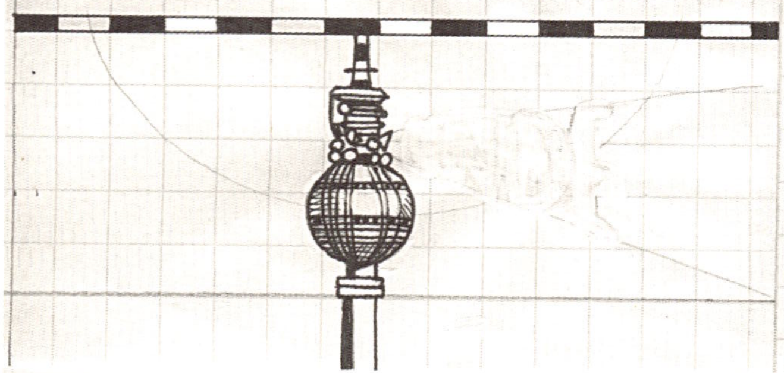

Montparnasse, Parys

Karlien de Villiers

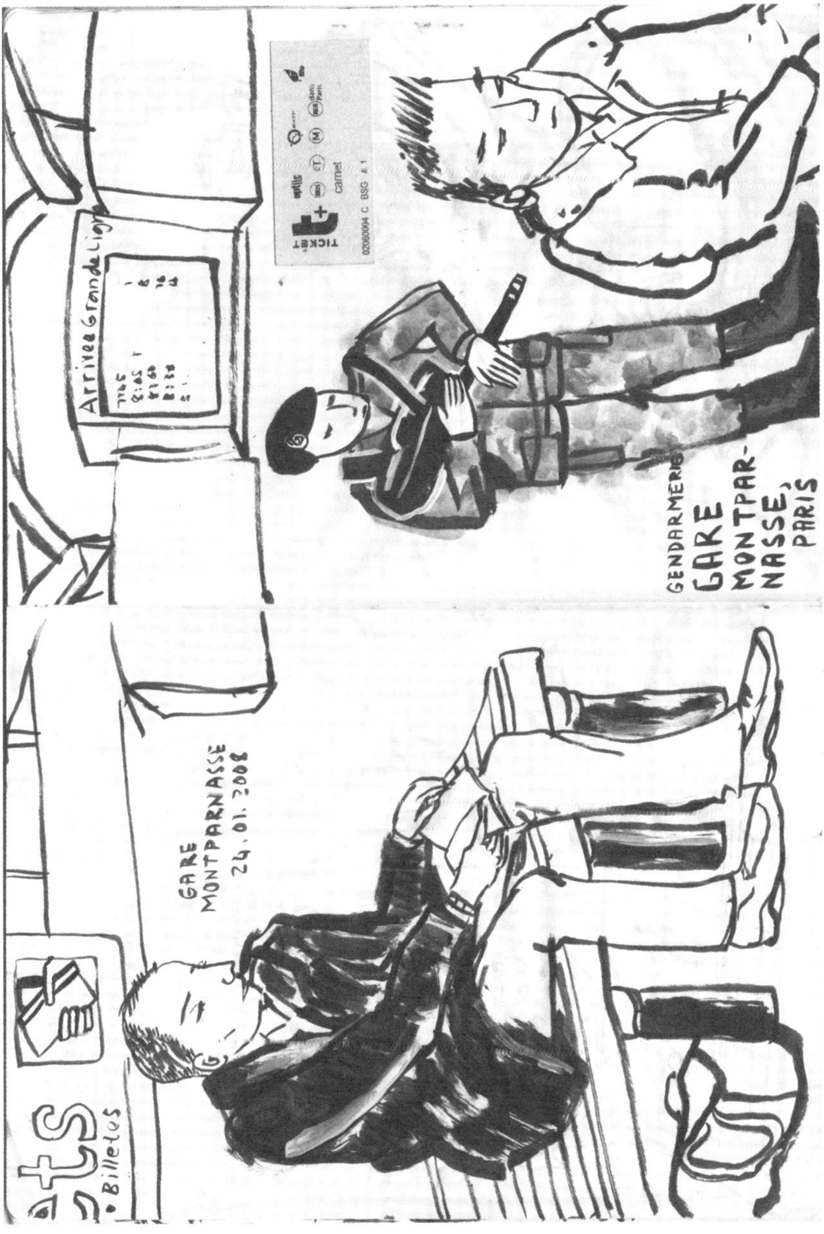

TICKET t+
optile
RATP
BUS T M RER dans Paris
stif
01782528 1210 A2
Gare
MONTPARNASSE
24. 01. 2008
PARIS

LINDA
BHV
Ruget
Rougier et Plé
8 (M) filles du calvaire
Ledru Rollin
CAFE TURENNE
BAR BRASSERIE
24 RUE DE TURENNE
75003 PARIS
← CAFÉ
PARIS, FRANCE
22.07.2008
Anne
Heleen

Chinese
vrou op
Gare Montparnasse,
PARIS
24.01.2008

My yskas in 'n verwarmer

Lorcan White

1986. BUYS VLUG DIE LAND UIT OM DIE ARMY TE ONTSNAP. HY IS IN VERMOMMING...
GOD, EK HOOP NIE HULLE PULL 'N BREYTEN OP MY NIE...
CHICKEN OR FISH?
SY LAASTE OPROEP WAS NA KIMBERLEY, DIE VOORLAASTE NA OUDTSHOORN... EN DIÉ KEER WAS DAAR 'N NOOD= TOESTAND IN DIE LAND... ALMAL MOES GAAN, GEEN VERSKONINGS WORD MEER AANVAAR NIE.
NOTHING
DIE VOLGENDE DAG IN BERLYN
DIS -15°C, HELDEROORDAG, MAAR STIKDONKER!
VIR DIE VOLGENDE VIER MAANDE GAAN ONS NIE DIE SON SIEN NIE...
SKREEULELIKE OU OOSDUITSE ARMY JAS IN DERHAAS GE= KOOP IN "JOE'S GARAGE" VIR DM 20
DIESELFDE NAG WORD 'N REKORD LAE-TEMPERATUUR VAN -26°C GEMEET, BLYKBAAR DIE EERSTE KEER IN 45 JAAR DAT DIT SO KOUD WORD...
DIE KAGGELOOND MAAK NIE JUIS ENIGE VERSKIL AAN DIE TEMPERATUUR BINNE DIE WOONSTEL NIE...
DRA AL SY KLERE
BUYS LOOP VAN WINKEL TOT WINKEL AGTER DIE CENTRAL HEATING AAN.
DIE PROBLEEM IS AS EK TE LANK BINNE BLY, BEGIN EK SWEET SOOS 'N PERD.
EREI
BO
JISSUS! DIE VELVET UNDERGROUND SE PIESANGPLAAT IN BOLLE SE SALESBIN!
SONDER PREIS
SHALL PLATTEN

TERUG IN DIE WOONSTEL MAAK BUYS 'N KOPPIE TEE...
AG NEE, EK HET DIE MELK BUITE VERGEET, SAL DIT TERUG IN DIE YSKAS SIT DAT DIT KAN ONTDOOI
GEVRIES
VREEMD, EK IS SEKER EK HET BRIKETTE OP DIE VUUR GE= SIT VOOR EK UIT IS ... DIE KAGGELOOND VOEL YSKOUD.
YOW!
TSJEEE!
DIS VUURWARM!
EINA! BLIKSEM
STALAGTIETE GROEI UIT PLAFON
VENSTER IN KOMBUIS HET NET 'N ENKELGLASLAAG EN BLY SPIERWIT MET YSKRISTALLE VIR HELE WINTER
REUK VAN SLAKKE
VERDER IS DAAR NIE WARM WATER OF 'N BAD/STORT NIE! DIE TOILET IS BUITE OP DIE TREPPENHAUS EN DIÉ MOET EK DEEL MET DIE ALKOHOLIS VAN OORKANT WAT ELKE OGGEND OPGOOI!
MIN WETEND DAT SY VOLGENDE WOONSTEL GEEN WATER SOU HÊ.
JARE LATER KRY BUYS DIE VOLGENDE REAKSIES OP SY STORIE.
'N DUITSER:
MAAR HOEKOM HET JY IN SO 'N PLEK GEBLY? EK SOU NOOIT! AH! LEKKER PILSNER GAAN NOU GOED AF!
MEV. AMANDA "SOUSBOUDE" VAN P.E.
DIS 'N LIEGSTORIE! DUITSLAND IS 'N EERSTE WÊRELDLAND! SULKE PLEKKE BESTAAN NIE DAAR NIE!
DIE SNAAKSTE KOM EGTER VAN 'N 'ER WA' DIESELFDE WINTER IN NOG HAGLIKER TOESTANDE DEURGEMAAK HET.
EK WOON IN 'N OU FABRIEKGEBOU ONWETTIG - VOLGENS DIE DUITSE OWERHEDE MAG DIT NET AS WERKSPLEK GEBRUIK WORD...
DAAR WAS SO 20 VAN ONS... TOE DIT RERIG BEGIN KOUD RAAK BOU ONS VIR ONS HOKKE IN DIE DAK-AMPER SOOS BOOMHUISE.
ONS HET AL DIE KRANE OOPGE= DRAAI SODAT DIE YS KAN UITKOM. SOU 'N KRAAN TOEBLY, BARS DIE PYP. DIE TOILET WAS 'N ANDER STORIE...
YSWURM
DUITSE TOILETTE HET 'N "LEDGE"

MAAR WAAR HET JULLE DAN GEKAK?
WEL, IN EMMERS HA-HA!
DIT HET GOED GEWERK. DAAR WAS NIE 'N STANK OF SO IETS NIE WANT DIE INHOUD VAN DIE EMMERS HET NA 'N PAAR SEKONDES KLIPHARD GEVRIES. MAAR SOOS DIT GEBEUR IN SULKE KOMMUNES VERTREK VAN DIE MENSE, NUWES KOM BY EN LATER HET ALMAL VERGEET VAN DIE EMMERS...
SESTIG EMMERS MOOI TOE MET DEKSELS
DIE VOLGENDE SOMER RAAK DIT TOE LEKKER WARM DAARBO IN DIE DAK, EN OP 'N GOEIE DAG IS DAAR 'N MOERSE ONTPLOFFING
BAF!
JA DIT WAS NIE SOMMER GEWONE KAK NIE - HIERDIE KAK WAS GAARKAK. JY WEET, SOOS FERMENTED KAK. ONS HET HEELDAG GE= WERK OM DIE PLEK WEER SKOON TE KRY EN DIE RES VAN DIE EMMERS WEG TE GOOI...
WEL, DIS DUIDELIK 'N LIEGSTORIE NET VIR EFFEK VERTEL. EN HOE HET JY KAMSTIG SONDER 'N BAD SKOON GEBLY?
ELKE STADSAREA HET PUBLIEKE BADDENS, MAAR DIE VOORUITSIG OM MET 'N KLOMP NAAKTE VUIL MANS TE VERKEER WAS NIE VIR BUYS 'N OPSIE NIE...
COWBOYBAD
BUYS HET 25 KEER GETREK VAN EEN WOONSTEL NA DIE ANDER TOTDAT HY EENDAG IN KREUZBERG, ORANIENPLATZ 'N WOONSTEL KRY.
EK DINK EK KAN HIER WOON...
CENTRAL HEATING!
MAAR NA 10 JAAR SKEER HY SY BAARD, SY HARE VAL UIT EN HY KEER TERUG NA SUID-AFRIKA EN WORD 'N COMIC-HELD.
LORCANWHITE FIN 2008

Heleen Schröder

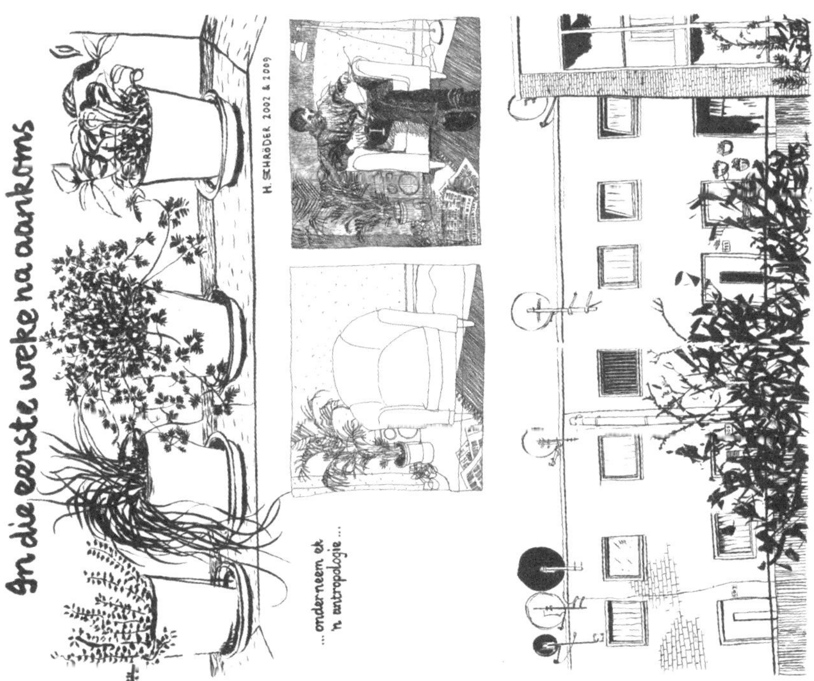

Gaandeweg word wat vreemd was, normaal

Met 'n ompad huis toe

Vir niemand en nêrens

Danie Marais

Die heel eerste poësievoorlesing waar ek self iets voorgelees het, was in Oldenburg in die noorde van Duitsland, êrens in 1997 of '98. Dr. Roth, die dosent by wie ek destyds 'n kursus oor die didaktiek van poësie geloop het, het 'n paar studente uitgenooi om by haar huis saam met kaas en wyn te kom gedigte lees. Almal was veronderstel om 'n paar persoonlike gunstelinge saam te neem, en iets om te eet of drink.

Ek het kort ná ek senuweeagtig die klokkie van haar swierige ou herehuis gelui het, begin wonder wat my besiel het. Met die eerste stywe groet was dit duidelik dat ek my liederlik misgis het. Ek was daai ou wat gedog het die stranddiens is 'n beach party. Dit was die soort geselskap wat my dadelik lus gemaak het om te poep of 'n vuil grap te vertel en 'n sigaret op te steek. Niemand daar het gelyk of hulle met Kafka sou saamstem dat die literatuur moet dien as byl vir die bevrore see in die binneste nie.

Ná die eerste paar pynlik korrekte bydraes en geoefende reaksies daarop was dit duidelik dat my intuïsie reg was. Dr. Roth en haar gaste wou informeel eisteddfod hou by lomerige kerslig. Ek was omring deur die soort geaffekteerde liefhebbers van skadelose woordrangskikkings wat my laat wonder het of my eie effe piromaniese beheptheid met woorde nie dalk nader aan 'n siekte as 'n gekultiveerde stokperdjie is nie. Ek is weer herinner dat sommige mense net graag lees wat hulle reeds weet en van gedigte hou op dieselfde manier as wat hulle van sierskrif of tradisie en uniforms hou.

Toe dit my beurt was om voor te lees – of liewer: Toe mense begin vra of "der Südafrikaner" nie ook iets gaan lees nie en nie "nein" vir 'n antwoord wou neem nie, het ek gevoel soos 'n springhaas in die kopligte. Ek het ingewillig soos ek by die tandarts instem om my mond oop te maak. My hande het gesweet om die tweetalige Duits-Afrikaanse uitgawe van Breyten se gedigte wat ek 'n week tevore verbaas in die biblioteek opgespoor het. 'n Paar mense het gevra dat ek eers 'n gedig in Afrikaans lees sodat hulle kan hoor hoe die taal klink.

Ek begin toe met "Vlerkbrand":

wanneer jy dink aan jou land
sien jy
vlegsels en 'n bril; 'n ou hond vol bloed;
en 'n perd versuip in die rivier; 'n berg met vuur;
'n ruimte met twee mense sonder tande in die bed;
donker vyge teen die sand; 'n pad, populiere,
huis, blou, wolkskepe;
riete; 'n telefoon;
sien jy

Die eerste strofe was uit voor ek dit kon keer, soos 'n skuldbekentenis. Dit het vinnig gebeur, want dit was 'n ongeluk. Breyten se vasgekeerde Afrikaanse woorde het verward gefladder en vasgevlieg teen die mure, die stylvolle gordyne en die mooi ou komvensters. Ek het gevoel of ek stemme hoor en spoke sien. Die afstand tussen my, die plek waar ek vandaan kom en die Duitse mense om my was nog nooit so groot nie. My moed het my byna begewe. Ek wou weghardloop soos iemand wat voor die hele klas sy broek natgemaak het.

Maar toe kry ek skielik my ritme. Dit was asof iemand deur my buikspreek. Ek was buite beheer en dit was soos nostalgie – intens onaangenaam en eufories bedwelmend tegelyk. Bart Simpson moes so gevoel het in die episode waar hy by die skoolkonsert besef hy hou daarvan om ballet te dans, maar terselfdertyd vrees dat sy masker gaan afglip en Nelson en die ander boelies gaan agterkom dat dit hy is wat daar pirouettes doen.

Ek het daardie aand begryp dat die plek waar ek vandaan kom, die plek waar ek hoort en van weggevlug het en na terugverlang het, nie 'n plek op 'n kaart was nie. Dit was nie 'n plek wat jy kon afneem of besoek nie, maar 'n onthoude plek, 'n verbeelde plek ten diepste verstrengel met taal en rou emosie. Ek kon dit oproep soos 'n gees of deel met ou vriende, soos herinneringe en verlies, maar ek kon dit nie bewoon of terugwen nie. Dit was 'n plek wat veral vanuit Duitsland baie na nêrens gelyk het, 'n plek vol bekrompenheid, misdaad, zefgeid, Bybelverse, geweld en die nadraai van apartheid. Dit was baie dinge: onvoorwaardelike ouerliefde en begrip, my eerste soen, erfskuld en skoolsokkies, wrewel, misverstande en vakansies by die see. Maar dit was in 1998 bowenal vir my 'n noue ontkoming. Ek het oor Suid-Afrika gevoel soos Ben Folds oor die girlfriend in sy song "Brick":

She's a brick and I'm drowning
slowly
off the coast and I'm headed
nowhere.

Maar om die baksteen te laat los, sou beteken om myself te verloor. James Lee Burke beskryf die verwikkelde band tussen die "ek" en sy verlede raak in sy roman *The Neon Rain*. Hy sê die belangrikheid van die verlede in ons lewens vervul ons met ambivalensie: Om ons daarvan vry te maak hanteer ons dit as verrottende herinneringe. Terselfdertyd is dit die enigste maatstaf van identiteit wat ons het. Die self is in der waarheid geen raaiselagtige misterie nie: Ons is wat ons doen en waar ons was. Daarom moet ons gedurig die verlede opgrawe, herbou en monumente daarvoor oprig – want ons moet dit lewend hou om te onthou wie ons is.

Die "ek" of die "self" soos Burke dit sien, is nie 'n plek waarin 'n mens hom- of haarself gemaklik kan inrig nie. Dis veel meer soos 'n brandende huis of 'n sinkende skip. Jy keer weer en weer teen jou beterwete terug daarheen om iets te probeer red uit die vlamme, om jou foto-albums, oumense, kinders en aandenkings van 'n watergraf te bewaar.

Vir wit Suid-Afrikaners is die brandende huis van hulle vaders egter besmet

met 'n verlede waaroor 'n progressiewe mens nie veronderstel is om nostalgies te voel nie. Wanneer jy gekonfronteer word met die verslae van die Waarheids-en-versoeningskommissie buite die wit gemeenskap waarin jy grootgeword het, lyk dit onwaarskynlik, of byna pervers, dat jou persoonlike belewenisse van skoonheid en onskuld kon plaasvind in so 'n plek en tyd. Dit voel verkeerd om terug te hunker na enige iets, veral wanneer jy dink aan die skaamtelose idealisering van "die goeie ou dae" deur baie ander wit landgenote. Elke destydse piekniek, romanse en mooi herinnering lyk uit 'n polities-bewuste hoek na 'n produk van roekelose wit apatie. As die verlede 'n stasiewa op pad see toe was, was skuldgevoelens en apartheid soos 'n Ventertjie agterna.

Daar is dus diegene wat verkies, of ten minste probeer, om die verlede met sy mense, woorde en plekke te laat sink – veral wanneer hulle boonop met die vervreemding van emigrasie gekonfronteer word. Milan Kundera lê dit mooi uit in *Testaments Betrayed*. Hy sê mense dink gewoonlik aan die pyn van nostalgie wat met emigrasie gepaard gaan, maar veel erger is die pyn van vervreemding: die proses waardeur dit wat intiem bekend was, vreemd en uitheems word. Die skokkende, verdwasende vorm van vreemdheid, sê Kundera, word nie ervaar met 'n onbekende vrou wat jy probeer verlei nie, maar met 'n vrou wat eens joune was. Die wesenlike vreemdheid van die wêreld en jou bestaan word eers onthul wanneer jy na jou geboorteland terugkeer ná 'n lang afwesigheid.

Ek het nie daarin geslaag om die plek waar ek vandaan kom te laat los nie, maar het teen wil en dank gekleef aan my verlede soos 'n tong aan droë ys. My verlede en ek en Afrikaans en ek was aan mekaar soos ek en my Duitse eksvrou. Dit was 'n alledaagse krisis en uiteindelik ou nuus soos die Israeli's en die Palestyne. Ek kon nie so aangaan nie, maar ek was te bang om terug te gaan – 'n slagoffer van die negatiewe propaganda en nagmerrie-koerantopskrifte wat ek myself oor jare gevoer het om uit te hou in Duitsland. Suid-Afrika het vir my 'n vyandige planeet geword waarop mense nie kon asemhaal of oorleef nie; "a land that knows no pardon," soos Willie Nelson in "Blue Eyes Crying in the Rain" sing.

Ek het probeer om myself los te skryf, maar het daarmee die teenoorgestelde vermag. Hoe meer briewe en gedigte ek geskryf het, hoe meer het Afrikaans die tuiste geword waarna ek gesoek het. Die Poolse digter Czeslaw Milosz het tydens sy ballingskap in Amerika 'n soortgelyke ervaring verwoord in sy gedig

"My Faithful Mother Tongue": "Faithful mother tongue, [...] You were my native land; I lacked any other."

Terwyl ek probeer het om estetiese waardigheid aan my gewaarwording van magteloosheid en verlies te verleen, het my woorde en gedagtes aanhou terugverdwaal na die deur en deur Afrikaanse plekke van my kinderdae. Dit was uiteindelik my doodgewoon gelukkige kinderdae wat dit vir my onmoontlik gemaak het om die plekke van die verlede aan hulle lot oor te laat. Die plekke, mense en woorde wat my kinderdae aangeraak en heilig verklaar het, wou nie opskuif vir die sinisme en ironie waarmee ek as volwassene probeer het om in beheer van sake te bly nie. Dit was nie moontlik om Kimberley, Kaapstad en Pretoria se beautiful woorde te verlaat nie – nie as ek wou aanhou skryf nie, en ek het nie geweet hoe om op te hou nie. My hede was 'n gemors en ek het begin om in vertelde tyd te leef.

Kundera beskryf die emigrante-kunstenaar se probleem in *Testaments Betrayed*: Hy benadruk dat verskillende tydperke in ons leeftyd nie dieselfde gewig dra nie – self al is hulle in jare ewe lank. Die volwasse jare is dalk ryker en belangriker vir die lewenstaak en skeppende aktiwiteite, maar die onbewuste, geheue, taal – die hele onderbou van kreatiwiteit – word baie vroeg gevorm. Vir 'n mediese dokter, sê Kundera, is dit nie juis problematies nie, maar 'n skrywer of komponis wat die plek verlaat waarmee sy verbeelding, sy obsessies en dus sy temas verstrik is, word uitmekaar geskeur.

Die plekke en mense van die verlede is egter nie bloot 'n bron van inspirasie of artistieke obsessie nie. Dis 'n noodsaaklike komponent van enige lewensverhaal of vertelling. Elke drama moet êrens afspeel en elke geloofwaardige handeling of karakter is deel van 'n spesifieke tyd en plek. Om literêre sin te kry uit 'n lewe is dit noodsaaklik om 'n plek en tyd te eien: "... we apprehend the human condition with pity and terror not in the abstract but always in relation to a given place and time, in one particular province, one particular country" (Czeslaw Milosz, *The Witness of Poetry*).

Sekere plekke en tye is egter makliker om te besing of noukeurig te verpes as ander. Dit lyk of 'n skrywer, skilder of komponis 'n groter kans op sukses sou hê wanneer hy probeer om die menslike toestand in Londen, New York of Parys tromp-op te loop. Om te gaan doodbloei of aan selfvernietigende liefde te ly in

Pretoria of Beaufort-Wes in 'n veragte en bedreigde taal lyk na 'n baie dwars, ondergrondse aktiwiteit.

Daar is, soos Milosz sê, op die literêre wêreldkaart altyd 'n paar leë kolle, "blank spots", waaroor 'n mens net so wel "Ubi Leones" (waar die leeus is) sou kon skryf. Milosz, wat van so 'n leë kol gekom het, beskryf in "Bypassing Rue Descartes" hoe hy as jong digter oortuig was dat hy na Parys moes gaan om te leer van die sogenaamde "universele" idees van die tyd:

I descended toward the Seine, shy, a traveller,
A young barbarian just come to the capital of the world.

We were many, from Jassy and Koloshvar, Wilno and
Bucharest
Saigon and Marakesh.
Ashamed to remember the customs of our homes,
About which nobody here should ever be told:
The clapping for servants, barefoot girls hurry in,
Dividing food with incantations,
Choral prayers recited by masters and household together.
I had left the cloudy provinces behind,
I entered the universal, dazzled and desiring.

Ná die deeglike postkoloniale, postmodernistiese en poststrukturalistiese kritiek op Platonisme en essensialisme is daar natuurlik nie meer baie geleerde mense oor wat sal wil beweer dat universaliteit 'n kenmerk van 'n beduidende literêre teks is nie. Die groot tale en kulture van die Weste het egter 'n plaasvervanger gevind – outentisiteit. Wanneer besluit moet word of 'n kultuurproduk uit 'n nêrensplek van waarde is, word gevra of dit outentiek is. Maar om te beoordeel of iets outentiek is, moet 'n mens vertroud wees met die plek waar dit vandaan kom. Aangesien dit selde die geval is, het Westerse oordele oor dit wat die "real South Africa" of "truly African" is, dikwels tot gevolg dat alle kunstenaars en skrywers uit Afrika onderwerp word aan die beperkende dwingelandy van sogenaamde "African music" of "African art", met ander woorde maskers, tromme en naïewe tekste oor verdrukking, armoede en die natuur. Dit is ironies hoeveel waarde in 'n land soos Suid-Afrika aan "grensverskuiwende" werk geheg word, wanneer dit juis dikwels die teenoorgestelde is waarin Westerse gehore geïnteresseerd is.

Ek het in 2002 gehelp om 'n *Bitterkomix*-uitstalling in Berlyn te organiseer en was soms verstom oor sommige vanselfsprekend neerbuigende reaksies. Die feit dat sekere besoekers stilistiese invloede uit Europa en die Amerikaanse underground in die kunstenaars se werk kon sien, het hulle blykbaar laat besluit dat *Bitterkomix* wel cool is, maar nie outentiek nie, "not really African". Ek het nog nooit gehoor hoe Paul Simon se *Graceland* gekritiseer word omdat die musiekstyl op die album nie eg-Amerikaans genoeg is nie. Om as bevoorregte Westerling te leen uit die sogenaamde Derde Wêreld en style kreatief te verwerk vir 'n oorgestimuleerde, verveelde Westerse gehoor verdien dus 'n Grammy, maar die "scatterlings of Africa" mag slegs teer op hulle eie tradisies om "outentiek" te bly.

Die hoofkarakter in Derek Walcott se "The Schooner Flight", die Karibiese matroos Shabine, verwoord die toestand sekuur:

> *I met History once*
> *But he ain't recognize me.*
> *[...]*
> *I confront him and shout, "Sir, is Shabine"*
> *They say I'se your grandson. You remember Grandma*
> *your black cook, at all?" The bitch hawk and spat.*
> *A spit like that worth any numbers of words.*
> *But that's all them bastards have left us: words.*

Shabine bevind hom in die posisie van alle verlooptes en weeskinders van die geskiedenis wêreldwyd; in 'n soortgelyke posisie as die Indiaan in Jim Jarmusch se fliek *Dead Man* wat homself "Nobody" noem (Gary Farmer). Nadat Nobody deur die sirkus ontvoer is en in Engeland leer lees en skryf het, het hy verlief geraak op die poësie van William Blake. Met sy tuiskoms het sy eie mense hom "He-who-talks-much-says-nothing" genoem en daarom het hy homself liewer

"Nobody" gedoop. Wanneer die hoofkarakter, 'n Amerikaanse boekhouer wat "toevallig" ook William Blake heet (Johnny Depp), 'n groepie bandiete om 'n vuur bekruip en sy vrees aan "Nobody" beken, stel "Nobody" hom gerus: "Nobody will observe."

Soos Shabine sê in "The Schooner Flight":

I'm just a red nigger who love the sea,
I had a sound colonial education,
I have Dutch, nigger, and English in me.
And either I'm nobody, or I'm a nation.

Hoe wil 'n Westerse gehoor bepaal of Nobody outentiek is? Nobody kan nie bloot outentiek Europees, Afrikaan of Asiaat wees nie, want hy of sy is sy of haar eie outentieke bastervorm, oftewel nasie. Vir 'n kunswerk van 'n Westerse Nêrens om outentiek te wees uit die oogpunt van die betrokke Niemand-kunstenaar, mag daar dus nie primêr vir 'n buitelandse gehoor gespeel word nie. So 'n gehoor gaan waarskynlik juis nie in staat wees om Niemand en Nêrens na waarde te skat nie; sal nie weet of Niemand en Nêrens getrou aan hulself is nie. Die werklikhede van Niemand en Nêrens kan nie van buite betrag word nie. Ek voel oor die Niemande en Nêrens van my herkoms soos Walcott skryf oor sy kreoolse heimat, die Karibiese eilande, in sy essay "The Antilles: Fragments of Epic Memory":

Its proportions are not to be measured by the traveller or the exile, but by its own citizenry and architecture. To be told you are not yet a city or a culture requires this response: I am not your city or your culture.

Niemand van Nêrens het uiteindelik 'n eenvoudige keuse tussen koppige trots en selfrespek, en die polities-korrekte Westerse sirkus van Anthologies of Native American Poetry, "outsider art" en die bemagtiging van minderheidsgroepe.

Maar ek moes ook op 'n meer praktiese, alledaagse vlak 'n besluit neem: Ná agt jaar en agt maande in Duitsland het ek besef – om terug te gaan Suid-Afrika toe beteken dat iemand my moontlik mag aanrand of vermoor vir my selfoon, maar as ek bly, is die moontlikheid dat ek myself iets aandoen nie uit te sluit nie. Ek moes kies tussen 'n brandende, onseker lewe in 'n gevaarlike, onvoorspelbare land, en 'n stil, stadige dood in 'n vreemde, veilige plek.

En toe is ek hoopvol en verlig terug huis toe soos die karakter in Kris Kristofferson se country song "Just the other side of nowhere":

I come from just the other side of nowhere
To this big time lonesome town
[...]
I've seen about enough
To know where I'll be bound
[...]
Give my best to anyone who's ever done me
Any loving way but wrong
And tell them that the pride
Of just the other side of nowhere's going home.

Nêrens was 'n warmer, opwindender plek as dié een wat ek onthou het nie. Suid-Afrika is 'n kulturele niemandsland net wanneer dit gesien word deur moeë Westerse oë. Vir Niemand is Nêrens die één plek waar hy 'n kans staan om te hoort en iets te beteken, al gaan dit daar ook hoe skrikwekkend rof.

Die oorspronklike weergawe van dié essay is op www.litnet.co.za gepubliseer as deel van die Young Voices South African Online Writers' Conference.

Danie Marais het in 1993 agter die liefde aan na Oldenburg in Noord-Duitsland verhuis. In 2002 keer hy bedroë terug na Suid-Afrika. Hy is tans 'n vryskutjoernalis in Kaapstad en bied saam met vriende die musiekprogram *The Unhappy Hour* op Bush Radio aan. Vir sy debuutdigbundel, *In die buitenste ruimte* (2006), het hy die Ingrid Jonker-, Eugène Marais- en UJ-debuutprys ontvang. In 2007 het hy deelgeneem aan Poetry International in Rotterdam en is opgeneem in die Nederlandse bloemlesing *Hotel Parnussus: Poezie van dichters uit de hele wereld*. Sy tweede digbundel, *Al is die maan 'n misverstand*, het in 2009 by Tafelberg verskyn.

Weg van die huis

Sindiwe Magona

Suid-Afrika het in 'n hel ontaard. Ek sou na enige plek uitgewyk het om aan hierdie land met sy nimmereindigende wreedhede te ontsnap, die daaglikse sleur van die verdruktes en die onteiendes. Toe die geleentheid hom dus voordoen om vir die Verenigde Nasies in New York te gaan werk, het ek die kans aangegryp. 'n Bykomende aansporing was dat my drie kinders sou kon saamgaan.

Wat voor die politieke onrus van 1976 en die daaropvolgende omwentelings 'n moeilike lewe in Suid-Afrika was, was nou sonder meer 'n ondraaglike en gevaarlike situasie, vol kullery, agterdog en die besleg van ou vetes.

Skoolopvoeding het tot stilstand gekom vir die kinders in die townships, my kinders. Oor al hierdie dinge is wyd verslag gedoen in die internasionale koerante, en daar is uit talle oorde vurige simpatie uitgespreek met die ontberings van Suid-Afrika se verdrukte mense. As een van daardie verdruktes, was daar by my geen twyfel nie dat ek in Amerika welkom geheet sou word. Was die ganse wêreld dan nie aan my kant teen die wrede apartheidsbewind nie?

In April 1984 het ons 'n nuwe lewe in 'n nuwe land begin, en hier kon ek rondbeweeg sonder 'n pas! Die aanskoue van 'n polisieman het nie meer my hart bokspringend aan die bons laat gaan nie! Hier was polisie-beamptes jou vriende, beskermers van die publiek. Ek kon hulle nader as ek hulp nodig het.

Die vryheid van beweging was opwindend en verkwiklik. Ek kon enige winkel instap en seker wees ek sal op 'n beskaafde manier behandel word. Dit was nie vir my nodig om alewig agter in die tou te gaan staan nie, daardie onsigbare, altyd-teenwoordige skeidslyn van wit voorrang wat my minderwaardige status keer op keer bekragtig het en daarmee saam my "half-menslike" aard. Of altans, nie so menslik soos die bevoorregtes nie.

Helaas, gou het ek die groot gaping ontdek tussen wat in Amerika gesê en wat bedoel word. Wanneer mense protes aanteken teen die verdrukking in my vaderland, het dit nie beteken hulle nooi my uit om in húl land te kom woon nie. Simpatie met my worstelings het nie so ver gestrek as gewilligheid om hul huise, hulpbronne en die geleenthede wat hul deel was, met mý te deel nie. Dit het as so 'n bietjie van 'n skok gekom om Amerikaners, veral swart Amerikaners, teenoor my te hoor sê (en hoe dikwels sou ek nie daaraan herinner word nie): "Ons is hier net so verdruk soos julle daar in Afrika. Daar is hier ook maar apartheid, maar hulle noem dit nie op die naam nie!" Die versweë boodskap? Gaan terug huis toe, Afrikaan!

Verrassings was volop. Ek het nooit besef nie, ondanks die feit dat die Civil Rights Movement sy saak gewen het, dat die stryd ver van verby was. Ek het nooit verwag om soveel armoede op die strate van die grootse Amerika te sien nie. Daar was nood en huisloosheid en ellende – onder jou neus, op straat en in die treine; ook gebrek aan opvoeding en werkloosheid.

Ten einde die onopgevoede stand te beskerm het die regering streng reëls, regulasies en wette opgestel wat die verblyf van nie-burgers bepaal, veral ten opsigte van toegang tot laevlak- of nie-akademiese werk. Anders sou die lae stand almal van welsyn afhanklik wees!

My werkgewer, die Verenigde Nasies, het dit aan ons nuwelinge duidelik gemaak dat ons, as internasionale staatsamptenare, gaste is in 'n gasheerland. Daarom moes ons streng hou by die wette van Amerika. Daar was slegs een soort misstap wat toelaatbaar was, en dit was 'n verkeersoortreding. Enige ander soort, en jy word deur deportasie in die gesig gestaar.

Ek onthou dat ek op 'n immigrasievorm iewers 'n "nee" afgetik het, in verband met "nog nooit gearresteer of in die tronk gewees nie". Maar dit was toe nie genoeg om aanvaar te word nie. Ek het grootgeword op 'n Afrika-manier waar ek geleer het dat jy jou in iemand anders se huis volgens die huisreëls gedra. Sodoende bring jy nie skande oor jou familie nie. Hoe onthou ek nie dié waarskuwing nie: "Jy is nie in 'n kartonhuisie grootgemaak nie!"

Snaaks, eintlik het baie van ons in iets baie soortgelyks grootgeword. Hoe anders beskryf jy 'n plakkershuis?

Verblyf is boaan die lys van jou behoeftes as jy jou in 'n ander land vestig. Uiteraard het ek destyds nog nie die vooreg van huis soek gesmaak nie. In Suid-Afrika het ons nie eens daardie deel van die snuffelgids in die koerant gelees nie. Vaste eiendom was nie vir my soort bedoel nie. Ek kon nie 'n huis huur nie, laat staan nog een koop (en nou praat ons nie eers van suburbia nie – dit was "slegs vir wittes", so het die wet gesê – maar van die township).

Ek sal nie die nagmerrie beskryf van ons pogings om gepaste verblyf in New York te vind nie. In 'n neutedop: As ek gek was oor 'n moontlike woonstel of huis, sou ons sonder kos moes gaan om dit te bekostig. En as ons kon bekostig, sou ons lewens op die spel wees, want sulke plekke was almal in die slegste woonbuurte van die stad!

Ek het myself getroos dat ek vir twee jaar kan spaar en dan 'n huis in Fifth Avenue koop. Ek het teen daardie tyd al verskeie apartemente geadverteer gesien vir 'n klein bietjie oor die $20 000. Stel jou voor my konsternasie toe ek agterkom dit was die maandelikse huur, nie die verkoopprys nie! Om te dink ek het 'n huis in Gugulethu agtergelaat – en die huur was toendertyd net onder tien rand 'n maand!

Daar was net geen vergelyking tussen die twee lande nie. Ek het ook gou agtergekom die meeste van dit wat *glitzy* New York bied, is ver bo my vermoëns. Dit het nie beteken dat ek nie toegang tot vermaak gehad het nie. TV, radio, die pers – die media het so 'n ryke verskeidenheid gebied. En dan was daar Broadway! My skoling het begin!

Maar wat dan was daardie knaagpyn, diep in my binneste. Waarom, as 'n groep Suid-Afrikaners byeenkom, sou ons sonder uitsondering praat oor "die huis"? Was dit dan nie die plek wat ons uitgespuug het nie? Die plek wat ons met ons hele hart haat?

Daar is 'n storie oor ons klomp uitgewekenes wat dikwels oorvertel is. Twee van ons ouens het in verskillende dorpe gewoon, ver van die stede waar jy Suid-

Afrikaners in hope aantref. Hulle sou mekaar dikwels bel net om die woord "voertsek" te hoor, en daaroor te lag. Nostalgie . . . En selfs wanneer ek 'n wit Suid-Afrikaner ontmoet het, iemand wat ek waarskynlik nooit "by die huis" sou raakloop nie, kon ons die een of ander gemeenskaplikheid vind, iets wat ons laat besef het ons hoort tuis op wyses wat ons nie aldag besef nie, wyses wat vir ons verberg gehou was deur ons verdelende ervarings.

Ek het die vertwyfeling aanskou van die nasate van slawe, mense wat so van alle geheue oor hul herkoms gestroop is dat hulle nie eens 'n taal het wat hulle hul eie kan noem nie. Die onlangse poging om sogenaamde "ibonics" te ontwerp, 'n Engels vir swart Amerikaners, is nogal tekenend van hierdie gemis. Ek was dankbaar dat apartheid, ondanks die boosheid daarvan, ons nie van ons tonge beroof het nie. Ons het steeds ons tale. Ek het in Amerika dieselfde tekens van selfskending gesien wat so kenmerkend is van swart mense oral: rome wat die vel ligter maak, haarverwerkings en die aanbidding van skoonheidstandaarde wat gedikteer word deur die dominante kultuur.

Ek het die teenwoordigheid van bure gemis. O ja, bure was daar sonder twyfel, en hulle was aangename mense. Maar nooit kon ek hulle ontmoet nie – nie werklik nie. As 'n kennisgewing verskyn dat iemand in die buurt heengegaan het, het ek geen idee gehad wie dit was nie, ook kon ek nooit 'n gesig by 'n naam bring nie.

Soms het ek gedink aan die township-grappies oor wit mense . . . hoe 'n "merrim" of 'n "meneer" wat alleen woon op 'n dag ontdek word, dae lank reeds gestorwe – en slegs oor die stank het ander mense uiteindelik iets agtergekom! Ons sou altyd wonder hoe mense só afsonderlik kan leef. Maar raai, raai? Ek het self so geleef . . . veral nadat my kinders die hasepad gekies het kollege toe.

Dit was nie lank in die vreemde nie voor ek waardering begin kry het vir ons eie manier van doen, dit wat jou maak voel jy hoort iewers. Daardie gevoel van jy bevind jou nou waar jy tuis hoort, waar jy nie jouself eers moet ontsyfer vir ander, of agteroor moet buig om verstaan te word nie. En dit alles kan só opgesom word: Jy is by die huis, kind.

Wanneer ons Suid-Afrika toe is vir vakansie sou ons goed terugneem Amerika toe wat spesifiek Suid-Afrikaans is: rooibostee, atjar, sisrokke en winkelrokke wat "in Suid-Afrika vervaardig" is. Ek moes myself afvra: Wat gaan hier aan? Sodra vriende en kennisse van Amerika huis toe gaan, stroom die bestellings in . . . Bring vir my dit en bring vir my dat! Die lyste word herhaal tot jou kop draai. Hier het ons Suid-Afrika verlaat, maar ons wil steeds Suid-Afrika by ons hou.

Ons het sonder ophou gekla oor die smaakloosheid van beesvleis in die VSA, hoe mooi gepoets vrugte lyk, maar dan proe dit na gebreide leer, hoe die vis nooit maar nooit soos ons eie "vis 'n tjips" kan proe en dat selfs Kentuckyhoender in Amerika nie dieselfde is nie!

Dit het gegaan oor die roepstem van die vertroude, die bekende en dit wat vir jou geliefd is. Dis soos die reuk wat 'n moeder het vir haar eie borsbaba. Soos die amaXhosa sê: *Inkaba yakho iyakulilela* – jou naelstring roep jou. Daardie plek waar jy vir die eerste keer asemgehaal het, is 'n plek – geheimsinnig en mities – waaraan jy ewig verbonde sal wees.

En dit is waarom ek besef het, soos my aftrede nadergekom het, dat ek nie om 'n groenkaart aansoek sou doen nie. Nee, ek sou eerder die repatriasiepakket aanvaar en terugkeer na die land van my geboorte. Ek het tot die wete en die aanvaarding gekom dat ek nooit op enige ander plek sal tuis hoort op dieselfde wyse as in my geliefde Suid-Afrika nie – met sy vratte en al.

Ek het gehoort in 'n wonderlike kaleidoskoop van kulture en 'n allegaartjie van tale en teenstrydige tradisies wat alles net een woord spel: TUIS. Daardie kulturele verskeidenheid was die mengeldrankie van my siel – die geestelike fontein waaruit ek gespruit het, en net daardie waters kon my aangeleerde swerfdors uiteindelik les. Ek het dit nodig gehad om terug te kom en die essensie van my wese op te slurp, en as dit God behaag en die voorvaders dit toelaat, sal ek my oorblywende dae kan deurbring op maniere waarop ek my medelandsmens ten beste kan dien.

Dit was van groot hulp dat *uhuru/inkululeko*/vryheid ons swerflinge uiteindelik teruggevind het. Weer eens kon ek een van "ons" wees, nie soos in Amerika nie. Daar was ek soos 'n aangestikte laag vel, en daardie grond het my nié voortgebring nie.

Sindiwe Magona is 'n storieverteller, skrywer, akteur en motiveringspreker. Sy het al die goue Molteno-medalje gewen vir haar bydrae tot die Xhosa-taal en -kultuur, die Premio Grinzane Terre D'Ontranto vir die skryf van boeke wat die maatskaplike problematiek van haar tyd weerspieël, die Literêre Leeftydprestasietoekenning vir haar bydrae tot die Suid-Afrikaanse kunste en die White Ribbon-toekenning vir haar jongste roman, *Beauty's Gift*, wat ook op die kortlys was van die Statebondsprys.

Onverbonde

Rustum Kozain

As iemand wat as swart mens onder apartheid grootgeword het, was dit haas onvermydelik dat ek 'n gesplete verhouding sou ontwikkel met enige vorm of uitdrukking van nasionale verbondenheid. Hoewel ek nie grootgeword het in jou gewone sportmal Suid-Afrikaanse gesin nie, het ons – by internasionale sportgeleenthede – vanselfsprekend die besoekende spanne ondersteun. Dit het natuurlik gekom. Alle sportsterre met nasionale kleure was sowel simbolies as 'n toonbeeld van apartheid se geloof in 'n meerderwaardige wit ras. En so het sport 'n morele stryd geword. Die meeste van my vriende en die mense van my sosiale kring, het hieraan meegedoen, en hoewel daar uitsonderings was, het dit dikwels gebeur dat atletiese uitnemendheid en moraliteit vervleg geraak het in argumente tussen vriende.

In die algemeen het ons gevoelens van nasionale affiliasie uitdrukking gevind as nasionale afkeer, want om Suid-Afrikaner te wees was om seergemaak te word deur apartheid – of dit nou die opbreek van volledige gemeenskappe was of die alledaagse vernederings op sypaadjievlak, die beledigings, die afsku, die agterdog. Onvermydelik ontstaan daar so 'n verwronge selfbeeld geskoei op die dubbele negatief – 'n seergemaaktheid én 'n ontkoppeling van die oorsaak daarvan: Ek sal myself definieer deur dit te verwerp wat my verwerp.

Dit is 'n ou verhaal, maar een wat telkens van meet af aan ontdek moet word, omdat dit die steier is vir omtrent enige poging om sin te kry uit enige iets wat in Suid-Afrika gebeur. 'n Steier wat oor en oor opgerig moet word, met moeite, bloot om maar tot by 'n uitkykpunt te kom.

Ek was dus in onverbondenheid getoë, en toe word ek in my seniorjare op universiteit boonop bekend gestel aan die intellektuele kritieke op die nasiebegrip, die "nasionale" en nasionalisme, wat almal sleutelwoorde is in die retoriek van politieke mobilisasie. Ek het veral geleer dat die begrip "nasie" nie tydloos is nie. Alle nasies bestaan in die stroom van die geskiedenis; die nasiestaat is 'n relatief jong uitvindsel, en daarom, omdat dit aan die tyd onderworpe is en tot verandering geneig is, verdien beroepe op nasionale identiteit nie die vanselfsprekende respons wat mense dit soms gee nie. Dit is nie 'n natuurlike gegewe nie. Net omdat 'n mens op 'n bepaalde plek op aarde gebore is, beteken nie dat jy 'n bepaalde span moet ondersteun nie. En die idee van nasionale identiteit, wat eintlik 'n vorm van gemeenskaplike selfliefde is, is nie so ver verwyder van die sterker vorm daarvan nie, naamlik nasionalisme. Nasionalisme is 'n uitsluitingsmeganisme, omdat dit gedefinieer word aan die hand van dit wat nié deel daarvan is nie, en daarom is dit uiteindelik ook moorddadig.

In die lig hiervan het dit maklik geword om 'n denkraam daar te stel in die plek van dit wat eers bloot 'n instinktiewe neiging tot onverbondenheid was: Ek definieer myself nie meer deur te verwerp wat my verwerp nie, maar deur alle vorms van identiteit te verwerp wat op verwerping berus. As 'n nagraadse student in my twintigjare was ek destyds uiters skepties oor die idee van nasionale affiliasie, asook 'n verbondenheid tot die spesifiek Suid-Afrikaanse. My gevoel destyds – en ek voel steeds so – was dat ek in Suid-Afrika gebore is en hier my lewe lank gewoon het. Te danke aan hierdie ervaring was ek dus 'n Suid-Afrikaner, en my ervaring van Suid-Afrikanerskap is uiteraard een van verskeie ervarings. Ek het gevoel dis nie nodig om my Suid-Afrikanerskap op die luidrugtige maniere van, sê maar, sportmalles aan die groot klok te hang nie. Met ander woorde, my gebrek aan steun vir dié of daardie Suid-Afrikaanse aspek maak my nie minder 'n Suid-Afrikaner nie. Om die waarheid te sê, die oproepe vir steun op grond van 'n nasionale identiteit is juis die ding wat my nekhare laat rys – die idee dat ek vir Bafana Bafana *moet* skree omdat ek 'n Suid-Afrikaner is, maak nie saak hoe sleg hulle speel nie, eerder as vir sê nou maar Duitsland, omdat ek, wel, baie hou van Duitse dinge: BASF tapes, Michael Schumacher, *Misdaad*.

Ons weet almal identiteit is vloeibaar en ontwykend. Wat beteken dit *werklik* om Suid-Afrikaans te wees? Hoe kan 'n mens dit vaspen? En tog kan dit soms onverwags helder word, veral in die afwesigheid van daardie dinge wat jou gewoonlik aan nasionale identiteit herinner. Daarmee bedoel ek wanneer 'n mens huis toe verlang – nie juis 'n oorspronklike insig nie.

Deeglik geskool in onverbondenheid en anti-nasionaal, het ek in Julie 1994, 'n aantal maande na die algemene verkiesing, met 'n Fulbright-studiebeurs aan 'n Amerikaanse universiteit gaan studeer. 'n Deel van die studiebeurs het 'n nie-akademiese oriënteringskursus ingesluit, wat ons vooraf aan die Indiana-universiteit in Bloomington moes ondergaan. Ontwerp vir sowat veertig nagraadse studente van oor die wêreld heen, het die kursus uit sowel opvoedkundige as kulturele sessies bestaan. Eersgenoemde sessies was klasse in hoe om 'n rekenaar te gebruik, asook vaardigheidsklasse in Engels. Die kulturele sessies het aktiwiteite soos 'n besoek aan 'n landbouskou behels, en om te leer dat 'n dollar honderd sent is, ensovoorts.

Tydens die oriëntasieprogram het ek my van die ander buitelandse penkoppe onderskei deur gedurig te kla. Ek was ongeduldig en astrant en het gevoel die opvoedkundige stelsel in Amerika behandel my neerbuigend en dat daarin geen blyke was van 'n begrip van hoe die Amerikaanse kultuur oor die aardbol versprei het nie. Die Engelsvaardigheidsklasse was tekenend hiervan. In een toets moes ons luister na 'n Amerikaanse stem wat verskillende sinne een ná die ander uitspreek. Op ons antwoordstelle moes ons dan die opsie aftik wat dui dat ons 'n Amerikaanse aksent kon verstaan. (En daar vergeet hulle dat die dosent se aksent ook Amerikaans is.) Boonop moes ons tog in ons land van herkoms 'n vaardigheidstoets in Engels geslaag ten einde die beurs te kan kry.

Ek het gekla daaroor dat ek na 'n landbouskou moes gaan wat geadverteer is as 'n kennismaking met die Amerikaanse kultuur. Nie een van my besware – dat die Amerikaanse kultuur tog geweldig uiteenlopend is, dat ek as 'n Bolander landbouskoue deeglik ken, dankie, of dat 'n meer selektiewe benadering tot Amerikaanse kultuur nogal welkom sou wees – kon hond haaraf maak nie. Ek het dus maar aangehou kla. Terug in die Engelsklas het ek die dosent ingelig dat die klasse my tot die vlak van 'n kind verlaag.

Was ek net ondankbaar om my goeie gashere so te kritiseer, terwyl hulle so gaaf was om my vir minstens twee jaar te borg? Waarom kon ek die oriëntering nie maar gelate aanvaar as 'n klein hindernis op pad na die heilige graal van 'n Noord Amerikaanse graad nie? Wel, die graad was welkom, maar ek kon dit om die dood nie as 'n heilige graal beskou nie. Verder kon ek verstaan dat as synde 'n internasionale program, die kursus gemik sou wees op die grootste gemene deler wat betref Engelsvaardigheid. My klagte was egter: Waarom kon die program nie uitsonderings ook erken nie? Ek het tog 'n M.A.-graad in Engels aan 'n Engelsmedium-universiteit in 'n land met 'n Britse koloniale geskiedenis verwerf, waar al my dosente grade aan Britse en Amerikaanse universiteite behaal het. En ek is terselfdertyd aanvaar om 'n meestersgraad in skeppende skryfkuns te doen op grond van my geskrewe werk in Engels (skeppend sowel as akademies). Terwyl die gemenedeler-benadering klaarblyklik doeltreffend is vir so 'n burokrasie, moes ek wonder of die Amerikaanse onderwysers en administratiewe personeel nie 'n gebrek het aan gewaarwording oor hoe die wêreld anderkant hul eie heining lyk nie.

Erger nog, dit het gelyk of hulle 'n gebrek het aan selfbewussyn, so onbewus was hulle oor die invloed van hul eie kultuur op die buitewêreld. Onder die studente self het 'n hele klomp gemor oor hierdie of daardie klas waarin hulle neerbuigend behandel is, hulle klein laat voel is of van hulle verwag is dat hulle eindeloos dankbaar moet wees vir 'n Fulbright-geleentheid, maak nie saak wat nie.

Ek het uiteindelik so baie gekla dat ek toegelaat is om die oriënteringsprogram 'n paar dae vroeg te verlaat, saam met 'n paar ander wat aan hul onderskeie universiteite moes gaan registreer. By 'n afskeidsgeselligheid het verskeie medestudente my verras deur my aanhoudende gekla te loof (terwyl ek begin selfbewus raak het oor my alewige murmurering en gewonder het of ek my Fullbright-genote irriteer). Waarom hulle self nie meer gekla het nie, het my verbaas. Een het gesê dat hy nie vaardig genoeg in Engels daarvoor is nie, en het my tot hul "outomatiese verteenwoordiger" verklaar omdat ek glo verwoord het wat almal gevoel het. Suid-Afrika was natuurlik op almal se lippe weens die onlangse verkiesings, en iemand merk toe op dat dit die Suid-Afrikaanse protestradisie moet wees wat in my na vore getree het.

Hoewel onverbonde en skepties oor die idee van 'n nasionale identiteit, het die gedagte dat my identiteit omskryf word deur 'n nasionale Suid-Afrikaanse tradisie my welgeval. Hierdie gevoel is versterk toe ek by my universiteit in Ohio aankom en ek weer moes kla oor die hoeveelste Engelsvaardigheidstoets. Hier was dit 'n wetsvereiste van die deelstaat. Die sosiolinguis wat by die toets toesig gehou het, het só gereageer toe ons aan mekaar voorgestel is: "O, jý is die Suid-Afrikaner . . ." Sy was vriende met die direkteur van die oriënteringsprogram in Bloomington. Ek het toe sommer gevoel dat my gemopper 'n protes was, nie net myne nie, maar dat dit ook was namens my dosente in die Kaap, my alma mater en sommer my hele Suid-Afrikaanse tersiêre opvoeding.

Dis maklik om te sien waarom ek op daardie oomblik 'n nasionale identiteit kon aangryp. In reaksie op die een of ander Amerikaanse burokratiese gewoonte, het dit my gedefinieer as iets meer as net 'n selfsugtige en parmantige individu. Dit het 'n politieke oogmerk gedien, op 'n ingewikkelde manier vermeng met die persoonlike. In die konteks van nasionale opvoeding in Suid-Afrika, en my akademiese mislukking op hoërskool en my eerste universiteitsjare, was dit vir my in 1994 'n groot prestasie om 'n M.A.-graad in Engels aan die Universiteit van Kaapstad te behaal het. Om hierdie prestasie gering te skat deur herhaaldelik daarop aan te dring dat ek vaardigheidstoetse in Engels aflê, was 'n persoonlike belediging wat swaarder geweeg het as die begeerte om 'n graad in Amerika te behaal. Maar dit was ook 'n politieke belediging, want die voorvereiste het die bestaan van goeie Engelstalige universiteite buite Amerika en Brittanje, soos byvoorbeeld in Suid-Afrika, misken. En in die afwesigheid van die vertroude, het die aanloklikheid van 'n nasionale identiteit toegeneem.

Dis normaal. Alle reisigers wat tyd deurbring in die vreemde ervaar dit. 'n Mens mis die bekende geregte, bekende maniere van die staatsdiens en die weer. Oor die telefoon het ek by my ma gekla dat ek siek is van verlange; toe stuur sy my Iced Zoo-koekies en droëvrugte. Die kitsbanke in hierdie voorste eerstewêreldland was stadiger as in Suid-Afrika. En ek het Kaapstad se weer gemis, veral die winter, hoewel die winter in die omgewing van die Groot Mere glad nie so sleg is nie.

Ek het die winter in Ohio as 'n avontuur beleef, gefassineer deur die stelselmatige val van die temperatuur. Ek kon my kwalik voorstel dat dit nog verder sou daal, maar dan het dit, laer en . . . laer, en ek was verwonder (en verskrik) oor die infrastruktuur wat nodig is om sulke winters te oorleef – sneeuploeë (olie), verhitting (olie en gas) en klere (olie). As gevolg van 'n string teëspoedjies met administrasie en 'n hiatus in my eie navorsing oor Amerikaanse universiteite, het ek by 'n klein deelstaat-universiteit beland, in 'n klein dorpie, Bowling Green (bevolking 25 000, onder andere 16 000 studente). Bowling Green, twee uur wes van Cleveland, was op die oostelike rand van die Amerikaanse Midde-Weste, hoewel Clevelanders hulself as van die Ooskus sien.

En toe voltooi ek net twee semesters. Gefnuikte akademiese en kulturele verwagtinge en verlange na die huis het sy tol geëis. Vergeleke met die sosiale lewe wat ek in my twintigs as 'n student in Suid-Afrika geken het, was Amerika vir my verdrukkend en te wetsgehoorsaam. Gewoond soos ek was aan skemerkelkies op die rotse by Llandudno of Kampsbaai, kon ek nie die droë, ingetoë pieknieks en "cook-outs" (braaivleis) in die plaaslike park glo nie, met nie eers 'n enkele Amerikaanse rebel met 'n heupfles in sig nie!

Ek kon dalk 'n beter ervaring gehad het in 'n groter dorp of stad, maar om na 'n ander universiteit se kreatieweskryfkursus oorgeplaas te word was haas onmoontlik. Ek sou van voor af moes begin en Fulbright sou nie 'n bykomende jaar finansier nie. Intussen was my troostelose verlange aan die verdiep, en selfs 'n soetsappige Mariah Carey-liedjie in 'n koffiewinkel het trane na my oë gebring omdat dit my aan die huis laat dink het. (Dit was die vorige jaar 'n treffer op die radio in Suid-Afrika.) Ek het die einste koffiewinkel gereeld besoek en hier het 'n groep Saudi-studente ('n paar het in die restaurant gewerk) eenkeer 'n tradisionele Saudi-Arabiese dis vir die eienaar, Richard, voorgesit. Hy het my 'n bord daarvan aangebied. Dit was soortgelyk aan breyani – 'n hoender-en-rysdis, maar die geheelindruk was anders as breyani. Tog was daar 'n paar herkenbare speserye in – komyn, ster-anys, kaneel. Net soos die Mariah Carey-liedjie het die eerste monde vol my in trane gehad. Dit was vreemd hoe twee baie on-Suid-Afrikaanse dinge die skietpyn van verlange in my kon ontketen. Die woord wat dié evaring die beste beskryf, is "heimwee".

Natuurlik was dit nie net 'n diep hunkering na breyani of snoek of boerewors nie, of na die rebelsheid van op 'n openbare strand aan die drink gaan wat gemaak het dat ek Amerika teen Mei 1995 verlaat het nie. Dit was 'n hele rits kwessies, maar verlange was 'n belangrike bestanddeel.

Dit spreek vanself dat 'n mens se nasionale identiteit die sterkste na vore tree as jy weg van die huis is. 'n Gevoel van vereenselwiging – met jou buurt, 'n streek of stad, en uiteindelik ook met jou land – verrys op sy duidelikste wanneer jy weg is van daardie buurt, streek, stad of land. Dis dan dat jy 'n band aanvoel met enige iemand van jou eie plek, terwyl jy terselfdertyd weet dat jy nie noodwendig dieselfde band met die persoon *in* daardie plek sal hê nie. Baie reisigers het stories van hoe hulle met medeburgers in verafgeleë plekke verbintenisse sal smee, mense met wie hulle nooit gedink het hulle het enigiets gemeen nie. Selfs die mees ekstreem onverbondes onder ons sal dan die roering van nasionale identifisering aanvoel. Selfs diegene wat nog altyd geneig was tot kulturele selfwrewel by die aanskoue van plaaslike kultuurprodukte en altyd 'n vergelykende ogie sou hou op die "verhewe" produk van die moederland, selfs hulle sal die een of ander tyd 'n stekie heimwee na Mevrou Balls se blatjang ervaar.

Maar hierdie gevalle van vereenselwiging, van positiewe nasionale verbondenheid, is oppervlakkig en momenteel en verdamp ewe gou weer. Maak nie saak hoe goed dit jou laat *voel* nie, ondanks die verstoutende eienskappe daarvan kan 'n gevoel van nasionale vereenselwiging nie die feit uitwis dat daar in 'n groep van miljoene mense uiters uiteenlopende ervarings daarvan sal wees nie. En dit geld die klein en onbenullige dinge sowel as die groot maatskaplike kragte.

In Ohio is my soettand voorgestel aan "smores" ("some mores") – geroosterde malvalekkers en gesmelte sjokolade saamgedruk tussen twee beskuitjies. Toe ek terugkom in Suid-Afrika het van my vriende gelag: Dit was iets wat hulle uit hul kinderjare ken (hoewel hulle dit iets anders genoem het). Wat ek as 'n nuwe, Amerikaanse lekkerny ontdek en ervaar het, was toe reeds 'n jeugtradisie vir sommige Suid-Afrikaners. Dit is 'n nietige geval, maar dit wys jou hoe die nasionale ervaring deur die individu se ervaring oorskry word. Soms kan die individu se verhaal nie deur die nasionale verhaal nietig gemaak word nie. Die lekkerny is sowel bekend as onbekend aan Suid-Afrikaners – sowel 'n nasionale jeugtradisie as nie een nie.

En tog word die individuele meestal deur die nasionale oorrompel. In 1995, op pad terug van Amerika via Amsterdam, het ek 'n middeljarige wit Suid-Afrikaanse paartjie op 'n amper leë trein in Afrikaans hoor opmerk dat hulle nooit in Nederland sal kan lewe nie. Duidelik was hulle op 'n verkenningstog soontoe, maar vind toe tot hul skok uit dat Nederland te oop en vrysinnig is na hul smaak. Ons het in mekaar se gesigslyn gesit, en binne gemaklike hoorafstand. Uit hul lyftaal en hul senuweeagtig bewegende oë kon ek aflei dis 'n getroude paar, in 'n gesprek wat nie vir ander ore bedoel was nie uit vrees dat hul konserwatisme dalk bespotlik sou voorkom – en hul aanname moes gewees het dat ek nie Afrikaans sal verstaan nie. Dit was tragies op 'n manier, maar ewe komies: oënskynlik op soek na 'n nuwe heimat, was die een plek waar hulle maklik sou inpas weens die taalooreenkomste, moreel onaanvaarbaar. Die moontlikheid dat ek dalk hul vrese kon afgeluister het, het nie by hulle opgekom nie.

Die nasionale verbondenheid wat so maklik medeburgers bymekaar bring as hulle in die buiteland is – die dinge wat ons as 'n nasie deel (soos apartheid) – word so maklik ondermyn deur die dinge wat ons nie besef ons deel nie (soos apartheid), en die dinge wat ons glad nie deel nie (soos apartheid).

Vyftien jaar later bly ek skepties oor nasionale affiliasie as 'n idee. Die gebruik van nasionaliteit om handel, sport of politieke veldtogte te bevorder verskil in vorm nie van die gebruik van nasionaliteit om xenofobiese moorde te regverdig nie. Ons ingenomendheid met onsself (Trots Suid-Afrikaans) is inderdaad dieselfde denkmodus wat sommige skurke kan aanmoedig om te moor en daardie moord te regverdig. Ons kan seker aanvoer dat daar 'n groot verskil tussen ons en moordenaars is – dat die moordenaars 'n natuurlike of normale uitdrukking van landstrots geperverteer het. Maar miskien wil ons net nie erken dat ons dit met moordenaars gemeen het nie, naamlik die beroep op nasionale gevoelens as 'n mobiliseringskrag.

Rustum Kozain is in 1966 in die Paarl gebore. Na sy M.A. in Engels aan die Universiteit van Kaapstad (UK) het hy tien maande (1994-1995) op 'n Fulbright-beurs in die VSA deurgebring. Ná sy terugkeer het hy van 1998 tot 2004 letterkunde, film en skeppende skryfkuns aan die UK gedoseer. Hy werk nou as vryskut-teksredigeerder. Sy debuutdigbundel, *This Carting Life*, het in 2005 verskyn en is met die Ingrid Jonker-prys (2006) en die Olive Schreiner-prys (2007) bekroon.

Met die terugkeer saam*

Toast Coetzer

Die rookstof is al van my voete en ek eet al minder rys, maar Suid-Korea sit nog in my kop. Soms aanvaar ek nog per ongeluk kleingeld op die respekvolle wyse – linkerhand wat die regterarm by die pols ondersteun – sê ek "chaka-manyo" wanneer ek "wait a minute" bedoel, en wanneer my vriendin Ho-Kyoung (Ginny) my uit Seoel bel met 'n vars verslag van sneeu, nuut ontdekte biere en 'n vergete bottel vodka op 'n vensterbank, is Suid-Korea my hele kop vol.

Dit was net ons twee saam daai laaste dag in Seoel, ná 'n gehaasde treinrit of twee om al my besittings te skaar, ná 'n lang nag van partytjie in Sinchon, ná 'n laaste taxirit deur 'n bekende buurt – Mapo-gu, en dan Yonggang-dong, waar die restaurante reeds gaan rus het, maar die nag se karre en ligte nooit volkome stil raak nie.

Op die bus Incheon-lughawe toe, vermaak ons onsself tydens die rit van anderhalf uur met die woorde van vriende en 'n laaste opname op die MD player, die keer die Engelse en Koreaanse weergawes van dieregeluide. Dog: woof-woof. *Ge: Mung-mung.* Chicken: cocka-a-doodle-doo. *Tak: ggeckol-ggeckol.* Om ons strek die industriële waas van die westelike kusvlakte van die provinsie Gyeonggi, met die toegeyste Han-rivier wat die snelweg eers volg en dan wegkraak na die noorde, met die braaklanderye tussen die fabrieke wat die oorblywende ribbes van twee weke tevore se swaar sneeu wys, toe dit -22 °C was, en ons pas 'n fliek oor Eskimo's gekyk het[1]. Ginny het 'n sneeu-engel gemaak en ek't 'n foto geneem, terwyl die middestad gedemp sy gang gegaan het, 'n halfuur voor middernag en teen 'n eerbiedige snelheid, want sneeu word baie vinnig swart ys, en swart ys is gladder as die bek van Ol' Dirty Bastard.

Lughawens vervul oor die algemeen hul rol as emosionele uitstortingsterreine baie goed. Incheon-lughawe is geensins anders nie. Dis 'n manjifieke gebou, ruim en oop en modern, met genoeg stil hoekies en stoele vir laaste gesprekke voordat die staalkajuit jou afsonder en teen kopskuddende snelhede oor oseane en kontinente gaan uitgiet. Ons gaan eet by 'n Japannese restaurant en drink 'n bier wat ons nog nie probeer het nie, skryf dit neer in ons bierboek, wat al uitmekaar begin val van die baie gebruik. Ons beoordeel dit aan die hand van ons gewone kriteria: First Impressions; Tastes like; Mood; Band[2]; Car; Sex/Relationship; Closing Comments; Rating. Tot op hede is die trots van China – TsingTao – nog nommer een.

Dan word dit tyd vir totsiens sê, en omdat die lughawe reeds – in elke steen, blink teëlvloer-blok en flitsende neon-aankondiging – die geïmpliseerde deel van ons emosies weerspieël, word dit nog makliker gemaak deur die vertroostende teenwoordigheid van honderde ander mense wat nie jou afskeid verstaan nie, maar tog respek toon vir jou spasie, jou nie uit jou kring stamp nie, jou die oomblik en die omhelsing gun, sodat wat oorbly teen die tyd dat jy jou skoene uittrek voor die X-straalmasjien, bloot saaklikheid is, die fokus van die reisiger wat kort-kort tas na sy reisdokumente, sy beursie, wat wonder of hy sy naelknipper in die check-in luggage gesit het en die ligte reuk van haar hare, wat steeds aan jou trui, baadjie, kamera-baadjie en jas[3] vassit, nes Reon, haar venynige kat, se vervloekte wit hare, wat my seker sal agtervolg totdat ek elke kledingstuk sorgvuldig gestofsuig het.

Hierdie dinge is dit wat 'n reis na 'n verre bestemming raam, konteks en oomblikheid daaraan verskaf: aankoms en vertrek. Dis snaaks hoe 'n mens twee keer aankom en twee keer vertrek binne die bestek van een heen en weer reis, en hoe anders elke keer is. Die eerste keer verlaat jy jou tuisland, en het jy twaalf of so ure in die lug om jou gereed te maak vir die wagtende vreemdheid (byvoorbeeld Korea). Sonder jou proaktiewe inmenging (die plant van 'n bom, die opsweep van rewolusie) sal hierdie "vreemde" plek rustig voortgaan. Jy bestaan nie vir hierdie vreemde plek nie. Die vreemde plek bestaan vir jou. Wanneer jy dan 'n jaar later die vreemdheid verlaat, het iets verander, dis nie meer vreemd nie, maar deel van die oorspronklike vreemdheid sit nou binne in jou vas, sodat jy nou weer daai twaalf ure moet gebruik om jouself gereed te maak vir die oënskynlike normaliteit van jou tuisland. As ons nou in die Pentagon was, sou ons dalk kon sê dat ons aanvanklik 'n "known known" verlaat het en toe 'n "unknown unknown" entiteit besoek het, dat dit met die tyd 'n "known unknown" geword het en dat ons met ons terugkeer ons onsself moet staal vir 'n effe "unknown known". Vatso, Donald Rumsfeld.

Dis nie asof jou tuisland noodwendig in jou afwesigheid radikaal verander het nie. Jou tuisland gee ook nie om nie – jammer, maar patriotisme is 'n subscription drug beskikbaar op Supersport-kanale, sou jy dit wou hê. Maar jou tuisland is tog effe anders, dis 'n jaar ouer – dit sou anders gewees het selfs al was jy net vyf minute lank Maseru toe. Maar ek't ook intussen 'n jaar ouer geword. Nie noodwendig wyser nie, maar myns insiens gaan elke verbygaande sekonde onlosmaaklik gepaard met 'n verskerping van jou eie gestalte in die wêreld: Kyk, ek is ses en twintig en ek kan enige oomblik doodgaan.

Daardie klein tikkie vreemdheid wat jy in 'n jaar by jou sisteem laat insypel het, sal nou vir altyd daar bly. Dit is waar dat 'n mens nooit hoef te reis nie – baie filosowe sou dalk redeneer dat dit veiliger, goedkoper en meer vervullend is om net in jou verbeelding op reis te gaan, net deur pragtige boeke van eksotiese bestemmings hoef te blaai, Travel Channel te kyk – want op hierdie manier word jy die teleurstelling gespaar indien die eindbestemming nie aan jou aanvanklike verwagtinge voldoen nie. Sê nou jy kry sonsteek op Tahiti en moet 'n hele week in die hospitaal bly? Malaria trek jou neer in Malawi? Iemand steel jou reisdokumente in Indië? Om op reis te gaan is nie noodwendig 'n wonderkuur vir verveling, depressie of ongelukkigheid nie. Dit is dinge wat ons altyd met onsself saamdra, en 'n verandering van dekor beteken nie dat dit verdwyn nie.

Wat 'n radikale verandering in dekor (hiermee bedoel ek plek, mense, taal, werksomstandighede) oor 'n verlengde tydperk wel vir 'n mens kan doen, is om 'n deur na 'n voorheen onsigbare parallelle bestaan op 'n skrefie oop te maak. In 'n vreemde, nuwe wêreld, waar die taal en stadsorde aanvanklik oorweldigend en intimiderend is, waar jy 'n soort werk doen waarvoor jy nie uitgeknip is nie, waar jy van voor af vriende moet maak en bande moet smee – hier kan jy jouself herontdek, jy kan dele van jou verlede gerieflikheidshalwe vergeet, jy kan jouself probeer vorm as 'n ander soort mens as die een wat jy in jou tuisland was. Dit is soos om 'n rol in *ER* te vertolk direk nadat jy jare in *Cheers* te sien was. Dit is ongelooflik hoe (oënskynlik dalk) karaktervormend stilsit in 'n grys park kan wees. Dat hoe meer jy sien en ervaar, beteken dat jy meer en meer begin weet oor jouself in die komplekse wêreld waarin jy beweeg, is terselfdertyd gevaarlik bevrydend en 'n gemaklike oorsig van die ruwe landskap, die *ultung-bultung-han* (die Hangoelwoord vir "bulterige landskap") van ons eenvoudige tyd tussen opstaan en gaan slaap.

In die vliegtuig gee jy jou oor – aan die sjarme van die Singpore Air-lugwaardinne (wat seer-sekerlik in besit moet wees van die Tannie Mollie-gasvryheidswisseltrofee en almal met 'n gelyke hand bedien, nooit vra hoekom jy so baie sweet nie) en ook aan die klein plesiertjies van die tydelike samehok van mense in so 'n klein ruimte, soos byvoorbeeld om te probeer uitpluis wat die Russiese pa en seun langs jou vir mekaar sê, en watter artikels hulle lees in die Amerikaanse koerant tussen hulle, en watter in-flight entertainment hulle besig hou.

By Singapoer moet ek van vliegtuie verander, so dit verg 'n gedrafstap van die een hek na die volgende, kilometers ver, so voel dit, met my dik lae klere skielik 'n sweetplaas in die subtropiese stad se 27 grade (dis eenuur in die oggend). Dan's dit weer die lug in, dertigduisend voet is ver as jy sou kon afkyk, maar gelukkig bied die donker nag min geleenthede. Gou-gou is Indonesië agter ons[4], en net die oseaan, geknakte bloedsirkulasie en reghoekige maaltye in gestileerde asbakkies staan in ons pad voor ons Madagaskar en dan die Mosambiek-kanaal teen sonop oorsteek. Onderweg kyk ek 'n Jack Black-fliek, die hoogtepunte van die Rugby Wêreldbeker (als nuus vir my) en Jamie Oliver, wat my seker vir ewig aan Ginny sal herinner[5], lees *The Aquariums of Pyongyang* klaar[6] en kry 'n onrustige twee ure se slaap in, terwyl die ouerige Chinese egpaar langs my dut met die vrede van klippe wat wag vir 'n mens om hulle om te keer, sodat albei kante die lig kan sien.

Ons het op 'n kunsmatige manier tyd gewen, 'n resies teen die spoed van die aarde, terwyl die dagbreek soos 'n tsoenami op ons hakke bly, voor ons ons weer oorgee aan swaartekrag en die swaarmoedigheid wat kom saam met wentelbane, die wetenskap en die tergende neiging van die moderne brein wat te gereeld aanneem dat emosie van sekondêre belang is en dat geluk, op sy beste, die teenpool is van wat prakties uitvoerbaar is oor 'n lang tydperk (7). Dít is vir my die grootste plesier van 'n langafstandvlug: Ek't byna geen sin van vrees tydens die hele onnatuurlike verplasing nie. Ek vrees nie terroriste of bomme nie, nie tifone of orkane nie, nie mechanical failure of deep vein thrombosis nie. Dis asof jy reeds dood is wanneer jy jouself vasgordel in 'n sitplek met die wete dat jy iemand 'n paar duisend rand betaal het om jou op 'n ander kontinent te gaan aflaai. Ek't nog nooit 'n near-death experience gehad nie, maar ek dink mense wat hulself oorgee aan dinge soos vliegtuie (en meer irrasioneel: bungee-toue, valskerms en gewere), is dieselfde tipe mense wat goeie samoerais sou kon maak, want 'n Samoerai moet elke oggend wakker word met die wete dat hy vandag kan sterf aan die lem van 'n swaard, byl of ander knoetserige moordinstrument[8].

'n Vliegtuigrit oor tydsgrense heen is dus 'n blanko spasie vir my verbeelding om in te rus, die verdwaasde oogknip (verleng tot twaalf ure) voordat die knoetserige voorwerp my teen die slaap tref. Om altyd bewus te wees van die dood is om die geluide van voëltjies in die skemer opnuut te waardeer.

Op Johannesburg is die droë dag reeds 'n halfuur lank aan die gang, met die lang skaduwees van baggasiekarweiers wat vinnig korter raak terwyl dienspersoneel aan boord kom om skoon te maak. 'n Uur later is die vliegtuig amper leeg, met net 'n paar van ons wat nog Kaapstad toe moet vlieg – ons maak 'n wye draai oor die Vrystaat en die Noord-Kaap, dan sirkel ons oor die Boland voor ons land, effens laat, maar nie 'n oomblik te vroeg nie. Die laaste hekkie lê nou voor: doeane. Ek vat die groen lyn en maak dit net-net deur, niks om te verklaar nie – 'n infame leuen, maar wie't nog nooit daai kans gevat en gewen nie?

My suster ontmoet my buite, en nadat ons die kar moet jumpstart omdat sy die ligte aan vergeet het, is ons op pad, met die verblindende skerp lig om ons wat my laat ineenkrimp soos 'n mol in 'n microwave, die son wat my teer vel elke sekonde rooier skroei. Ons slaap daai aand in die reservaat waar my suster werk, in 'n ou plaashuis sonder ligte, en wanneer ek my tweede warm Milk Stout drink (gekoop onder die aanmoediging van 'n mede-bebaarde in die Montagu-bottelstoor) met die sterre bo die nou-en-dan-geluide van 'n windpomp en draffende honde, besef ek ek's terug, en dis 'n goeie ding[9].

1. *Atanarjuat – The Fast Runner.* (http://atanarjuat.com)
2. Soos in: As hierdie bier in 'n band kon wees, watter band sou dit wees? En: Sou hierdie bier 'n kar kon bestuur, watter kar sou dit wees?
3. Want ons dra mos nou reeds al die klere wat nie in ons tas kon inpas nie . . .
4. Die navigasie-skerm dui 'n plek genaamd Solo City aan. Ek plaas dit op my lys van plekke wat ek moet besoek voor my verbeelding afsterf: Baikal-meer, Kamchatka-skiereiland, Patagonië en St Helena. Solo City, dit klink na chaos en die 22ste eeu.
5. Sy hou van kook, dus was haar bynaam Ginny Oliver. Dit het ook nie gehelp dat ek haar een van Jamie Oliver se kookboeke vir Kersfees gegee het nie. Pluspunt: Ek kon altyd die vrugte van haar klein dog tot-die-tande-toegeruste kombuis geniet.
6. 'n Ware verhaal van tien jaar in die Noord-Koreaanse gulag, deur Kang, Chol-Wan (Basic Books, met Pierre Rigoulot en Yair Reiner).
7. Wat dit sou beteken, weet ek nie.
8. Dit het ek in Jim Jarmusch se skitterende fliek *Ghost Dog – Way of the Samurai* geleer. En drie hoera's vir die RZA se skitterende klankbaan.
9. Die komende weke gaan gepaard met die gewone You Know You're Back in South Africa When: jy 'n bordjie sien wat lui "Moet asseblief nie geld vir bedelaars gee of windpompies koop nie. Dankie", en wanneer iemand se derde sin nadat hy jou ontmoet het, is: "Het jy al 'n meid gesoen, soos in, oopmond?"; en wanneer die vriendelikste persoon wat jy heeldag sien jou car guard is, dieselfde ou op die dieselfde plek sedert twee jaar gelede; en wanneer dieselfde mense (Nicole Fox, Kerry McGregor) op die voorblaaie van dieselfde tydskrifte pryk.

Toast Coetzer is in 1977 op Cradock gebore. Nadat hy sy joernalistiekgraad aan die Rhodes-universiteit verwerf het, is hy herwaarts en derwaarts tot hy homself in Kaapstad gevestig het. Hy werk tans bedags vir die reistydskrifte *Weg* en *Go!* en snags hou hy homself besig met sy musiekgroep, The Buckfever Underground. Hy is ook mede-redakteur van die oudste Afrikaanse tydskrif in die heelal, *Ons Klyntji*. Hy het in 2003 in Suid-Korea Engels onderrig.

*Hierdie essay is in 2004 op www.litnet.co.za gepubliseer.

Die son ontbrand en ons ontkom

Ronel Nel

Deel I: In die land waar die son ontbrand

11 Februarie 1990. Mandela is pas ten aanskoue van die hele wêreld vrygelaat; en swart euforie en wit vrees stap hand aan hand deur die strate van stede.

Die regses is bang vir al die bloed wat gaan vloei en die linkses is jubelend versigtig – dit waarvoor hulle so lank gewag het, het gebeur. So wat nou? Die regses koop blikkieskos en maak waterkanne bymekaar om voor te berei vir die burgeroorlog en die (wit) linkses gaan vir die eerste keer openlik dog bangerig na die township se sjebeens toe.

Die res sit net op een plek en wonder wat gebeur het. Verdwaas dat al die goed wat hulle vir soveel jaar vertel rég is, en so gemáklik geglo het, so skielik en so beslissend so verkeerd blyk te wees.

Dit word Maart in Suid-Afrika en elders lê die buiteland oesterlik en wink. Ek is jonk, verveeld en lus vir daai oester, baie lus.

Ek het sowat 'n jaar gelede begin as juniorverslaggewer by die SAUK se televisienuusdiens en die adrenalien is verslawend. Maar die ure is aaklig, nes die betaling . . . En ek is finansieel, soos altyd, diep, diep in die moeilikheid.

My base is, om die minste te sê, uiters oninspirerend. Die ergste is egter die nuuslesers – hulle wat op voorblaaie pryk en baie geld kry. Hulle wat lang strepe deur jou inleidingsparagrawe trek en "nonsenstaal!" in dik rooi bo-oor jou breinwerk krap, hoewel hulself nooit 'n vinger verroer het om Khayelitsha/Boipatong/Alexandra toe te gaan vir die stories nie.

En die ouens op die Afrikaanse span is gespanne: Dinge gaan verander, weet hulle. Hoe, weet hulle nog nie. Dis 'n tipe spanning wat maak dat jy om die wêreld wil gaan reis.

Die probleem is net: Waarheen?

Ek trek die Rand McNally-aardbol op my boekrak nader, tol hom in die rondte en druk my vinger op 'n plek. Nyassaland? Hierdie bol is oeroud . . . Ek wil ook nie weer Afrika in nie, wil van vasteland verander.

Ek was darem al vinnig in Namibië en in Mosambiek – hoewel die familie twee jaar gelede in 'n Sondagkoerant moes uitvind van die studentetrippie na Maputo. Gaan "heul met die vyand", het ons. Met uitgeweke ANC-jeugligamense gaan praat, vir die eerste keer 'n verleë vuis gebal en hakkelrig "Nkosi Sikelel' iAfrika" probeer saamsing . . . Daar was nogal 'n foto ook: van my wat met 'n pragtige Frelimo-jongeling dans. 'n Gitswart en 'n spierwit hand om mekaar gevou. Lywe ontspanne naby mekaar.

O Here, my mense was kwaad. Verleë. Ontstig. Hulle kon nie die bure en familie se vrae antwoord nie, want hulle het self nie geweet nie.

Ek probeer weer. My vinger het in die see beland, maar ek skuif hom skelm so effens na links. Skreef my oë: Honshu. Nagoya. Osaka . . .

Nagasaki.

Ek skreef my oë nog kleiner, hou dit so . . . Nagasaki. En haar mede-kleineerde, verraadstad, Hirosjima.

Die Bom.

Daardie skokwekkende, wonderlike, grusame boek van John Hershey . . .

Ek het dit skaars 'n jaar gelede gelees vir 'n boekbeskrywing in my honneursjaar in joernalistiek. Die boek het in die bad geval; sigaretkooltjies oorleef en vele varkore in die hoeke van die blaaie lê sekerlik nou nog ingetoë en wag op 'n herlees.

Ek soek die boek in my lendelam rak. Kry dit. Blaai dit weer deur.

John Hershey is in 1946 deur die *New Yorker* na Japan gestuur om te gaan uitvind presies wat gebeur het voor, tydens en ná die atoomontploffing. Die hele tydskrif van 31 Augustus daardie jaar is aan die storie gewy. Sonder die gewone grappies, strokiesprente, satires, gedigte en foto's wat dit gewoonlik kenmerk.

Dié historiese uitgawe is binne 'n dag uitverkoop – Albert Einstein (wat man-alleen hard teen die ontwikkeling van die bom gepraat het) het vir homself een-duisend eksemplare bestel. Vir die eerste keer het daar 'n venster in die Weste oopgegaan oor hoe dit is om Japannees te wees; hoe dit was daardie Tyd van Die Bom. En hoe die sterkarm-taktiek van Amerika dié land en sy mense vir ewig verander het.

At exactly fifteen minutes past eight in the morning on Monday 6 August 1945, Japanese time, at the moment when the atomic bomb flashed above Hiroshima, Miss Toshiko Sasaki, a clerk in the personnel department at the East Asia Tin Works, had just sat down at her place in the plant office and was turning her head to speak to the girl at the next desk.

6 Augustus is onder meer my ma se geboortedag en Hirosjima se dood. En na Nagasaki is die mens atomies-enkel en wees, leef ons in die vrees en die wete dat aardse vrede slegs 'n Bybelse openbaringswens is en dat dit so sal bly . . . Of so het daardie eenmalig gepubliseerde digteres dit geskryf.

Some 60 000 Japanese men, women and children were killed, and 100 000 injured; and almost the whole of a great seaport, a city of 250 000 people, was destroyed by a blast of fire.

My politieke en menslike harte ruk albei in my lyf.

Yesterday my shoes were the most important item in my life. Today one pair is enough.

I know, I started to bring my books along, and then I thought: this is no time for books . . .

This ís a time for books. Vir reisboeke. En vir nuwe horisonne.

Ja. *Hai. Sō desu.* Japan sal dit wees.

Heel regs bo-aan die ou wankelrige aardbol begin my voorvinger my reis na die res van die wêreld. My Groot Trek na die Anderste.

Ons is vier vroue in Japan. Nihon, die land waar die son ontbrand. Vriendinne uit die Oksident wat die pad gevat het na die Oriënt. Sonder om te weet wat op ons wag: Ons elkeen se eie self.

Elk van ons is enig in haar soort. 'n Geisja; 'n monnik; 'n soemo; 'n sensei. Die monnik gaan soek haarself in die tempels van die Boeddhiste. Sy kom terug sonder hare en 'n vredevolle teerheid om haar mond. Sy is vir altyd gekenter. Sy sal uiteindelik vyf jaar lank daar bly.

Die geisja draai die jong mans van Japan en die Weste om haar skraal vinger. Sy is mooi en wulps en talentvol. Sy ontdek vir die soveelste keer haar effek op mense. Dit sal uitgebou en 'n onlosmaakbare deel van haar arsenaal word. Sy en die muse ontgin veral hul verhouding. Sy begin sing, dans, skryf. Sy blom.

Die sensei word bekroon as die beste onderwyseres aan Nova Go-gakuen, waar ons al vier klasgee in Engels. Sy begryp dat sy beter leer as die meeste wat voorgee. Sy is 'n meester daarvan om mense tot ander insigte te lei. Sy sal dit jare daarna nog doen – ná vele reise oorsee. As joernalis, later as redakteur.

Ek word die soemo, ek stoei met die ervaring om so ver van die huis af te moet bly. Want dit het ek nie verwag nie. Die intense intensiteit van alleenheid.

In Kioto bloei ek saam met die bloeisels; by Hakone roei ek oor die meer – en aanskou die rooi hek – die geboorte-poort – na die "nuwe" hoofstad in die ooste. Tokio. Die "to" van Tokio beteken "oos" en die "kio" beteken "hoof". Voorheen was Kioto die hoofstad, die twee lettergrepe het slegs omgedraai. Tokio was eers Edo, maar is in 1868 deur keiser Meiji herdoop tot sy huidige naam. Pretoria/Tshwane in die Verre-Ooste.

Ek het gestoei met die jong Chinees wat nie sy Japannese verloofde kan verlaat vir 'n toekoms met 'n Suid-Afrikaner nie.

Ek het gestoei met 'n lyf wat nie van haar nuwe omgewing hou nie. Te koud. Te mals. Te humied. Te té.

Die bleek en blou en helder wit van Fuji se sneeukappie. Later belangeloos. Onbelangrik.

Ná twee jaar moet ek huis toe vlug.

Ek sus myself: sji, sji, sji. Die woord "sji" het myne geword. Dit beteken stad. Dit beteken gedig. Dit beteken nuut.

Dit beteken ook dood.

My bom het gebars. Hershey het eintlik oor my geskryf.

Yesterday my shoes were the most important item in my life. Today one pair is enough.

’n Ou Ronel is dood – en daarin lê ’n nuwe woord.

Bruggie

Ná Japan is dit Amerika.

Verder aan, nog verder oos om die aardbol, om by wes uit te kom. Boston. Beautiful, blote Boston. Verwarrend verstaanbaar, en kalm.

’n Omdraai, soos ’n hand waarvan slegs die rugkant gesien is.

En nou die blote palm.

Deel II: Ter wille van die ja in Jakobus

Van Stellenbosch tot Boston – via Japan – moes ek reis om by hom uit te kom. Die wiskundige. Ons was een oggend saam buite, hy by syne, ek by myne. Die een in Cambridge, die ander oorkant die Charles-rivier, in Brooklyn.

Die oggend was kraakbros soos jong slaaiblare – dog al wat daar werklik tussen ons was, was sewe onoorbrugbare jare. Ek dertig, hy drie en twintig.

Ek het dringend vir hom gemail. Ek verlang na mý winter, na my koue aarde, Afrika, oggende met die son versproei deur druppels dou; die sterre uitgespan in ’n uitspansel op die grond. Net nie hierdie diepe bleekheid, sestien voet sneeu en stilte nie.

Want om weg te wees van jou grond, is om ongesond te raak van verlange. Na die self, die eie, die bekende. Na die son.

SAD, noem hulle dit. Suid-Afrikaners in koue streke kry dit maklik. Seasonal Affected Disorder; winterdepressie. ’n Groot ding onder ons, ons wat gewoond is aan die helende strale van die son. Hulle laat jou onder ’n lampie sit om dit beter te maak, dit voel aardig en onaards.

Naweke ry ons suid, New York toe op die Grey Hound-bus. Die bestuurder se oë al geel van jare se fokus in die naglig.

Imagine, sê ek vir die wiskundige. As mens ’n lang tou tussen die Empire State Building en die World Trade Centre kon vasmaak, en oor die hele New York swaai. En so met die afgaan vir die geel taxi’s waai, en met die deurgaan tegelykertyd ál die restaurante in Greenwich Village ruik.

En met die opswaai Fifth Avenue gadeslaan en dan die rug op sy winkelvensters draai. En om dan altyd bo te bly.

Maar 'n mens bly nie altyd bo nie.

In vreemde wêreldstede wat vinnig bekend raak, val 'n mens steeds maklik.

Boston is nie Amerika nie. Dit is 'n klein kosmos van kleure. Bruin, geel, rooi, wit, swart.

Indiese ingenieurs en Turkse fisici. Yslandse kunstenaars en Chinese dokters. Russiese ruimtekenners en Brasiliaanse joernaliste. Suid-Afrikaanse wetenskaplikes en Engelse alles.

Die ingebore Iere en Italianers wantrou mekaar nog meer as die Zoeloes en die Xhosas. Die suidelike Bybelbelt ontbreek totaal.

Ek is die enigste wit lid van MIT se Afrika-klub – en word met ope arms ontvang. Ons gaan boogie in die Ghana-bar en hou op 27 April partytjie op Harvard se kampus om die eerste vrye verkiesing te vier. Vóór dit was ek en die wiskundige die eerste Suid-Afrikaners wat by die satelliet-verkiesingstasie gestem het. Mense loop rond in truie met die kleure van die nuwe vlag. Wit studente dans met klein swart kindertjies op hul nekke. Eerwaarde Frank Chikane maak waardig 'n toespraak.

Die euforie is steeds met ons. Ons voel nie die verdoemenis wat onvermydelik in aantog is nie.

Teen middel-1995 is ek toe laat val.

Bruggie

Van Boston na die pragtige Praag. In die nuut-bevryde Oos-Blok.

Pilsner Urquell en Vaclav Havel.

Steeds verder oos, om die aardbol.

McNally sou trots gewees het. Ek het sy rondings ontgin.

Die hand het nou sy totale omwenteling gemaak. Die ontblote pols lê na bo: Blou are van lewe en broosheid.

Van onder na bo; van wes na oos na wees.

Al wat oorbly, is die begin.

Deel III: Praag is ook pragtig

Praag in Julie '95 is soos 'n vrou in haar liefde verlaat: pragtig dog na-oorlogs gestroop.

Die stad-dorp lê daar: Met spoorlyne van tremme en treine soos dertigjarige plooie oor haar gelaat. In die dag is sy mild en mooi en getooi in jong Amerikaanse mans wat lustig lag; snags bekoor haar kafees. Die sogenaamde Fluweelrevolusie van 1989 is verby; die stad is vol neo-Boheme en ander pelgrims op soek. Miskien na die gees van Kafka of Hus of Vaclav Havel. Iets tussen digter-profeet, martelaar en skrywer kom vestig hom in jou.

Vanaf die huis waar ek bly in Praag 4 tot by my werk in Praag 1 is dit sowat 'n uur se stap. Ek kies dikwels die paadjie bo-om, verby die kasteel, oor Karlov Most (Karelsbrug), oor die plein tot by die klein kantoortjie van Česka Televize, waar ek die seisoen werk.

Mozart het eens in 'n agterkamer in daardie einste kasteel weggekruip, gewerk en gebly.

In hierdie stad kruip 'n mens maklik weg.

Ek kry die gevoel van 'n oertyd (eintlik maar net 'n paar eeue oud) waarvan my voorouers dalk deel was. Dit bring my nie nader aan my Europese wortels nie.

Macdonalds is, soos altyd, die eerste daar om sy geelslang-M respekloos oor 'n paar antieke strukture te span. In plaas van die hamer en sekel pryk dit nou langs Můstek-stasie, langs Vaclacske Naměsti (Wenseklaplein).

Die Tsjeggiese Republiek (of Boheme, dan) was voor die Tweede Wêreldoorlog die vyfde grootste ekonomie in die wêreld. Kapitalisme, Kommunisme en ander vorme van orde het haar verklein, kleineer en vergete gelaat. In daardie selfde somer neem hoë hyskrane hul plek in; staan gereed om haar van haar laaste praal te ontneem. Alles in die naam van vooruitgang en demokrasie.

Ek mis Afrika, my Afrika, soos Breyten dit genoem het, nog meer. Ek mis stryd en oorsprong.

Ons reis na 'n filmfees in Karlsbad, waar Li Lu, een van die studente wat die tenks op Tiananmenplein geblokkeer het, sy fliek wys – *Moving the Mountain.*

Elders in die stad is daar helder graffiti geteken in wilde gebare en wilde wit hare – Andy Warhol. Weirdly Amerikaans te midde van 'n oudheid wat ons nie ken nie. Alles in Praag is iewers bietjie gerape, maar gelukkig is die beste ongerep agtergelaat. Aan Katolieke; aan die heilige kerk of politieke of ander staat; aan Duitsers, aan kommuniste, aan die Weste. En aan ons, die reisigers van die melancholieke.

Op 24 Julie gaan kyk ons in Sports Bar Praha na die eindstryd in die rugbywêreldbeker. Ek dra 'n T-hemp met die stembrief op die voorkant. "Ons" is ek en twee nuwe vriende; 'n Amerikaanse kunstenaar en sy Engelse vrou, 'n gimnas en sokkerspeler.

Wanneer Madiba met Francois Pienaar se nommer ses-trui op die veld stap, staan die hele kroeg op. Snot en trane, selfs die All Black-ondersteuners wat tydens die wedstryd die sowat sewe Suid-Afrikaners so genadeloos getart het.

Ek wil teruggaan.

Ek het nou meer as vyf jaar gereis en het padkaarte in my hart. Liedjies wat die aarde oproep in my kop. Ek het meestal gehuil teen die onhaalbaarheid van my kinderlike drome, gestrompel – weg van die voetspore van vaders en moeders; gestorm – my lewe tot existence. Deur 'n enkele trajek: Dit wat lei tot by berusting – en tot dit wat is.

Om te dros met rede is om rond te loop in die verlede, en om weg te gaan is om terug te kom na jou eie helder hede.

Ek het gesien die reis na huis hou nimmer op nie, dis 'n ewige vertrek, dis sonder 'n plek.

En ná hierdie reis is 'n mens altyd 'n bietjie homeless – en tog orals tuis.

Tuiskoms

Terug in Suid-Afrika. Op die N2 kort duskant die Kaap ry ek. Pas uit Stellenbosch vertrek – dis laatmiddag en ek tog deur die verskroeide aarde van die Kaapse Vlakte, Khayelitsha en Kruispad. Hulle en ons in 'n ander oorlog, dié van arm en ryk. Duine en die plakkers teen mekaar, hul hutte bloeiend en teësinnig terneergedruk, gloeiend aan die ander kant van die berg. Die sagmoediges sou mos die aarde erf, nou sit hulle net met sand.

Dit wemel van pilchards- en Coke-tekens en kaal kinders – dies wat regop deur die oog van die naald gaan instap.

Ek ry in my klein karretjie, die stuurwiel geklem in my eie godgerigte, toekomsbesliste hand. En skielik sien ek, hoog bo my, dralend in 'n lang dun ry . . . stap twee klein herders, tien en nege, een voor een agter, oor die voetgangerbrug. Met 'n streep koeie tussenin en langsaam.

So oor die highway, oor die brug.

Ek-is-te-rug.

Ronel Nel is 'n vryskutjoernalis, resensent en skrywer. Sy bly in die mooiste Moot in Pretoria saam met haar lewensmaat, die skrywer en joernalis Dirk Jordaan, asook verskeie diere en gedaantes. "Die son ontbrand en ons ontkom" is gebaseer op drie gedigte oor haar diasporajare, onder meer in Japan, Amerika en Praag, wat in 2002 in haar debuutbundel, *En die here het foto's geneem oor Vanderbijlpark,* verskyn het.

Biografieë van die kunstenaars

Karlien de Villiers (Kaapstad, 1975) is vir twee jaar oorsee nadat sy in 1997 haar graad in grafiese ontwerp aan die Unviversiteit van Stellenbosch (US) behaal het. Van haar eerste kort strippe verskyn in *Bitterkomix* en die tydskrif *I-jusi*. Sedert haar terugkeer na Suid-Afrika in 2000 doseer sy grafiese ontwerp en illustrasie aan verskeie instansies. Haar eerste grafiese roman, *Meine Mutter war eine schöne Frau (My ma was 'n mooi vrou)*, verskyn 2006 in Duits. Haar tekeninge en skilderye is opgeneem in verskeie plaaslike en internasionale uitstallings.

Joe Dog (Anton Kannemeyer) gebore in 1967 in Kaapstad; hoërskool in Linden, Johannesburg; matrikuleer in 1985; M.A. in skone kunste (illustrasie) aan die US. Begin *Bitterkomix* saam met Conrad Botes; hou baie uitstallings in Suid-Afrika en Europa; solo-uitstalling in die Jack Shainman-galery in New York in 2008 en word tans in Suid-Afrika verteenwoordig deur Michael Stevenson en Art on Paper.

Francois Jordaan het vir sewe jaar in Milnerton gewoon, nog sewe jaar in die Hexriviervallei, drie jaar in die Paarl, sewe jaar in Stellenbosch en is vir die afgelope twaalf jaar in Londen. Tans werk hy uit sy huis as grafiese ontwerper vir 'n sagtewarefirma in York. Hy woon op die grens tussen Hammersmith en Fulham met sy vrou, Kelly, en dogter, Isabeau. Dis binne stapafstand van die Teems.

Nicolene Louw het inligtingsontwerp aan die Universiteit van Pretoria (UP) gestudeer en later haar meestersgraad in illustrasie aan die US voltooi. Tydens haar M.A.-studie begin sy en Leonora van Staden Suid-Afrika se eerste stripkunstydskrif wat deur vroue bestuur word, *Stripshow*. In 2008 ontvang sy die Scenario-prys van die Fumetto internasionale stripkunsfees in Switserland. Sy woon en werk in Pretoria as illustreerder, ontwerper en dosent.

Heleen Schröder (1976, Pretoria) het grafiese ontwerp en filosofie aan die UP gestudeer. In 2002 is sy na Nijmegen, Nederland, vir 'n nagraadse navorsingsprojek in filosofie, en sedert 2004 woon sy as vrygevestigde kunstenaar in Rotterdam. Haar sketsboeke is die bron vir syskermdrukke, etse, litografieë en tekeninge wat sy uitstal in Nederland en Suid-Afrika. Sy werk ook as vryskut-illustreerder en doseer twee maande per jaar illustrasie aan die UP.

Ina van Zyl woon en werk in Amsterdam. In die beginjare van *Bitterkomix* was sy 'n gereelde bydraer tot die tydskrif. Hierdie werk markeer die begin van haar loopbaan as kunstenaar. Nadat sy 'n graad in skone kunste aan die Universiteit van Stellenbosch verwerf het, is sy in 1995 na Amsterdam as gas van die Thami Mnyele Stichting waar sy aan De Ateliers gestudeer het. In Nederland het sy begin skilder waar sy intussen drie pryse vir skilderkuns ontvang het.

Lorcan White (Mark Kannemeyer) is in 1965 in Kaapstad gebore, maar het kort daarna vertrek, want hy het ontdek dat amper enige plek beter is as Kaapstad. Ná sy skoolloopbaan het die army hom begin soek. Hy het in Berlyn, Duitsland, gaan skuil waar hy tot sy verbasing uitgevind het dit verniet is om te studeer. Nadat hy 'n meestersgraad in die skilderkuns verwerf het, kom die ANC aan bewind en kon hy na Suid-Afrika terugkeer sonder om in die tronk gegooi te word. Toe hy agterkom niemand stel in sy skilderkuns belang nie, begin hy comics te teken en ag die *Bitterkomix*-direkteure dit goed genoeg om dit te publiseer. Intussen het hy ook sy eie comic-tydskrif begin met die naam *Zombie*.